U0111466

大展好書　好書大展
品嘗好書　冠群可期

大展好書　好書大展
品嘗好書　冠群可期

武學釋典 1

顧留馨
太極拳研究

顧留馨　著

大展出版社有限公司

攝於 1938 年，時年 30 歲。

攝於 1980 年，72 歲時。

1955 年 1 月 16 日，唐豪去中央體委工作前參觀永年太極社時所攝。
左起：葉良、唐豪、楊基峨、顧留馨

1922 年 14 歲時與父親興洲公合影。

1941 年 3 月 19 日攝於
辣斐劇場上海劇藝社。

1943 年攝於中山公園。
右起
母：瞿度梅
三子：元弟（柏年）
父：顧留馨
四子：元昆
長女：元梅
長子：元福（良）
　　　抱著五子元德

1937 年 5 月 9 日觀看業餘集團社旅行吳淞於同濟路演「放下你的鞭子」。
右第一人爲周肇基
左第二人爲顧留馨

1933 年 6 月 25 日與螞蟻社同人合影。
後立左第一人爲顧留馨
前坐右第三人爲沙千里

1934 年與國際電台同事合影。
右起第四人爲顧留馨

1957 年 3 月
攝於越南。

後排左起第三人爲傅鍾文，第五人爲顧留馨
最前面左起第六人爲王菊蓉（王子平之獨女）

1939 年元旦，經上海精武體育（會）聯繫，去膠州路孤軍營（謝晉元部）
慰問表演摔跤合影。
中座自右起：顧留馨、陳緒良、朱廉湘、唐豪
第三排右起第一人爲佟義老師，第五人田毓榮，左起第二人朱文偉

1924 年 16 歲時攝於上海新世界公園。
左：顧留馨
右：王才良

與學生張翹青推手。

1981 年撰寫《炮捶》一書。

2007 年 2 月 8 日，顧元莊（右）與海燈法師義子范應蓮（中）以及
上海道明拳社社長凌建達攝於海燈法師誕辰 105 周年追思會上。

11歲習武

我1908年生於上海。當時的上海像樣的街道只有南市（即豫園等處），我所住的靜安寺路一帶，是人家稀少的郊區。

那時，舊中國是半殖民地半封建社會。上海被英、法等國租借地所占，人民備受虐待。當時，印度、越南本已淪爲英、法屬地，但在租界内卻仗勢欺壓中國人。我對此情景憤怒至極。可以說是促使我後來多年習武練功的原因。

我家本來務農，自祖父開店營商後，家境稍覺寬裕，我遂進入私塾念書，其間，也曾請過家庭教師。因而我從小就養成了讀書的習慣，特別愛看《水滸傳》、《七俠五義》等武俠小說，很受影響。以後就不光看書，也練起武術，因爲我父小時候也喜歡練武，在耳濡目染之下，我深受薰陶。

我開始練拳是11歲，啓蒙老師姓潘，練的是「梅拳」。此拳不像廣東拳那樣兇猛、但很像南拳。

14歲時，有個武術會成立了，有位老師名叫宮蔭軒，比原來的潘老師武功要高，所以我就跟宮老師學藝。宮老師

是保定人，練的拳叫「金剛腿」。老師有兩個孩子，武藝出眾。其中一人是養女，人稱「十齡童」，功夫更強。宮老師對養女練功要求非常嚴格，「十齡童」常到上海的「大世界」、「新世界」等上層娛樂場賣藝，生活相當富裕。後來，不知怎的，年輕美麗的「十齡童」被一個報社記者拐騙走了。宮老師盛怒之下收拾了那個報社記者後逃出上海，聽說結果非常悲慘！

我的第三位武術老師是上海交通大學的武術教師兼中華國技傳習所所長劉震南老師。唐豪、周啓明、吳雲倬等人都是他的學生。當時大學聘請武術專家執教在全國也很少見，在上海只有交通大學獨此一家。劉老師執教十餘年，武藝高超，與當時上海有名的精武館的水準不相上下。他教的好套路很多，其中最有特色的是「三英戰呂布」，是採取劉備、關羽、張飛合戰呂布的形式而編創的。

劉老師暮年時蓄有長髯。平時，教套路、技術等，實際上多由他的孫子劉守銘老師擔任。

師從楊澄甫　醉心太極拳

我對太極拳本來是不大相信，認爲我所學的少林拳才是正宗的拳藝。加上我當時年輕，愛蹦愛跳，對慢慢悠悠的太極拳這樣的武術看不起，認爲不頂用。

有一次，我看到了楊澄甫的弟子陳微明舉辦的「柔拳社」公開招生的廣告。廣告說「太極拳可治肺病和中風」。肺病在當時很難醫治，說練太極拳就能治好肺病，可說神乎其神；廣告還說此拳高手張松溪曾一面走著一面用手一撥，把撲向他來的少林和尚甩出很遠，當場上氣不接下氣，幾乎

要死，嚇得少林和尚的同伴紛紛逃之夭夭。我看了這段廣告，大為不平，心想豈有此理，練太極拳能有這麼厲害？

然而，這個廣告竟大受歡迎，許多有錢的病人和拳術愛好者都報名參加了。我們幾個年輕人也半信半疑地報名加入，不過用的都是化名：劉守銘化名劉志新，吳炳章化名吳雲倬，我則化名為顧興。

以後，劉守銘沒有堅持練下去，吳和我都漸漸愛上了太極拳，而且透過學習，弄清楚了過去所練的拳和太極拳的不同點。比如：少林拳用力，動作迅速；而太極拳放鬆，動作緩慢，柔中有剛。又如，太極拳推手和長拳套路對打就不一樣。套路對打的動作是精心組成的，一旦忘了招兒，就會失手傷人。而推手動作簡單，內勁充分。

孫祿堂是出身北方的全國有名的形意拳、八卦掌老師。他為人穩重，對學生時刻保持著警惕性，我曾猜想這樣的老師不會教給學生真功夫。例如，有誰私自接近他一點，他就立即擺好自衛的架勢。休息時，也要把椅子靠牆放好，還手把著椅子才緩慢地坐下，生怕別人撤掉椅子去暗算他。

推手時，孫老師只用拇指、食指稍一用勁，對方就會被推出去。如此神奇的技法，我確實不明所以。當時，我也在練推手，出手的勁兒也稍懂一些，但是，為什麼他好像全不用力，就能把對手隨著他的架勢而被甩出去呢？這實在太了不起了。由此，我領悟到，這功夫是長年練功的結果，奧妙在能移動對手的重心，而自己不用勁，完全用意輕輕一點，對手就會失去平衡，這是極高的化勁功夫啊！

以後，我們跟楊澄甫的弟子武匯川學拳。因為當時楊老師到南京教拳去了，只有武老師留在上海執教。

楊澄甫老師從南京回到上海以後，我們就去跟他學推手和招數。楊老師的功夫確實很高。有一次，他在一間大房間裏發勁，意把對手推到了約三米遠的床上去。那時我年輕，身輕，動作也靈活。老師落座後，我作為年輕的後輩亮起架勢要和老師較量，原屬失禮之舉，所以只好趨前懇求和老師搭搭手。出乎意外，老師很高興逗弄起我來了。

一搭手，我飛出去了。再次搭手，又照樣飛出。三番搭手，依舊飛出好遠。如此反覆多次，不得不使我對太極拳心服口服。

那天夜間，我回到家中就練了起來。當時雖然還未得要領，但可能因為本身有些基礎，練到翌天晚上，肚子咕咕地叫起來，打過十餘次拳以後，手指突然像觸電一樣發麻，似有幾萬支細針發出，同時全身感到氣竄，好像銀蛇急爬於背、手、腳的部位。這種徵象，當時不得其解。後來學習了經絡學說，才知道這就是氣在經絡裏流通的表現。也就是說，人體的毛細血管在用意練功後大量擴張了，擴張得急時，就會引起麻的感覺。這種運氣的功夫是我年輕好學時自己練出來的。此時我更體會到，重要的是要掌握好運動量，太極推手就真正愛好上了。

信奉太極拳　年高仍能與人推手

中國武術過去沒有按照規則進行比賽，因而相互交流比較困難，只要把對手摔倒，為本門派揚名就算好了。過去就是這樣做的，所以我們就更加虛心學拳，不驕不躁，對太極拳也認真學習起來。

　　劉震南是我的老師，他是一位高齡的大學教授，在武術界居於德高望重的地位，得到許多名師的敬仰。他不大外出，對外比賽都是由我們幾個學生去參加。在老師所器重的學生當中，鮑國寶在交通大學畢業後到美國業餘教六合拳；另一位周啓明，個子高，可能透過鮑國寶的關係也去了美國。據說周啓明在解放後還回來過上海。

　　解放前我未教過拳，只愛研究拳術。解放後也只教過幾個要人學拳，所以未培養出武術人才。要人學太極拳只是爲了增進健康。比如孫夫人宋慶齡和越南的胡志明主席向我學拳，也都是爲了治病健身。此外，我受組織的委派也教過江青練太極拳。

　　唐豪是劉震南的學生，武藝功夫出色，但他在上海也未曾教拳，後來去日本後在「大黃學社」學法律，把日本的武藝、槍劍術、柔道引回中國。

　　中國武術種類繁多，重複的部分也多，只是形式稍有不同，基本練習全都一樣。架勢有大，有小，有中等，也有高的和低的，不外乎隨年齡和練拳目的而有所差別。長拳形式都大同小異，但種類多。形意拳、八卦拳、八極拳等，都是好拳。我們學的六合拳，以後缺乏繼承人，是因爲我們只愛練推手，對其他的拳我們既不練也不教的緣故。

　　我和吳雲倬習武數十年。雲倬常年教太極拳，功夫很高，後專心從事著述。我練功之餘，讀了不少書。解放後，我白天工作、教拳，常到圖書館借來大量圖書閱讀。特別是我擔任上海體育宮主任時，與圖書館僅一牆之隔，借書更爲方便。凡是與武術有關的書、隨筆、小說等等我都愛讀，結果身體有些吃不消了，曾累倒過。但終究我的體質好，沒有

15

徹底累垮，當時我覺得必須有個助手幫我才好，但可惜我沒有大學教授級的專家資格，難以指望請到助手。

我一向認爲，未成熟的東西，不應隨便寫成文章發表，我只想鑽研一些小題目。因爲寫武術書既要解決許多問題，結論更要找到充分可信的依據，寫書必須認眞準備，而資料不是輕易可得的。撇開粗製濫造的不說，就是認眞得出的結論，有時也要重新進行調查訂正。爲此，寫書是不容易的，我覺得自己力難信任，但又深感有責任挑此重擔。因爲過去許多拳師生前功夫高超，但死後卻沒有把拳法正確傳下，中國有許多武術，都是如此失傳，實在是莫大的遺憾！

太極拳，男女老少都適合練。有不少拳種，40歲以上的人就難練了。例如摔跤，40歲以上的人骨頭硬，經不起摔。所以年過40的人，最好還是練太極拳。如果在30歲以前功底深厚，則以後十年仍可與人比武。但過了40歲後，比賽就難以爲力。練太極拳情況就不一樣，如今我年將80，仍可與人比試推手，所以我完全信奉太極拳。

有時求師不如訪友

我認爲中國武術應該注重實用性，這麼說，並非專講動手打架，但起碼可以自衛。如果有人打你，你無法招架就不好辦了。不過，擺好馬步和弓步的架勢並非爲了外表好看。比如有些武術家功夫很好，架勢很帶勁兒，很嚇人，但眞正打起來，卻被打敗，也是常有的事。

解放前的幾次武術比賽，我看到許多勝利者都是些形意拳的武術家，因爲形意拳的長處在於：第一，動作直進、快速；第二，身體壯實，也不做跳躍動作。當年，朱國禎等朋

友都練形意拳、六合拳，當老師不在場的時候，他們就戴起皮套練習對打。他們四位天津人練形意拳十分到家，身體壯實，一時全無敵手。

另外，在意氣相投的許多朋友當中，有一位四川南充人，比我稍長幾歲，曾向我們教習過松溪內家拳四套、劍一路、槍二路、棍一路。他在上海住了半年多，特別重視用法，攻防隨心所欲，身體柔軟，步行快速，也會擒拿。我和吳雲倬跟他學到許多技法。

求師學藝固然需要，但有時訪友比求師更為有效。因為老師絕不會一次全盤都教給你，而且要花很長時間，往往一教就是十年之久。有的老師所教，並非全套功夫，教了一半就不教了。如果訪友，朋友們會一五一十把所知道的與你切磋，相處得很好。

另外，在摔跤的朋友當中，有一位叫田毓榮。是善撲營的一員，當年我和他常去唐豪家。唐豪和我都曾想跟有名的佟忠義和王子平老師學摔跤，但因我們是晚輩始終難得機緣。田毓榮得知此事，就很快全教給我們了。田毓榮在上海比武中一直名列第一。不愧為清王朝御用善撲營的摔跤名手。

清代，蒙古每年都有摔跤隊來朝覲，有此沿習，在解放前舉辦的全國運動會上，蒙古也派摔跤隊來獻技。當時的武術家和摔跤家對他們驍勇善摔不大服氣，但一經比試，全都失利，連田毓榮也敗下陣來。由此，當地人才知道不是蒙古人的對手，要精通摔跤技術，還得狠下工夫。

「九一八」事變後，唐豪發起成立上海國術界抗日救國會，我也參與協助。當時，上海有名的老師佟忠義、王子平

也都參加了，並進行宣傳表演。唐豪開始給我的印象是位戴眼鏡的文人。以後一打聽，才知道他在大革命時期（1925—1927年間）曾是共產黨員，他比我大幾歲，當時我卻是個不懂事的孩子。據說，唐豪因爲是共產黨員而被捕，後被拳友們救出，逃往日本，在大黃學社學過法律，還學過槍劍術，當時我跟他常練槍劍術。我見他帶一副近視眼鏡，文質彬彬，沒把他放在眼裏，以武術招法和他對打，但我顧了頭，顧不了腳，屢吃敗仗。所以，我就心悅誠服地跟他學日本式的基本功。這樣一來，我在中國式基礎上又加練日本式。唐豪還把從日本帶回來的竹刀長槍、劍和我專心進行練習。不過從那以後，我未和別人正式交過招，功夫究竟達到了多高水準至今尚不知道。

可能我的運動量過大了，既練摔跤、推手，又練操拳（攔手門的一種），身體似乎要垮了。我看了中醫，服用了中藥和日本藥進行調理。我在練功中就是這樣既有成功，也有失敗。

攔手（操拳）發勁猛烈，這個長拳練好了，比形意拳厲害得多。練攔手需要付出很大體力，打完一套後再打第二次、第三次時，中間要稍事休息。我是跟傅老師學的。以後，傅老遷居於我家後面的空房，我們更成爲20年來的近鄰，交往十分密切。爲了研究攔手的實戰法，我倆常常凌晨3時就到上海展覽館前練習。我曾勸傅老跟有名的老師學些太極拳、推手，但他礙於面子而未果。

夢想太極拳列爲奧運會項目

1958年，我任上海市體育宮主任，不久，出版了《簡

化太極拳》、《陳氏太極拳》、《太極拳研究》等著作。

　　陳式太極拳的特點是以纏絲勁爲精髓，以內勁統領全身。這是太極拳推手時控制力量的基本條件。陳式太極拳第一套動作以上體、頸部和手的動作爲主，腳隨手動；動則分，靜則合；綿綿不斷，周身諧調，以靜制動，以柔克剛，後發先至；一動全身內外無有不動，意、眼、耳、內臟、筋骨動作，都在意念支配下同時並進。

　　從時間來看，練長拳時間短，練太極拳時間長，但實際上練太極拳卻是最節約時間的。因爲長拳以運動關節爲主，而太極拳則運用弧形、螺旋形動作，使身體內外無一處不運動；可見，同樣時間運動，太極拳的效果是最充分的，毫不浪費。

　　拙著《簡化太極拳》出版後大受歡迎，出版社還請我參加四式傳統太極拳（陳、楊、武、吳四式）的編寫工作，曾引起了很大的爭論。爭論是從太極拳起源引起的，有些人說太極拳由張三豐創造，與我合作編書的沈家楨先生，比我年高，學識淵博，亦主張太極拳爲張三豐所造之說，我則堅決反對，指出張三豐造拳純屬後人的附會。經過多次爭論，反覆提出論據，沈先生終於同意了我所持的陳家溝造拳之說。

　　關於編寫《陳式太極拳》，太極拳的古典著作和王宗岳、武禹襄的理論就很好，但鑒於有些理論尚未被人們所理解，所以我痛感有必要爲古典理論做些注釋。起初，我認爲光寫動作說明並不解決問題，曾想寫成專門理論的書，但後來考慮到光有理論，沒有具體練法也不行，遂不得已寫進了動作說明。

　　中國、美國出版的武術書很多，但好書少。練太極拳最

重要的是內外合一，以意運氣等要領，而這些要領既難寫，也難懂，方法錯了，是要危害身體的。所以不應使讀者按照動作說明一招一式模仿著去練，而應該使他們的呼吸方法達到正確，理解了內家拳的理論，然後再依法去練。在著書時，我就是先論述拳理，然後才寫動作說明的。

我期望太極拳能在全世界廣爲流傳。太極拳介紹到日本已十多年，但現在幾乎仍被當作一種健身法在練。我的夢想是把太極拳列爲奧運會的項目。特別是推手，會的人，懂的人少，更應推廣和大力發展。希望通過種種交流使太極拳的眞正價值爲更多的人們所理解。

（原載日本《武術》雜誌，1986年第一期，閻海譯）

目　錄

唐豪兄：

　　昨在孔山書店（北京路石門路口）見有《日本製劍》二冊，標價15萬元；《日本製劍金工研究》一冊，標價為3萬元，都有插圖。書店主人云如需購，可特別便宜。我以定價過貴，且係日文，故未還價。日本講武器的書很多，體育團體如能搜買一些，將來在研究工作上還有用處。武術界聯誼會如能撥款收購些有關國內外武術界的圖書，對提倡、推廣、研究整理民族武術工作是有好處的。

　　1948年我離滬後，家人把我藏書移藏他處，致有散失，武術書亦有些遺失。近來頗想重閱一些書，茲抄書目於後，希能設法借閱，10天內準可歸還。

　　我前寫有《太極拳術要義》，僅有綱要，迄未闡發，近來工作較有規律，身體狀況亦轉佳，擬陸續補寫，故對某些著述需再參閱。

馨

1954年9月22日

留馨兄：

　　弟一俟購到車票，即行北上。

　　《六通短打》一冊，《日本武器概況》一冊，均存緒良兄處，已囑周元龍先生請其面交，如未交到，請向緒良兄一取。

　　北上前蒙武術界朋友盛意餞行，故弟略贈書籍、文物，以表謝意。希望今後吾兄時相聯繫，並不斷指教為幸。

　　　　　　　　此致

敬禮

　　　　　　　　　　　　　　　　弟　唐豪
　　　　　　　　　　　　　　　1955年1月18日

留馨、采軒兄：

　　弟已到京，大約擔任武術方面研究整理工作，這一項工作，是目前的方針。《簡化太極拳》聽說不久可以出版了，《彈（潭）腿》初稿已帶交，體委同志還沒有進行研究。

　　　　　　　　此致

敬禮

　　　　　　　　　　　　　　　　弟　唐豪
　　　　　　　　　　　　　　　1955年2月6日

　　元龍、炳泉兩同志代候不另，張玉、雲倬兩同志並為致意。

豪兄：

　　奉函知兄在體委擔任民族武術的研究、整理工作，此為兄數十年來精力所寄，今後專力於斯，當更能闡揚發揮，對正確的提倡與推廣，幫助一定是很大的！

　　民族武術一直是技擊、武舞、療病不分的，因此不同條件不同要求的練習者，往往收效不大不快，甚至發生流弊。專重技擊的武術，也多「對手功夫漸迷」，流於蒼白套數。我認為整理工作，應從技擊、武舞、療病三方面著手，對軍訓有補助的如拳擊、摔角、劈劍、刺槍，應該在軍事學校和部隊中廣泛推行。提高力量、技巧的各種練法須先收集，加以研究整理。屬於武舞的拳械，如加以整理，配上音樂、燈光，可以表現我國民族武舞的特點和特殊的藝術。

　　療病的拳術，應先從太極拳的療病效果著手，加以科學的說明，最好先收集練習者治病的經驗體會（這點我和雲倬兄等談及先教學生們寫出過程和體會）。

　　今後體委如何指導各大城市的體委重視民族武術的研究、整理，積極加以提倡，從普及中提高，這是「提煉」中的關鍵問題，因為單靠中央少數同志的研究、整理是不夠的。

　　新體育工作者和民族武術工作者的合作，相互學習、提高，在今日更有必要，也是有著條件的，這點需要中央體委加以號召，要求各地貫徹。上海體委對民族武術團體尚未著手領導，這種情況須加改變。

　　我現調到市商品採購供應局秘書處工作，建局伊始，工作更繁重。目前曾寫了《彈腿練法的介紹》和《民族武

術分部練習的特點》；在源流方面主要參考你和徐震的著作，又翻閱了史部（藏書不多，跑圖書館又少時間，眞是「書到用時常恨少」了）。在這裏吾兄偏重於實用性技擊的練法——系統的過程，在這方面先作系統性的介紹，提供素材，我認為是「提煉」工作的第一步，俟抽暇修訂後先和滬上同志座談，吸取意見，再作整理，然後寄給你修正。

弟對中醫、醫藥知識甚為缺乏，今後須多讀此類書籍，目前已買了幾本蘇聯的體育書籍在研究，我們應該學習蘇聯先進經驗，但是我國古代流傳下來的有價值的體育鍛鍊方法也值得向老大哥介紹（如太極拳的鍛鍊方法等）。

緒良兄已去看過英文體育叢書，因為與民族武術少關係，主要的幾本又售出，故不預備買了。

兩地睽違，希多通信指教！

采軒、雲倬二兄附筆致候。

弟　顧留馨
1955年2月11日

范生兄：

上二個星期天我到你府上，知你咳嗽已好些，希在寫作、學習、開會以外，堅持體育鍛鍊，每天練半套太極拳，我覺得已夠保持健康了，跳繩和運動量高的武術在身體恢復健康後再練好了。府上的房屋，公安局房產科已去瞭解過，他們沒有記錄，陳先生遷出後才知道還有這所房屋，但不知道還有傢俱。昨天我在電話上和房產科的應同

志聯繫，交還的三樓和底層，房租、房捐即由公安局負擔，他說沒有問題，我請他即把該屋全部接下，點清傢俱，今後你夫人和女兒住的二樓，只負擔三分之一的房租、房捐。這樣，可以免得負擔不應有的負擔。

《少林寺短打》德宗的殘本，比他本多棍法名稱，飛雄及方家拳（惜亦殘缺），可見是拳械百法的一部分，如果再能訪得抄本較完整的來校單行本，我認為可以看出短打的全貌和當時的各項拳械的類別。希函方夢樵先生將蟬隱廬本寄我，如能訪求到其他抄本更好。搜集舊譜也是重要的工作。

你的手稿《峨眉槍法》，我準備參考其他槍法加以評述，這工作只能緩一步，目前時間不多，並預備先寫有關拳術方面的意見。

前天在四馬路舊書店買了四本拳術書：《宋史楊家奇槍眞傳》、《秘宗拳》、《字門正宗》、《戚繼光拳經》。你的著作薄薄的一本，索價1萬元。四本書以3萬9千元買成。

介紹彈腿（潭腿）的文字，化了幾個晚上的時間寫了17張紙，寄給你費些時間修改補充一下，《新體育》能不能登載這樣稿子？如沒有地方可發表，請退回。

另已寫好《民族武術分部練習的特點》，分踢、打、跌、摔、推、拿六類，從源流到練法。個別地方尚待考訂，容後續寄。

白天工作很忙，盡力把它搞好，業餘的時間，今後準備集中在武術的鍛鍊和研究整理工作上。檢查過去，博雜不專，艱苦性不夠，今後決心以多餘的時間致力在民族武

術的工作上。對你的「不知老之將至」的精神，我特別需要學習的。

子平老托轉言：從事民族武術的工作是艱苦的，可能會有種種困難，希望堅持克服。

子平、雲倬、采軒托代候。

到京後，想又交換過整理工作的意見，希略告一二。

弟　顧留馨
1955年2月22日

留馨兄：

2月11日信及《介紹回漢兩個兄弟民族傳習的彈腿》稿均收到，由於到京後整理書籍等事，遲覆為歉！

多謝你和林先生關心我的健康，囑我於咳嗽好了以後再練運動量較高武術，對你們的好意和同志般的友愛，非常使我感銘。大概北京的氣候和水土對我的身體很合適，咳嗽已經痊癒，現在每天做兩次推手運動，跳60下跳繩，劈一次劍（可惜沒有護具），由於一開始注意到運動量，所以肌肉沒有發生疲勞的現象，我希望在一定時間內恢復我過去那樣的鍛鍊。

房屋傢俱那樣處理很好，但為了使公安局今後有案可查，我已函囑蔭陶用掛號信通知局長。傢俱我原有借用置存在公安局，倘已失落了，手續方面也囑蔭陶要辦妥，以重公物。

夏曆年終方夢樵回家鄉時，我曾請他順便把蟫隱廬印本的《拳經拳法備要》一書帶滬交給你整理，現附一信，囑蔭陶帶你去方先生處聯繫，如方先生已帶來，對你的研

究有幫助。

北京國際書店有一本蘇聯B. A. APKABEB著作的劍術，內容包括刺槍和擊劍兩種，1955年版，一共到四冊，我全把它買了下來，一本贈你，一本贈給林子清先生，一本留著自己參考，一本贈給體委。為了一次郵寄較為省費，我寄給林先生，托他轉交與你。

商人投機抬高絕版的書價，過去如此，現在還不免，你花4萬元買四本武術書作參考代價可太大了。

我托陳緒良轉交給你的《六通短打》和《日本武器概況》想已收到。

子平、雲倬、采軒晤見時請代致意。

體委對於開展民族形式體育的方針，我到京後才知道今年與過去不同，作了一個大轉變，將來政務院批准了體委的體育運動方針（包括武術問題在內公開發表以後，你就能明白的）。子平老托你轉言告我：「從事民族武術的工作是很艱苦的，可能會有種種困難，希望堅持克服。」子平老想已得知其約略，所以托你轉告我，你希望我堅持克服，我當盡力地去做。

已發表的《簡化太極拳》，領導上決定「暫緩出版」，《彈腿》的編成在其後，照我的看法，可能同樣這樣處理，你的稿子暫無發表的希望，請暫留我處兩個月，待我抽出時間提出一些意見供你參考。也許情況會轉變，有朝一日需要這類稿子的。

致力於民族體育工作，也許是我最後的歸宿，不論怎樣情況，我堅信他在體育上有一定的地位。你決心今後以多餘的時間致力在民族武術工作上，非常難得。黑龍江黑

顧留馨太極拳研究

河地委宣傳部員責人之一的吳岡，比你我還年輕，他對於武術也有深刻的認識，以後希望你多多聯繫。我以為今後我們要特別學習蘇聯的先進經驗，深入地學習蘇聯體育理論的書籍，吸收蘇聯有關武術的開展途徑。留心研究被美帝利用的西德和日本的武術以瞭解敵情。體會愛國主義，使它成為共產主義重要教育手段之一，這樣才能發揮武術的作用。

最近有一位同志，寫了一篇《飛簷走壁的分析》，要我修改，據我所知，子平兄對於這個問題是有體驗的，但真實的內容他一向沒有和別人詳細談過，為了澄清這一問題的玄秘傳說，擬請你和子平兄詳細一談，把真實的內容筆記給我，不知你有這樣的興趣和時間否？

要瞭解的幾點：

1. 飛簷走壁與跳木馬的關係？

2. 飛簷走壁與單槓的關係？

3. 飛簷走壁與扯旗的關係？

4. 飛簷走壁與天橋上倒立而下的關係？

5. 飛簷走壁與跑板的關係？怎樣練法？與上牆有何關係？

6. 飛簷走壁與擲鉛和擲沙有否補助的作用？

7. 飛簷走壁在房上如何走法？為何練走的時候沒有響聲？

8. 飛簷走壁是否只能上古老的房屋？限於多少高？

9. 飛簷走壁對於高而新式的房屋是否能上？

10. 飛簷走壁在我國武術中的詳細練法？

11. 飛簷走壁在我國武術中怎樣練成輕身功夫？

12. 其他我所沒有提出而有關飛簷走壁的練法？

13. 飛簷走壁與軍隊中爬牆的關係？

14. 飛簷走壁與爬竿的關係？

以上這些問題，我已另函子平兄。又聽說從前有一種所謂黑門檻裏的人，用一節一節的短竹，中間貫以棕繩，繩的一端繫一撓鉤，不用時可以成為短短的一捆，放在布袋裏，用的時候將繩一拍，就能成為一根長杆子，用撓鉤勾住屋簷爬登屋上。這一問問子平，是否知道有這種登房法？

過去中國青年社出版一本《醫療體育》，內容精簡扼要，著者伊萬諾夫。該社沒有續印，以致無法購及。此書對於吳雲倬、傅采軒、馬萬隆三位，都有很大的用處，可以幫助他們所做的醫療工作，得到藥理上的說明。林子清先生處有一本，吳、傅兩位宜先借一閱。我在北京新華書店填了一張缺書卡，定購5冊，如將來能續印買到的話，我預備送給你和吳、傅、馬三位各一本。

采軒先生常鬧肚子和常發胃病，我家中有「胃好」5盒，已囑陰陶送給他，請你便中帶去。

因為身體不大好的關係，遲覆你的信深為抱歉。

　　　　此致

敬禮

　　　　　　　　　　　　　　　　弟　唐豪

　　　　　　　　　　　　　　　1955年3月11日

留馨兄：

今天有一封長信寄給你，可能誤封在寫給林子清或王子平先生的信內，發出後才檢查出來，可見年老健忘的一斑，請你與兩位先生聯繫一下。

另外寄贈一本蘇聯的劍術書，內容依照插圖看起來，一定很詳備，供你作參考之用。此書托林子清先生轉交，收到請覆。

托林子清先生譯的《歐洲古代劍術》，據林先生來信說，大約四個月後可將譯稿全部寄給我，我想你必然以先睹為快，所以請你轉知林先生，請他將原書及譯稿先交給你，你把譯稿抄下和把插圖印繪下來以後（用打字紙印繪，不損原書）再掛號寄給我，這樣你又可多得一種參考資料。

我認為中國的擊劍有成為競賽運動的希望，體委會毛伯浩、狄風崗兩同志非常熱心研究這種運動，希望你多提寶貴意見，大家來做這一工作。

長信中要請你向子平先生瞭解一下「飛簷走壁」的實際情況，我一共提出了十四個問題，另外我也具體寫給了子平先生（又：我已函囑蔭陶陪你到方夢樵先生家去，他去歲回鄉時，我請他把《拳經拳法備要》一書帶來借給你參考）。

傅采軒先生的學生宦廣發曾寫一信給我，我的覆信附在此信內，請交傅先生轉去為感！

3月7日《北京日報》載有人民體育出版社廣告一則，內容是《簡化太極拳》暫緩出版。

此致

敬禮

弟　唐豪

1955年3月12日

雲倬兄均候

　　人民體育出版社覆林子清先生的原信，忘寄還，附上請有便代交。

豪兄：

　　14日收到來信二封，你提出關於飛簷走壁的14個問題，我已於17日晚訪問子平先生把他的體驗作了記錄，明天上午再去把幾個問題問得較具體些，然後整理給你作參考。緒良兄已把二本拳書轉給我。明天午後去你府上取「胃好」給傅先生，並到方夢樵先生處取拳譜，並約林子清先生在你府上見面，把你贈給我的蘇聯文劍術書帶去，又告知林先生，已告知林先生譯好英文劍術書後先交給我看一下，可能的話，我預備寫一點比較研究的文字，並遵囑抄一副本作參考。人民體育出版社和人民衛生出版社的《醫療體育》我都買到，由於生理知識缺乏，須仔細地研究。

　　知你咳嗽已癒，並每天跳繩、推手、劈劍，甚慰遠念。

　　推手術以黏、化、打為步驟，又是不可分割的統一體，掤、攦、擠、按的規則須嚴格分清遵守，因為主要是摸勁，只有細膩不亂，手才能好，取勝了對方也會心服口服。

　　我以為練摔角跌法的、拳擊的都應該以推手為輔助功夫。

太極拳家獨創的推手方式，在沒有發明妥善的護具設備的情況下，為防止競技中傷殘事故，確有其價值，其流弊為養成不擊要害部分的習慣，因為長年的黏、化、打，雖然放勁時乾脆猛速，究竟是處處從對方手臂肩部分作攻擊的，當然以推手為療病、保健為目的者自當別論。

推手在過去稱作打手，可見在武術時代的練法是不同的，楊家在班侯時還是一搭手就放勁，一哼一哈即分輸贏的，時代不同，要求不同，練法和運動量也就不同了。

我認為今後對推手應規定為三種不同的練習過程：即（一）療病的，以輕鬆圓柔，活動關節為主要內容，不許用力；（二）保健的，以靈活的運動量適中地搖動對方重心，增加興趣為主要內容；（三）技擊的（當然還是不完整的），以勁大搭手即放勁為主要內容。從而規定其練法、運動量以適合不同的體力條件和不同的要求。

屬於技擊性的推手，由於不動步的較多，又不許散打、足踢，因之偏向於實力的對比，技巧往往退於次要的地位，因之我認為首先須發展體力，增加體重。

至於內勁的沉重綿柔（外如棉花、內如鋼條），以拳架中練出來的為純粹，照我的體驗，內勁雄厚，出手佔先，就能夠封貼圈住對手，不會活變，不會反攻。

我倒希望你每天還能練半套拳架（慢的約20分鐘），拳架對中老年人特別有好處，要長勁須練得慢，胯與膝平，採用楊家的正身法（即陳鑫書上說的纏絲勁），內勁的增長是很快的。

以上意見，對否請研究指示。

擊劍、角力、拳鬥在社會主義國家和新民主主義國家

開的運動會上也列為競技項目，擊劍由於護具設備的關係，競技員的安全更有保證，我國應該提倡這種養成勇敢、速度、靈敏、耐力的軍事體育。你和毛、狄二同志已在實踐和研究，我甚為羨慕，希望能設計省費的護具設備，在各大城市和部隊中推行。

擊劍，我雖已十多年不實劈，但至今猶心嚮往之。

我在你家實習擊劍時，曾得出幾條結論：

（1）先練勁，練準先練順；

（2）發刀如電閃，著物如雷震；

（3）步步要前進，下下要重創；

（4）彼發我亦發，後發勝先實；

（5）閃避不過寸，見縫快插針；

（6）一克如始戰，連擊不可鬆；

（7）以靜制動，以剛克剛（剛在他力前，柔乘他力後）；

（8）多劈、多學、多見、多聞、多想，進步才會快；

（9）技術從熟練中來，長勁從著實、劈演而來，體重從息養中來，習武者應修養並重。

當時吸收了你和子平先生的意見，曾進行了「私下工夫」，除了跳繩，練進退步外，練勁方面，用蠟杆根節直劈、橫劈、上挑各數十下。雙人對練勁力：各持蠟杆，一人專刺，一人專劈（直下的、橫截的），挑其杆，杆中端畫色線，以練勁、速、準。被劈的一方接定來力略為掤、橫截、下壓（抖勁）。劈者意圖把刺來的杆子劈落或挑蕩開去，被劈杆者意圖把劈來的杆子震彈回去。這種練法被劈的如果腕力小，一兩下便震痛虎口，練不下去。劈頭部

時也用迎上去震彈開來杆的方法，但因沒有護具，練習時間較少。曾有一次迎截得準而猛，把對手跌出去了。

練準方面：當時在家裏懸一繩子，打三個結作為頭、喉、心部位，練習刺的準確性和速度。

對劈杆的方法，吸收《手臂錄》和王皓庵的《紮槍基本方法》應用在劈劍基本方法上來，我至今認為如能堅持二三年的基本鍛鍊，和普通人擊劍時有震落其器械的可能。可惜那時我因練習好幾種運動量很高的武術，以致生了痔瘡，不能再練下去，要不然，體驗會深刻些。

閃避不過寸，只有在實劈中才能逐步提高目測的準確性，能做到「見肉分槍」，還擊就迅速，對方不易退避了。

希望中央體委同志先研究護具的省錢製造法、劍具的取材和製法。上海愛好武術的經濟力夠不上，體委方面如能撥出一筆小款子，那麼上海方面對拳擊、摔角、擊劍的場地設備，護具、劍具都能舉辦些。

我的介紹潭腿的文字，待你提出意見後，我準備改寫，使其系統化、具體化，文字也擬統一改為語體，當時因工作忙，僅在幾個晚上斷續地寫出，又是多年來初次寫這樣的文字，缺點還多，必須改寫，先求內容的充實、完整、科學化，不急於發表。

今後還預備寫出攔手拳和太極拳的系統性的練法。

兩年來恢復練拳的結果，把長期的疲勞過度所造成的頭暈、齒搖、出虛汗、腰如中斷的病象逐步消除，目前可說已經還我健康，不但工作時有精神，也能進行劇烈性的從技運動。再有兩個月，我們的局將遷往慈淑大樓，我已

準備闢一體育室，作為同志們機巧運動和練拳的場所，進一步還準備把局屬單位的體育工作推動起來，以減少缺勤率。

希望你準備寫民族體育史，如能在體育學院中兼任這門的講師，在寫作上更有幫助。

吳岡同志處我將去信交換意見。

據說上海的拳術教師，因公園門票增價和天寒的關係，學員普遍減少，生活甚困難，年底由體育館發了每人15萬元作為救濟費，情況如果不設法改變，教師們只有改行的途徑。

最近購閱了《一個運動員的道路》、《養成力量和耐久力的途徑》及尹志文寫的《拳擊運動》。

顧留馨

1955年3月20日　晚

豪兄：

3月17日和20日我訪問了王子平老先生，茲將其所知道的飛簷走壁的練法筆記奉上作參考。

第二次訪問時，因又民兄外出，子平老須應診，我和菊蓉閒談了一會兒武術（她很關心中央對開展武術的方針），和子平老談話時間較短，他因連續開會感覺疲勞，同時也少新意，故囑我先覆你，如有疑問，請提出後再研究。子平對傳說中高來高去的飛賊功夫，因未目睹，抱著無證勿信的態度，並請你訪問年老的拳師詢問這項功夫的練法和可靠成績。

雜技團的關玉和，我看是會輕身功夫的人，你倒可以訪問一下，拿大頂頂碗的功夫對上房也有關係，還有空中

飛人。踩繩功夫也是高來高去的方法之一，但這是自幼練
成的絕技了。以前見到某一畫報上刊有走山澗懸繩並表演
翻滾運動的，也是絕技，這些都和飛簷走壁有關。北京昔
有飛賊燕子李三，山東也有過燕子李三，北京的李三曾偷
日本使館物品典賣，被捕後上鐐銬，以縮骨法脫鐐越獄。
後因吸海洛煙在國民黨時期槍斃。近來上海槍斃一飛賊能
走電線行竊。

　　已向方夢樵先生取得《拳經拳法備要》，俟有暇當取
另一抄本和印本校對，《備要》被鼠蝕，當初你的眉批大
半殘損，很可惜。

　　蘇聯文劍術刺槍書已收到，謝謝。文字看不懂，看圖
中劍、槍尖都是純的，劈刺法當和日本、德國的不同，在
力量上速度上是有差別的，戰場實用性上也會有差別的，
我們應該研究出一種民族形式的更接近於實用的練法，創
造出就地取材的護具和器具，今後應該抓一抓，和日、蘇
的劈刺選手交流經驗，作友誼的試驗，以便知己知彼，整
理出更有實用性的民族形式的劈刺術。

　　我認為你練擊劍不但有基礎，在體力條件上也適合，
希和毛、狄二同志多研究，並多和生手對劈，主要在取得
更多的體驗來指導青年，訓練出人才並為參加國際性競技
會創造條件。

　　基本練法、補助練法、從技規則，也希能早日擬出。

　　推手也可以作為劈刺的補助功夫，在近身時還是有幫
助的。近來看了一本《我的十項運動成功經驗》。

弟　顧留馨
1955年3月24日

豪兄：

　　前寄王子平所談飛簷走壁的練法，想已收到，紀錄不詳細，恐怕不大能說明問題。

　　不知你近來在寫什麼？劈劍、推手、跳繩想必繼續在鍛鍊？由於我們的年齡關係，更要注意運動量，不能練得過乏，「以技養身，不以身殉技」，過去我因運動過度而吃了大虧，因此，現在很注意這點。

　　我近來工作較忙，局內體育活動正在展開，也須花去一部分時間來出主意，但對民族武術限於經費，不能聘教員，自己又缺乏時間和精力當指導員，因此暫時還不能在局內展開。

　　最近想把《拳經拳法備要》先作校對工作，另抄一本，拖下去會永遠成為「想望」的。

　　《彈腿的練法》短文，等你提出意見，我準備改寫，這是「薪盡火傳」的玩意兒了。

　　吳岡同志處已去信，還未接回信。

　　《醫療體育》（小本的）我已買了一本送給傅先生參考。

　　匆匆不多敍，希常通信。

　　　　　　　　　　　　　　　　弟　顧留馨
　　　　　　　　　　　　　　　　1955年4月14日

留馨吾兄：

　　蔭陶於4月16日晨平安到京，動身前諸蒙照顧，攜京文物蒙為指點，感感！

　　筆記子平兄口述飛簷走壁稿已收到，未即覆為歉。

39

武術競賽項目，蘇聯與勞衛制結合有拳鬥、角力、擊劍（包括劈刺）三類，依弟個人觀察，此後中國武術項目的開展，可能亦有此趨向，足為我國取法。吾兄亦有同樣觀感否？

中央體育學院，現添設國際擊劍一項，弟函林子清先生，鼓勵其將前贈擊劍一書譯出，以應目前需要，緣林先生對翻譯此類著作，興趣甚高，正與你我提倡武術之志相合，不知吾兄以為如何。

弟近寫《中國民族形式體育》稿三篇，供組織上參考，其一，中國的球類運動；其二，中國的重競技運動；其三，中國的擊劍及五項運動中的標槍。唯限於政治水準及參考資料，未能盡意，再擬加以修改。

弟每晨推手二百下，跳繩七十下，體力當能勝任，承函告勿過勞，自當加以注意。

弟舊藏故宮博物院用蠟拓本一幅，（清）善撲營摔跤圖一幅，少林武僧雲堂傳並圖一幅，均屬中國民族體育歷史文獻，北京裱價極貴，擬寄滬托傅先生高足周元龍君送裱畫店裝裱，希望於五月中旬前裱好，屆時有便人來京可帶，請與傅先生一言。倘能代辦，當即寄上。

上月人民體育出版社登京報廣告，《簡化太極拳》暫緩出版，故上海武術界聯誼會所編《彈腿》，可能亦暫緩出版矣。

1953年中國民族形式體育表演競賽大會中選拔之人員，體委組織一武術隊，在中央體育學院訓練，今已結束轉業。

傅先生曾與弟言，擬從事醫療體育，只要在理論方面

提高，深刻地研究蘇聯醫療體育書籍，是有前途的。唯須有耐心，方有開展希望耳。

附致傅先生一信，請轉達。

又未永雅雄《日本武器概況》一書，兄購之一冊（內有題記）經弟攜京，弟購之一冊托緒良兄轉交，以已裝箱不及抽換也。

武術界中人極龐雜，難免不有反動分子匿跡其間，宜特別留意，杜其鑽空子之路。

　　　　　　　　順致
敬禮

　　　　　　　　　　　　　　弟　唐豪
　　　　　　　　　　　　　　1955年4月23日

豪兄：

23日函奉悉，附函已交傅先生。

裱畫三幅請即函寄上海北蘇州路520弄153號周元龍兄收，5月中旬可以裱好，由兄處便人帶去，直接去拿或到我辦公處來拿，由你決定好了。

拳鬥、角力、劈刺，為國際性的競技項目，蘇聯亦採用為軍事項目之一，我同你的見解一樣，今後我國武術項目的開展，會適應國際性的競技項目。

劈刺因有護具設備，較之摔角、拳鬥更為安全。我已通知陳緒良兄在精武會練習擊劍，他正在準備起來，我也願意去鍛鍊一下。

吳岡同志已有覆信給我，對民族武術確有見解，他希望你能去信，告訴你的地址。

顧留馨太極拳研究

你寫的三篇稿子，希能早日修正發表。

近日我的工作繁多，改日再談吧。

弟　顧留馨
1955年4月28日

42

豪兄：

世敏侄女離滬赴京前，房屋傢俱退還手續因房產科事忙，致催了三次才派人去點收，手續已清，請釋念。

上海武術界聯誼會執監會有一年多未開會，中央對提倡武術又須研究整理後，才能提倡推廣，老師們聞訊曾一度情緒消極，對會的意見也多，經哲東、鍾文約我談後，我向徐致一反映催開會，前周開了擴大會，老師們還是希望辦好會務。

最近你寫了哪些文章？研究整理從哪幾方面著手？希能告知研究的範圍和方向，我在業餘時間仍然願意把精力花在這方面。

連日因工作、學習很緊張，我以前曾寫了《民族武術的分類練習的特點》一文，只寫了技擊方面，醫療和藝術方面的價值，至今未續寫下去，只能俟空一些再寫。

關於前寄奉的《彈腿的介紹》一文，寫法上缺點很多，希抽暇提出意見，退回來重寫。

近來身體好嗎？體育鍛鍊還照常進行嗎？蔭陶同志和世敏侄女想均健康！

弟　顧留馨
1955年8月10日

留馨兄：

　　房屋傢俱退回手續，世敏離滬時，你三次催公安總局房產科去接收，辦清了手續，甚感。又因路費不夠，向你告借20元，現由郵匯上，請查收。為了領取薪給後還你借款時再寫回信，以致遲覆，甚歉。

　　1955年8月21日出版的62期《新體育》，有我委副主任蔡樹藩同志所作《體育運動委員會關於1954年體育工作的總結和1955年工作任務的報告》，經1955年31日國務院全體會議第十次會議批准，題為《把我國人民體育事業繼續向前推進》。文中第二段4節之末和第三段5節，總結了1954年以前和提出了1955年武術工作中存在的問題以及目前工作，由此可以看出答案，為什麼現在的武術工作只能限於研究整理，你是黨員，不難體會到的。我調京工作，首先學習了這篇總結，因為未公開發表，所以沒有將內容告訴你，這對一個工作人員來說，應當這樣做的，現已公開發表，你是關心武術運動開展者之一，希即購讀一下。

　　我很抱愧，來此八個月以上，工作做得非常少。僅僅看了幾十種書稿，提出了處理意見。這許多來稿，內容落後得想像不到，舊的殘餘影響一點也沒有變樣。此外，我寫了若干篇史料，只能作內部參考，有關於體育方面的；有中國古代球類、舉重等篇；有關武術方面的；有拳鬥、氣沉丹田、飛簷走壁等篇，現在組織上要我寫一篇比較詳細的中國足球史料，雖然草稿已成，但起源部分，因為要和發掘的地下資料結合起來，必須請教考古學家，才能得出結論，預計本月底或可寫成初稿。

　　你對於「武術」抱著很大興趣，準備在業餘把精力放

在這方面，這是我非常贊同的。在這方面，我們花了幾十年時間體驗，從發掘中國文化遺產來說，不管能寫多少，不能說毫無意義。

來信說：「你以前曾寫了《民族武術分類練習的特點》一文，只寫了技擊方面，醫療和藝術方面的價值，至今未續寫下去，只能俟空一些再寫。」限於工作時間，是不心急的。據我聽得的意見，過分誇大武術的醫療價值而無視醫藥，將會陷於唯心主義，這一點可供你作參考。我個人的看法，過去有關這方面的文章，極少經過醫生的檢驗，即使經過醫生的初步檢驗，在過程中沒有經過醫生的不斷檢驗，因此缺乏堅實的說服力量。今後希望雲倬和鍾文兩位，能在這方面結合檢驗來進行，手續是繁瑣的，可是證明力是肯定的。至於藝術方面，最好能找到從前商務館出版的《藝術的原始》作參考，此書內容係採集世界各處落後民族的原始藝術編成，尤其「跳舞」一章，對我們的研究大有用處，主要因為它是原料。我訪求此書已久，不能到手，請你有便在上海舊書店內一找，能多買一本給我，尤即盼望。

《彈腿的介紹》一文，俟秋涼提出意見寄還。今夏北京特別炎熱，為四十年來所未有。

近來每天推手半小時，水土漸服，然易疲勞。擊劍沒有對手，因此停止了跳繩。你們很關心我上了年紀，不宜做運動量過高的運動，非常感謝。但如果有對手，我還有雄心，不願限於推手。

世敏和蔭陶順此問好。

　　　　此致

敬禮

　　　　　　　　　　　唐豪

　　　　　　　　　　1955年9月6日

留馨兄又鑒：

　　給林子清先生一封信和《醫療體育》一冊，收到均請你轉交。《醫療體育》一冊，另郵寄發。

　　林先生是經哲東先生介紹才認識的，我不瞭解他的歷史情況，你如能告訴我一些，此後我才能放心和他直接通信，因為他是熱心於體育事業的。

　　據林先生來信說，《歐洲古代劍術》初稿已完成，俟校對謄清後即可交你，該稿交到後請寄我。

　　編彈腿之前，我才與哲東會過一次面（在上海市體委會），編彈腿之時，我才與哲東經常接觸，據他告訴我，他過去曾任「公安局長、南京市清黨委員會委員」，因此我時刻警惕，現在我告訴你作參考。

　　在蔣政權時代，擔任過「南昌行營」要職和福建第四區行政督察專員兼保安司令的黃文叔（黃元秀），可能匿跡上海，也可能在幾年前早被鎮壓。他在過去被人稱為「剿共……諸多勞苦」的人物，請你留心訪查一下，勿使漏網。

　　體育運動「當前的工作存在的嚴重問題，第一是貫徹黨的指示和方針不夠，體育隊伍中黨的領導薄弱。黨中央關於加強人民體育運動的指示是我們工作的方向。」（蔡副主任總結中特提的）我們無論是專業者或熱心於這一運動者，首先要遵循這一方向。

唐豪　又及

1955年9月6日

豪兄：

六日覆信收到，甚為欣慰，三周內未見來信，原來顧慮你身體不好，或是工作、學習緊張之故。匯票20元也收到。

《醫療體育》今晨由丁福保兄送來，日內當和前寄來附信一併送給林子清先生。

你介紹的《藝術的原始》，跑了幾家舊書鋪尚未買到，只買到賴那克著，李樸園譯的《阿波羅藝術史》，商務版。

今夏上海也悶熱異常，前幾天還到過華氏96度，這幾個月來因搬遷辦公室，各項運動，加上悶熱，除照常練拳推手外，回家只能休息，對整理武術的工作擱下了。

體委的總結和任務，於5月中已看到，因未公開發表，故未曾和拳友談及。《新體育》發表後，我已通知陳緒良兄最好組織老師們學習這檔。

林先生於月前將《歐洲古代劍術》譯稿及原書交我，正在對照研究，現已抄錄到第四章，尚有五章待續抄，時間精力的限制，只能逐日搞一些。已約好周元龍兄於10月中替我按圖繪樣。元龍生活近來很困難，已陪送家眷返鄉，拳也少練了。何炳銓進百貨站後工作較忙，生活上也降低了水準，據說暫時放棄練拳。

在復興公園教通臂的田作霖，月前已謝世，年72。公園教拳的，大多面有菜色，主要是營養不好。到冬季，練

的學生更少，又將是教師們的難關。

林先生譯的《歐洲古代劍術》分九章：（1）引言；（2）雙手劍；（3）長劍及短劍；（4）闊劍及盾；（5）長劍及大衣；（6）短劍及大衣；（7）雙劍；（8）轉變時期；（9）第十八世紀（的劍術）。

術語中有法文、義大利文、拉丁文，他曾跑圖書館找字典譯出的。

我覺得西洋的這類著作中，只講了歷史、演變、方法，對理論（心法）講到的太少，基本練法和補助功夫也很少談到。

我很想寫一篇《中西劍法異同點的研究》，但也不簡單，主要是國外的著作看到的還不多。等抄錄好譯稿再著手寫。

目前我對民族武術的寫作，還只能限於整理幾個門派的全面練法，作為原料介紹，主要是理論水準不夠，醫藥生理知識缺乏，在這方面的思想還未成熟，加上時間有限，只能就其熟悉的先從事。

練太極拳架和推手的體會，陸續在記下來，著重在發展力量和技巧方面。

顧留馨

1955年9月18日

附筆：

在這次審幹的全面交待中，我想起1937年9月中，那時你是職協的常委，史良愛人陸殿東約你去大華舞廳樓上整理日商調查我國經濟資源的檔，你也約我去抄寫內容，目的在帶出重要的資料交給進步方面。當時記得曾分別帶出

一些，估計你是送給黨的關係的。陸送給我「秘密工作的技術」，我當時交給組織上，去的次數不多。這件事因係我對黨外的接觸，須作交代，不知你記得起來麼？

留馨兄：

9月20日收到你的來信。

前信託你找的《藝術的起源》，已經買到手，但破爛不堪，同時買到一本蒲列哈諾夫的《藝術論》，1929年林柏重譯，上海南強書店版。兩本書共花四元代價，高出原定價一倍。北京舊書商人善於囤積居奇，一個子兒不讓，要想買的參考書，簡直不敢下手。

林先生譯好《歐洲古代劍法》，寫好畫好之後，請你寄給我，不知元龍能否多畫一份，如有可能，勞力報酬要多少，請代問明。因為我想留一底本作參考，原本和原譯，我決定交體委。一來對文藝組織排演歐洲古代劇有用處；二來對我的研究也有幫助；三來原書只印三萬本，歸體委保存更好。

你所想起的1937年9月間那件事，引起我的回憶是這樣的。當時史良的愛人陸殿東，弄得一批日文檔和照片，因為我懂得些日文，找我去整理，我又約了你同去，各帶出了一些。我所帶出來的，後來遞給吳韓光。吳韓光怎樣和我發生關係的呢？抗戰事起，先前被國民黨偽法院判處無期徒刑的李士英，從漕河涇監獄脫出，住在我家裏。我托人找到了吳韓光，李因吳而恢復組織關係去延安，自此吳夫婦常來我家，我把陸處帶出的檔和人物小照片交給了他，他當然是交給組織去的。交了不久，吳拿照片來問我

這些人物姓名，等等。留馨兄，你想，我是瞞著殿東帶出來的，我怎能去問殿東，自然回答不出。可是當時曾約你同去，你也帶出一些，不是你來信提及，我竟然忘掉了你，（咳，老了，記憶力減退到如此程度）！解放之後，因為想不起你可以作證，去找陸殿東罷，他不知道你我做過這樣的事，他哪能作證呢？所以一直悶在心頭，沒有向組織上交待，吳的真姓名，李士英（現任最高檢察院副院長）可能是知道的，我卻不知。雖然解放後在上海乘電車遇見過吳一次，他沒有告訴我在你處工作，也沒有告訴我真姓真名，我自然不便問他，我想他一定懷疑我這批文件和照片的來歷，從而組織上也可能引起同樣的懷疑。直到現在，組織上雖然沒有問過我，如今有你作證，我的思想包袱消失了。你的來信和我的覆信，交我愛人抄好後，立即一併交給體委。

　　　　此致

敬禮

　　　　　　　　　　　　　　　　　唐豪

　　　　　　　　　　　　　　　1955年9月25日

豪兄：

　　9月25日覆信收到，《歐洲古代劍術》林譯稿，吾已核對原書，抄錄副本。10月份即可由林先生另抄寄奉，兄另抄副本。俟元龍兄返滬繪圖後即可將原書及所繪圖寄奉。

　　林的歷史問題（下略）……，知兄關心其之政治面貌，以便考慮直接通信問題，特以奉聞。

　　陳微明的學生陳鐸民本來復興公園教太極拳，兩個月

前突然中風，死了。田作霖於一月前死了，本來是可以多活幾年的，因他在兩年前有學生送給養老費千多元，就搞了一個40多歲的太太，提早送了老命，練武術的本應該「葆精養氣」，過著和尚式的生活。

傅采軒先生近來在中山公園教導引和推拿療病法，有10多個病人在學習，效果極好，在南陽公園教拳也有10多個學生，生活情況已見好轉，他的腿法、手法、跌法，傳授極眞，練法也是先長勁，後求巧妙，又是從實打中練出功夫來的，因此手法拿得出來，方法上也研究得到家，路子近。將來體委應該多吸收這樣的專門人才，作為整理民族武術的顧問。當然還應該培養訓練出一批青年技擊家，趁老年技擊家手上還拿得出來的時候，保存一些積累下來的經驗和技巧。

我近來體力已見恢復，體重也增加了，前年是130市斤，今年已增加到143市斤。前年只能每天練半套太極拳，還是腰酸背痛，今年已能每天練上兩套（每套約35～40分鐘），還保存餘力，推手時內勁已見增加，手自然沉重了。近月來正在運用綿沉封貼，敷蓋對吞的方法，從沉重中走輕靈的路，企圖從渾身鬆淨中制人而不制於人。還是老脾氣不改，身體好了些，總想在技術上求進步，手上能夠拿得出來。三年前我的身體拖累得壞的不像樣，腰如中斷，頭暈、耳鳴、眼花，齒全部鬆動，現在恢復了健康，雲倬兄也說是一個奇跡，原來他以為我的健康很難恢復了。

陳品三說得對：「太極拳中路，功夫最為先。」光是領悟拳理和體會過去名師們的勁路是不夠的，必須自己身

　　體力行。我總覺得整理、研究民族武術在我們這批人是肩員著承上啓下，繼往開來的責任。一方面要學習理論和求得廣博的知識，另方面不但要對拳派見多識廣，並且要專精一門拳路才能正確地更好地整理、研究和推廣。

　　正如來信所說，業餘愛好者不論能寫多少，對民族武術前途總是有利的。

　　秋涼，比夏天要神氣清爽些，當陸續寫些練拳的體驗出來。

　　元龍兄繪圖的勞力報酬問題，我想於繪好後酌酬一些款子，事先提出了，他也不見得會接受，想兄亦亦為然也。

弟　顧留馨
1955年10月4日晚

　　報載蘇聯贈我國博物館的禮品中有義和團時的武器，希兄就近去看一下。

　　關於民族武術方面的寫作範圍包括的很廣，希望你整理一個綱目出來，以便有同好的可以分工研究、寫作。

豪兄：

　　《歐洲古代劍術》的插圖57幀，元龍兄已在仿繪二套，勞力報酬問題，我以為每本送給6元，我們的收支情況，不可能多幫助，不知兄意如何？

　　《歷史》雜誌第10期，刊有平倭大將戚繼光傳記，可以看一下。我原想你如改寫《戚繼光拳經》就用傳記體裁來寫，讀者就不限於民族武術的愛好者。曾有友人希望能寫關於戚繼光將軍事蹟的劇本（現在電影劇本經採用拍攝

的稿費從數千元到萬多元），我不敢作此想，因為連跑圖
書館的時間都沒有，還能談得上創作麼？我看你倒可以嘗
試一下。

太極拳的特點、練法與個人的體驗正在陸續寫下來，
深切感到時間、精力的限制，在目前生活情況下，我只能
就自己熟悉的、有把握的東西把它記下來，涉及面較廣的
只能在學習中實踐中逐步提高，思想上比較成熟後才能落
筆。

重讀《手臂錄》，感到如果對一門技術能夠像吳修齡
那樣對槍法有真知灼見地記錄下來，就不算辜負了一番鍛
鍊。

近來的願望更縮小、更單純，只想鑽研一件小東西，
求得完整地表達出來。

《彈腿》稿尚有餘意，擬用語體文改寫，希提供改寫
的意見，寄回來改寫。

研究整理工作進行得怎樣？希兄等早日向領導上提出
方案，爭取在近期內有良好的開端。

此致

敬禮

弟　顧留馨

1955年11月3日　上午

豪兄：

《歐洲古代劍術》的插圖57幀，已由周元龍兄繪好二
套，茲將較為細緻的一套列印原文名稱，先行寄上，至於
中譯名稱俟林先生將譯稿抄奉後請你修訂譯名再填上去，

英文原本俟林先生用畢後寄上。

　　周兄花了20多天時間才繪好二套，部位大體無誤，我預備酬謝他 6 元。近來因工資上取消了保留，加上搜購有關武術方面的資料，經濟上拮据得很，不能多給些酬勞，兄亦可酌量送他一些酬勞。

　　《新建設》11月號有《中國古代舞蹈》一文，作者很花了些引證史實的工夫。《文史哲》上有《五行說起源》一文，我都買了一份，我現在多方面搜集材料，作日後寫作之用。

　　《藝術的原始》至今未購得，胡荻原譯的《藝術社會學》已購得。

　　近來練太極拳較為經常，體力和技巧有進步，兼練槍和抖杆子，其他就沒有時間、精力來鍛鍊了，劈劍因沒有護具，仿製又太花錢，只能俟之異日。

　　每週隔天早上教局內同志數人練太極拳，已在寫講義，陸續積累了些稿子，作為將來寫完整些的拳書的藍本。

弟　顧留馨
1955年11月15日

留馨兄：

　　11月3日和11月15日的兩封信以及周元龍兄所繪的劍術插圖57幀都收到。

　　《歷史教學》第10期，北京已賣缺。上海如能買到，我想買一本作為參考。

　　研究武術，我以為首先要讀的是《紀效新書》，把武

術和武舞的基本觀念弄清楚；其次讀《耕餘剩技》中的棍法闡案和長槍、單刀法選，把武術的勢做一番徹底的研究；最後讀《手臂錄》。這樣才能對中國武術有所真知灼見。武舞固然不同於武術，但它的藝術性是不能否定的。來信提到重讀《手臂錄》而更感到吳修齡的真知灼見，這是你我相同的。

你信上所提到的《新建設》和《文史哲》那兩篇，我也已買了作參考。我對於太極拳是主張用「十三勢」這一名稱的，但也許在人們的印象上不太廣泛。如果你認為十三勢的理論中，涉及的太極、八卦、五行是唯物的還是唯心的，我以為下列之書必須一讀：（1）《中國古代社會的研究》（郭沫若）和《中國通史簡編》（范文瀾）涉及易的部分；（2）《秦漢的方士和儒生》（顧頡剛）以及王宗岳的黃老思想及王宗岳在舊社會的職業（以教館為職業，他所教的和能學習聯繫的心得，包括易在內）與他的理論大有關係。

我委正在重編太極拳，請你準備一些意見幫助這一工作。

我全家遷京，拉了一些虧空，冬季北方較冷，這個月需為蔭陶、世敏添些寒衣，因此元龍兄的勞力報酬，要掛欠到下個月發薪時才能寄上，請你打一聲招呼（我的保留薪同樣取消）。

《彈腿》稿不日附具意見寄還，我希望你和子平、彩軒更進一步摸一摸腿法的底，具體用圖說表現出來，將來可能有相當的用處。最近日本「關西空手協會」寫信給賀主任，為了交流拳術，附寄許多「空手」照片，並希望來

華訪問，發動者為「京都學藝大學空手道部」。照片上的腿法，有一幀用側踢的高蹬腿，以足的前掌攻擊對方的面部；有一幀類似彈腿中的箭彈腿，躍起空中，準備攻擊對方的上部。雖然這種飛腿在中國拳法上認為是冒險的攻擊，但他們具有實際競賽的經驗，而我國則這類經驗還毫無開展，學生中尤是如此，這是我希望你和子平、采軒從事研究者一。實際競賽經驗是不可忽視的，例如法國的拳鬥，將身躍起於空中，橫蹬雙腿攻擊對方，對方往往不易躲避而被蹬倒。這種競賽，我在影片上親眼看到過。「空手」雖然是中國傳到琉球，琉球傳到日本的一種拳法，現已在實際體驗中有所發展，這是不可否定的。上述的飛腿的破法，你在《彈腿》一文中，把子平的經驗有所闡述，但可能還有其他破法，請和王、傅兩位深入研究。這消息不易外傳，所以請勿向他人談起，而且我希望於你的，乃出於個人的動機。

有人提出問題：太極拳的掤、攦、擠、按表現於攬雀尾；採、挒、肘、靠表現於哪幾個手法？要求解答。我因為沒有練過套子，無法解答，請你和雲倬、張玉兄先做一研究。除攬雀尾之外，其他手法表現掤、攦、擠、按的有哪幾手？

最近讀徐哲東的《太極拳考信錄》，發現掤（即捧）、攦（即攎）、擠、按（即捺）、採、挒（即挒）、肘、靠，出於陳溝的短打譜，而綜合於推手（即擠手，或稱搉手）。

《歷史唯物主義》和《簡明哲學辭典》，讀後大有幫助。

弟　唐豪

1955年11月20日

豪兄：

11月20日來信收悉，因工作忙，個人遷居公房（為了晚上能靜心些讀和寫），以及意外的一些事情，遲至今天才作覆。

《歷史教學》第10期，跑了兩家書店都售缺，將來你如需參考，我可以剪寄「戚傳」給你。

關於十三勢理論中涉及太極、八卦、五行是唯物論還是唯心論的問題，感謝現代學者們在片斷地或系統地整理中國古代的思想鬥爭的著作中作了分析，我們可以運用他們研究的成績來分析十三勢中這方面的理論，除來信所舉郭沫若、范文瀾、顧頡剛的三本著作外，我還看過吳澤的《中國歷史大系・古代史》，楊國榮的《中國古代思想史》（《新建設》1954年9月號有對該書的評論也可參閱），呂振羽的《中國古代政治思想史》。這三本書裏有關易和老子學說的都值得參考，哪些是唯物的，哪些是唯心的，應該還他本來面目，以免厚誣古人。侯外廬的《中國古代思想學說史》，我還在借看。

最近買到一冊日文的《攻防拳法空手道入門》，有空手練習用防具的圖一幀，有手套，面具，胸、腹、襠的護身具，護膝，臁具，赤足。日人在空手道上面也著重實驗，這是不可忽視的。

取日人空手圖片中有側身以足掌高踢一法，如果腿柔而快，乘虛高踢，未嘗不可取勝。《少林拳術秘訣》中引

述過高腿的名手，但一般名手都不主張用高腿。子平老曾說：「低腿難防，高腿力量不足，可以不理他。」傅采軒則絕對主張用低腿，他說：「高撞（闖）、低滾。」即逢高腿來，在已發未到時，我胸部前俯接腿將對方震跌（當然要接得準，同時自己身體要健壯）。低腿難逃，因為我一退，對方可以連環進踢，應該用「低滾」法迎上去。即低腿踢我臁時，我前足跟急進數寸，步法成為不丁不八，以小腿面接近來腿，使勁一滾，其中也有化勁，踢來的力量可減去大半，把他頂回去，步法是快速還擊，以前進為主，剛柔剛克，偏於剛的一面。

過去楊少侯的破低腿，以退5寸為度，使踢空，即跟上打去，或以左右弧形避開來腿前進而擊之。少侯之法，或以退為進，或彼進我亦進，避實而就虛。采軒又說：「凡中部來腿，當他是手，亦可以手破之，或用肘部前貼，震擊其小腿肚；或用落步掌，以一手拍打來腿，同時另手前擊。動作須三合一，相當於形意拳的劈拳，太極拳的倒捲紅的用法。」

子平老曾述一破中腿法，巧而狠。例如對方上面引手，誘我左手上迎，其隨起赴左足踢我胸或左腰間，我腰左轉，前左足尖向左磨轉，閃開來腿；同時我右手前進推託來腿，隨發右腿蹬踩其右膝節，或以我右足套住其右足，往前一送跌之。《中華新武術拳腳科》中有此拳式。

子平老的高樁低壓的破腿法，已見我寫的《譚腿》一文，不另述。

本來沒有必勝的拳法，也沒有不可破的拳法，總在勁大而準，周身一致而快，功夫高，方法巧，經驗多，才可

操勝算。

此次尚未有暇訪子平老做研究，俟再與王、傅二位見面後，如有其他方法，再行奉告。

側身以足掌高踢，我幼年從宮蔭軒（即十齡童之父）學金剛腿時有此踢法，稱為「反點腿」，正身以足掌前踢襠、膀胱、胸部為「正點腿」。搓腳門及孫祿堂的八卦拳腿法也有正、反點腿，正點腿因為孫的腰腿軟，腿作手用，點踢敵喉。點腿在他種拳術中不多見，在金剛腿中有反點腿，也有側身踢踢起的式子。

目前太極拳散打之法專重上部技擊，與西洋拳擊倒有些接近了。

《潭腿》稿俟你提些意見退來後再改寫。腿法變化極多，日後和傅、平老、效榮等進一步研究後另作圖說。似劉振聲的擒拿法有圖有說明。但要詳其變化，要點要講的透，對學者才有幫助。

掤、擺、擠、按、採、挒、肘、靠、進、退、左、右、中為十三勢，貫串在太極拳套之內。掤、擺、擠、按、採、挒、肘、靠八法，我認為前六字是手部運勁與著法的變化，肘接肩靠是補手法的不足。

即使攔手拳的八字，柔、纏為練拳和交手的基本原則，崩、掛、斬、攔、截、抱為運勁和著法的配合。

掤、擺、擠、按以手法的形式表現出來，要算楊澄甫的拳架最為清楚。楊澄甫對拳架做了修改，刪去了跳躍動作，以腿作手用的朝右蹬的動作，儘量使之大方、中正、安舒，手法簡潔，容易長功力，並更多地使養生與技擊相結合。楊氏曾向武匯川表示，功夫有不及祖父、伯父、父

親的地方，但對拳架的修改花了番心思，自己很滿意。

　　掤、攦、擠、按四字，從內勁的運用上講，拳架的各勢都有，除在攬雀尾一式中明顯地表現出來外，有的姿勢在旋轉變動中包含二種、三種和四種勁，在推手中更可體會出來，如化勁時邊掤邊攦或邊捌。目前，我的見解是化勁以掤為主流，才能引進落空，不至於引進落實。掤勁是「似鬆非鬆」，「鬆開我勁勿使屈」的一種內勁。掤勁到家才能打截勁了，能打截勁已達到「動勁似百煉鋼」的地步了。

　　掤勁因此在八法中占第一位。

　　在拳式中攬雀尾末了定式的雙按轉為單鞭，當雙手斜上往左轉時有掤勁，也有攦勁；再往右運時，右手在上者有捌勁，左手稍在下者有掤勁，左手斜向上再往左運時有掤勁、攦勁，下沉前有採勁，前擊時即單鞭為按勁。白鶴亮翅中右手斜上提為掤勁，左手斜向左下方分開為按勁、採勁、捌勁。

　　橫直順逆，前後左右，走弧形，畫圓圈時，各有主要的應用法（即「著法」），隨著著法的不同，六種勁隨之變換。找勁時須注意呼吸調順，以自然鬆淨中含沉著為原則，否則於身體有害處，也會阻礙通向靈活變化的上乘境界。

　　分清勁路來練太極拳是為了練功夫，如果以療病保健為目的，就以柔軟、調順、自然為原則。

　　為了在鬆勁中求沉著，練出沉勁來，這種沉著勁是似剛非剛，似柔非柔的似百煉之剛的勁。澄甫先生常說：「搭手如落臼，錘落臼入，牢不可移，一舉手，一投足，

顧留馨太極拳研究

敵已自制。」如果練不出這種沉勁來，就不可能搭手如落磴。

採勁是以我手輕執對方的腕、肘、臂部分，斜下或斜上採之（斜上採在他種拳法中稱為「令」，斜下採稱「牽」，採中部來手用刁手裏採的稱為「攞」），以控制對方或使失重心，但不應死執（全把）對方的手，不可全握，只宜半握，才多活變，邊採邊畫抓（如執刻字刀的乘勢直下）靜脈，務使對方又疼又失去重心。

過去曾聽楊澄甫說：「採時不可用抓（即楊式太極拳不能用抓），只需在對方手上一抹就是採勁。」他功夫高（主要為勁大而速，動短意長，勁路又找得準）。我們功力差些就不用半握的採，就不易發生作用。在楊式拳套中的確找不出半握或全握的採。摟膝拗步式中的左手摟有捌勁，有採勁；斜飛式中的左手亦是採勁，野馬分鬃亦然（反式中的右手同）。

捌勁在左手為貼在對方手臂上向左以掌緣外将，右手則反之。例如手揮琵琶勢，摟膝拗步時左手以弧形向左下方的動作（捌勁的使用法，先貼對方手部，然後向左捌去，使對方步動、身搖、露胸，我即以右掌擊其胸。若用跌法，則左手捌，左足套住其右前足，右手擊其左肩。雙手、左足同時動作為三合一）。白鶴亮翅的左手向左向下的動作（也有採勁）。

至於肘與靠，在楊氏另有雙人練法，在沾、連、黏、隨、不丟頂的原則下融會掤、攞、擠、按、採、捌六種勁來操練肘法、靠法。肘與靠不能狹義地認為以肘節肩頭攻人，應廣義地運用肘、靠之法。

靠法：採而後靠（走外門），對面雙手相持時不能使用手法即以肩靠胸（走內門）。彼擺、我插襠進靠（走內門），凡逼近敵身，使不能活變，以身軀某一部跌震之，也是靠；貼身靠打、貼身靠跌也是靠，這是廣義的靠法，不限於狹義的肩靠、背靠。

肘法有直下肘、頂心肘、橫欄肘、橫直左右前後近身用肘，這是狹義的肘法。廣義的是以肘部防護、斷肘。例如手揮琵琶勢的剪肘法，高探馬變左右分腳中的接肘法，海底針斜走肩通臂中間的提肘化去對方雙手執我肘臂部分，乘勢前擊或套跌法（其他如斜飛式、野馬分鬃都有提肘、滾肘化去對方雙手或單手執持我手臂之法）。回身披身捶中右肘部分向後畫圈，防護中部來拳，乘勢用開花捶之法，對付直來拳時，我一手自上而下攔其拳，一手自下而上震擊其肘的斷肘法，以及我陽手直拳進擊，對方以前法擊我肘，我隨即陽拳變陰，拍其手，後手自下而上震擊其肘，以斷肘法還其斷肘法等等，都是廣義的肘法（搬攔捶第一動的貼肘可擊對方肘節或震擊中部來腿的腿肚）。

因此，我認為凡以肘部擊人或提、或滾、或截、或接、或剪、或貼、或震的都叫做肘，拳套中用肘明顯的是披身捶、白蛇吐信的獻肘；靠法較明顯的是提手上式之後擺而插襠用靠。

應該注意的，任何破法，手腰都要轉陰陽，周身要成一片，過門要柔，落點要剛，「剛在他力前，柔乘他力後」，「知拍任君鬥」這是名言。

採挒肘靠四法以大的方式來練的，我懷疑是後人創造出來的。記得陳子明就不會大擺（後來也說會了，這是看

風轉舵）。參考各家拳譜，《打手歌》只有掤、擺、擠、按四字。楊氏的大擺，實際上也只有採、挒（對方靠肘，我用挒）靠三字，肘法用不上去。現在的大擺變化不順，又缺肘法，不能令人滿意。事實上打手四法，如果越練越精，千變萬化，大擺的四字也包括在內了。槍法的精熟，僅一革一戳的圓圈而已，拳法亦越練越簡，六種勁功夫到家後，著法可以不問，取消「物來順應」，「從所欲」，全憑功夫精熟。澄甫先生嘗謂：其祖露禪有「你要給你」、「咱打咱有」、「要那有那」之語，我曾為之釋曰：你要給你者，捨己從人，欲取故與也；咱打咱有者，從心所欲，變化無窮也；要那有那者，但依著何處，即依何處擊之也。

陳溝拳譜是肘法頗多，想係博採各家拳法，其中跌法、拿法亦多。目前研究太極者，多著重懂勁，對著法不先求通曉精熟，未免失之躐等，又多不下基本苦功，不兩人真拼真幹，以致在實用性上成問題。並所望於少數專家能學、思，實驗並重，使太極拳今後不僅從療病保健上發揮其作用耳！

陳溝拳套多，方法多，由於教者珍秘不傳，學者悟性不高，以致日趨缺失，方法上錯之毫釐，後人以為沒有用，有些拳法就人為地湮沒淘汰，成為拳譜上的名稱了。

八法在息息變動的太極拳套中包含極多，全靠我們舉一反三，觸類旁通，分析研究，默志揣摩，先把各種勁找準，「筆筆中鋒」地練，每勢勁貫九分，神氣則須貫到十分，練到至柔又至剛，然後須一氣流行，把各種勁的形跡都化淨，才能在技巧上達到所謂「神化」的境界。

　　至於打法（著法），應該博習各家，以求其全通，豐富太極拳套中打法的內容。

　　陳溝拳法，到目前只盛行頭套的太極拳，二套炮捶練的人就較少，我倒認為是進行千練百捶的好方法。

　　博而返約，才能精熟；博而返約，也才能保持一些精華，提煉工作也可說是博而返約的過程。王宗岳《太極拳論》說：「由著熟而漸悟懂勁，由懂勁而階及神明」，這是學習和鍛鍊的程序。太極拳打法的極致，應為緊小、脫化，與峨眉槍法同一歸趨。

　　練功夫應該先打下基本功夫的基礎，先求體壯勁大，然後求靈活和方法上的巧妙。《少林拳術秘訣》中：「沉實厚重，活潑虛靈」八字，把虛靈放在最後是有真知灼見的。

　　太極拳脫胎於戚氏三十二勢，其拳套自以勢勢相承為原則，以變化無窮為極致。坊間拳書間有講用法者，大都述焉未詳，甚至方法粗疏。弟嘗有志博採眾長，就著法窮其變化，作為「初學入法」之門。茲事雖小，用力頗巨，將來有多人合作研究，繪圖詳解，亦保存古拳法之一助，並可供競技賽之採擇也。

　　弟功力不夠，思考未多，目前的體會和見解僅至此，當否請批評（其中有些部分曾向雲倬兄提出，交換意見，張玉兄則未碰到）。雲倬兄認為擠、按、肘、靠是攻法，掤、攦、採、挒是化法）。

　　承詢八法體現於拳架的問題，因涉及技擊的範圍，信筆所云，頗多逾越範圍。拳架以楊氏為準，紙短情長，又不繪圖，更難以說明，希和同志們研究後給予指教！

63

為了高腿的破法，昨晚訪問了王子平老先生，暢談了三小時，茲將有關問題轉告如下：

側身以足掌高踢，破法有三種：（一）磨盤勢（前面我已引述）。如果來勢不對，我動作慢，便用不上，須平日多對演，使能左右逢源。（二）闖法（即堵住他）（與傅法相同）。對方發高腿時足未過膝彎（45度），以胸部前迎堵住無危險。（三）對橫踩八尺半。即雙足騰起斜向前高踢，勢猛力大，上二法便不能用，須用閃身法自己向後倒下，即對方用捨身法，我方用死人體來躲避。

「彈腿不過膝，過膝用不得」是「彈腿渾身空」的說法，但高踢須練出功夫來，用起來也無危險。子平以前比手也常用高腿取勝。高練應該高踢，不能以高經練低踢來搪塞。

側身以足掌高踢不怕手打，因為踢腿的人先練好腿部不怕打，腿力大，腿面肌肉厚，手打不怕，並且手過胸部下拍，力量不大，擋不住腿力的猛。

日人此法不注意，彼等重實驗，自不可忽視，但要看他們腿上有沒有功夫，如有踢活樁、死樁的功夫，足部前、中、後的勁、裏勁、外勁都找準，加上實打經驗就可怕了。

子平老說：二近數月因心悶而時覺頭暈，功夫也不練，主要為聽到暫不開展民族武術而引起，今聽到在重編太極拳和日本拳家要求來華交流技術，認為是很大的喜訊，是一種推動力，病立刻鬆了大半，他希望中央體委早做準備，介紹哪些東西？

按他的看法，武術中的點、打、摔、拿，日人佔有了

摔、拿，日本摔法的優點為耐久力和地下法，中國的黏跤、脆跤他們早學去了，但是，連環板子和破法恐怕未學到（過去馬良曾要部下立誓不教破法給日人）。拿法從中國學去也研究得好，過去劉金聲曾去日學拿法，有使人嘔吐的一法。

如有需要和可能，希將他們的空手圖片擇要繪圖寄來研究一下。

子平老說：在你離滬前，曾表演外椿腿（左右橫踩的基本練法）給你看，特點是進步連環，退步連環，一發之後，以背部對人而進退，連環發腿。

橫踩八尺半的練法，昨晚他也做了表演，以板凳豎直斜置牆腳，用箭步躍起雙足斜蹬板凳面，隨即跳退，更番躍踩。據說這是他數十年從未間斷的私下工夫。

他身法仍很輕靈穩健，可見他仍在鍛鍊。子平老現已蓄鬚，雪白的鬍子，顯出老英雄的姿態。

前三周市武術界聯誼會發生了內部分裂的事件，說明了政治思想工作薄弱和沒有黨領導的部門問題就越多，也不易解決。事先洪炳榮曾來我處談起許多老師們認為一年多不開執監會，會務停滯不前，聯誼會附設在精武，被利用等等，擬請吾出去整頓會務。當即告以中央對民族武術的方針很明確，整理研究後會逐步推行，目前會務以維持為原則，逐步爭取市體委的領導，內部注意團結，開展批評來改進，不能鬧分裂。不料洪等發動簽名反對徐、陳的領導，並要我整頓會務，分向市委、市體委送去簽名書，事先我並未知道。洪等持簽名書來時，我從團結、鬥爭的政策觀點上說明這樣的做法是不妥當的，並說明個人參加

為會員，並不等於黨的領導，個人工作學習俱緊張，時間精力上不可能來參與會務，並且個人參加社會活動，須經組織上做決定。

我為避免各方面的誤解，除向組織上說明情況，聽候組織上指示外，即王子平先生處也遲至昨晚才去請教腿法。

子平老表示，最好不要掃了大家的興（發起簽名書的有二人是他的學生）。

年來頗想在業餘時間靜心地多研究有關武術的問題，新知舊說，採訪閱讀，唯恐不及，想不到據說他們考慮了三個月的人選問題，竟找到了我，真是意想不到的事。

我抱定了「韜晦修養」的宗旨，目前仍然自管自的鍛鍊和研究，置身事外。陳品三著作中雖多強牽易卦，但數十年完成一書的精神，是我願意學習的。將來如果組織上需要我在這方面做些工作，我是願意用全力來進行工作的。

寫了兩個晚上，很疲勞，對重編太極拳的意見，俟假日當提供幾個基本看法作參考。

人民大學出版的《辯證唯物論》下冊《物質第一性與意識第二性》的五、六、七節對巴甫洛夫學說有扼要的引述，希作研究。

弟　顧留馨

1955年12月10日　晚

留馨兄：

　　關於甘鳳池，早年我也參考了《清朝耆獻類徵》等書，認為不可信。現在把我的看法條牽一些：（1）刊行的故宮檔材料和《東華錄》都查不出；（2）吳敬梓的《儒林外史》寫的鳳四老爹，如「神龍見首不見尾」，大可吟味；（3）甘子甘述無「謀叛」罪名，可能未死，甘的子和孫諱言甘以壽終，故乾隆嘉慶年間人記甘老死牖下，獨吳敬梓不這樣說。後出的類徵只是抄襲前人的文獻；（4）呂葆中和甘都在一念和尚案內有名，葆中死後「戮首梟示」，安能對鳳池不殺？（5）鳳池拳譜有抄自「石門官廳」的題記，可能是呂家抄沒入當地縣衙門的東西，最早抄者沒有這樣的題記，而最後抄者卻有此題記，這是一個可推定的線索，原本或為海昌XXX所抄，抄的地點仍是石門，否則不會在官廳內，抄的原因或因抄沒本的紙張已不能保存，這個海昌XXX是個有心人，為之抄寫，仍存沒收庫內。這些推定，還得研究研究。據哲東在上海會面時見告，他在新華書店古籍門市部見一抄本，內容為甘鳳池檔案，他當時未曾購下，後來再去購時已不可到手，不知落入誰手；他也沒有注意有沒結案檔件，因之不能解決問題，既憾且惜。有暇請一查《䔮亭文集》和《雙佩齋集》，再作探索。暫時肯定甘之被害，較有力的資料即呂葆中的「戮屍梟示」，你以如何？我是暫時以定肯定的。故宮將來是否能發現有關檔案，殊未可必。

　　《白下瑣言》如無其他體育史料，不打算買。下月領了稿費，匯滬托購《清朝野史大觀》。森（長）、垚（次）、鑫（季），家譜是仲牲子，《陳氏世傳太極拳

術》以淼為季姓長子是弄錯的，當時疏忽，沒有為子明訂正。

通臂門的108勢工力拳不是陳溝長拳，1938年再版本《通臂拳法》，是日人武田熙在侵略華北時期操縱武術的著作，中國書店或未售罄，我去買來送你。全書403頁，在再版序言上可以看出日帝的陰謀，無孔不入。

像李東園那類宗派主義者，在其他方面也是存在的，鬥爭雖然避免不了，也是兩道路的嚴重的政治任務，但知道情況和掌握情況的人極少，要注意他們暗箭傷人，要機智地鬥爭，否則後果在不明大是大非的時候會招致誤解。既要做好領導工作，又要十分機智，洪、徐、陳的前事想對你打擊，這條根還潛伏在那裏，手段非常毒辣。傅、王、葉等也要注意，特別是在汪偽體協混過的葉。某些場合市領導區，區領導被領導的單位，這是一個方式。

王友亮的《甘鳳池小傳》，以硃批諭旨來核對，所謂「生當太平，未得一官以自效，豈非命哉」，都是一己的想像之辭。資硃批諭旨說甘的「聲氣頗個」，正因為如此，傳聞異辭。引用舊文獻，照我的見解有時以節錄為宜，此見供參考。包貴：呂留良年譜。1937年商務初版。

弟　唐豪
1956年4月25日

留馨同志：

我因為臨時調外作一部分法律工作，好久沒有和你通信。

告訴你一個喜信，重編的《簡化太極拳》不久就要出

版了。內容有一篇蘇聯專家的科學說明，這是前所未有的對太極拳作出了體育上積極作用的論證。

　　跟著，領導上要出版《彈腿》。為了工作需要，我建議把周元龍調京做兩個月左右的臨時工作，作為助手。所以寫信給你，請你問一問周元龍願意來京否？如果願意的話，請你把他服務的商店、薪給、地點等通知中央體委武術研究室毛伯浩同志。如果我的建議能通過，由中央體委寫信給上海市體委把周元龍調來。如果我的建議不能通過，那麼這件事就作罷，這一切請你都和他說明。

　　我在6月15日之後，又需離京去作臨時法律工作，因此，請你直接寫信給毛伯浩同志。

　　　　此致

敬禮

　　　　　　　　　　　　弟　唐豪

　　　　　　　　　　　　1956年6月14日

留馨兄：

　　我被最高法院特別軍事法庭指定為日本戰爭犯罪分子辯護，這幾個月調外進行這一工作，最近才由東北回家。

　　據毛伯浩同志說，已經接到你的回信，沒有功夫寫信給你，囑我向你致謝，並致歉意。毛伯浩同志又告訴我說，中央體委在20天以前已有公函給上海市體委調周元龍同志來京做臨時工作，但到現在還未見周元龍來京，不知何故，請你聯繫一下。周元龍同志來京後，他的畫圖對我們開展工作是有幫助的，雖然是臨時性質，如果工作搞得好，我將推薦他作為正式工作人員，一經組織上採納，對

他本人來說，所學得所用，對體委開展這部門工作來說，至少能起一個螺絲釘的作用，你以為如何？我和周元龍同志根本沒有私人關係，這是你知道的，只因在上海編寫《彈腿》初稿的時候，發現這樣一個有培養前途的青年，為了搞好工作的關係而推薦，這也是你所理解的。

周元龍同志來京的旅費，可以向上海市體委提出。北京氣候比較冷，衣服棉被要注意準備。到北京站下車後，到購三輪車票的亭子購票，向售票人員說明位址（崇文門外太陽宮中央體育運動委員會），付了車資（約四角左右），乘車前去找毛伯浩同志即可。由車站內到購三輪車票亭子，每件行李的搬運費七分，跟著搬運車走，無異得一嚮導，以免人地生疏而摸不著頭。

我第一次去東北時，組織上才決定出版《彈腿》，經武術科討論的結果，把十二路合編為六路，即每一路的內容包括兩路腿法，前四呼一種腿法，後四呼又一種腿法，二八呼時兩種腿法的左右動作都能練到。因此，原編的次序略有變動。主持編寫工作者為李天驥和李劍華兩位。我第二次由東北回京的時候，大體上已編成，並且已經拍了照片。

在我去東北時，組織上新設一運動技術委員會，由蔡樹藩副主任領導，決定的委員是：張軫、董守義連我三人。武術已改成一個科，由毛伯浩同志任科長。但我的工作，還是和武術科有關係的。

最近王子平老來京，他是少數民族代表，我們見面之後的一天，他即去東北參觀。

毛伯浩同志代筆致候。

敬禮

唐豪

1956年8月5日

豪兄：

8月5日來信悉。周元龍同志懂得武術，繪圖也好，在《彈腿》重編出版前幫助搞一些繪圖工作是好的，作為培養一個青年武術工作者來說，我希望周能夠多搞一些武術工作。

經向周元龍聯繫後，據說兩周前公司人事科對他說起市體委對中央體委通知要調他去京搞臨時工作約兩個月，人事科又說俟市體委約定日子後再去，但至今沒有下文，元龍不便自己催問。

我又向商業一局人事處瞭解了一下，據說公司內同意調用，不成問題，本來市體委曾說要電詢中央體委何日需周到京，但至今未見覆電，市體委也未有正式調用令。

因此，我認為：可由中央體委再請上海市體委以正式手續向上海市第一商業局調用食品雜貨公司的周元龍，這樣，周就可以動身前來了。這點，請你向毛伯浩同志說明，只要再催一下市體委就行。

數月前我約了方夢樵，從王效榮老師學習綿張短打、關東二十四勢（方因業務忙，已有3個月不去了）。綿張係對子方式，共六路，打法注重穴道，防護周密，手腿並用，核對唐荊川氏所述，證明王所教的綿張短打，確係古法。

關東二十四勢的打法和綿張相近，但有單練式，用勁近於形意拳，偏於剛猛的一路。

我看出綿張、關東拳、攔手拳都注意實打,因此用著、運勁有異曲同工之妙,但因不像摔跤、拳鬥有護具設備,有規則的限制,實打時危險性較大,這是傳習不廣的一個重要原因,也是不能成為競技運動的主要原因。

我近來對中國古代社會史又看了幾本專著和幾篇文章,自幼讀了些古書,因此對這方面至今興趣還大。

由於天熱,工作又忙,對武術方面不曾寫什麼。

明年是50歲了,學術研究上還是一無成績,頗有「博而寡要,勞而無功」之感!

府上均問好

顧留馨

1956年8月13日

於第三商業局

留馨兄:

……談到體育史的編寫,專家認為相當重要,尤其增加了我的信心。這一中國足球史料,我預訂費兩個月的時間脫稿,盡可能再把下篇補充得充實一些,因為以前交稿的時候,還有一部分需要的參考書,要花一百多元才能到手,再次去訪孫老先生,問他有沒有這部書,如有問題就解決了。

類似以上從前沒有整理過而現在要想整理的材料還有不少,我力圖在可能的條件下一點一滴地去整理,不讓它帶進棺材裏去,以慰一向對我存在希望的老友。

話說得太遠了,關於我自己的努力方向,說到這裏帶住,再和你談談幾種類型的太極拳……

　　你如能多留京半個來月，可向此地學過這種太極拳的朋友去學，或直接找陳發科（陳長興之曾孫，今年70歲左右）去學，學會了之後，經由一定時期的鍛鍊，這是太極拳的祖型，有它的特點，陳品三和陳績甫的舊作可作參考，它也有整理的價值。

　　函請人士中，我推薦吳雲倬和楊基峨兩位。雲倬兄不求聞達，兼通中醫，對太極拳造詣之深，你我共知，我希望他能預擬一個太極拳整理提綱帶京，免得臨時發言倉促不周詳。楊基峨老先生羅漢拳的藝術性和佛教有關，惜乎尚乏傳人，如果在崇尚佛教的國……

　　我一直在懷念你和最高人民檢察華東公署魏文伯和周碧泉兩位正副檢察長。你們三位，都給我應有的信任，在工作上我也沒有以秉公不舞之鶴，辜員了三位。現在我的心理上是衰老了，身體上不容說得也衰老了，不怪同志間向來京的王子平說，唐某是體育機關中常常生病的一個。心理上的衰老，會影響身體上有病的人更衰老。王子平兄勸我：「少說話，多睡覺。」少說話我學不會，每日神思倦怠而多睡覺倒反不學而會，何況在家時侷促一室，足不出戶，為了團結而忍受高鄰所施與未想像到的精神上、生活上的打擊，真是一言難盡；加上年老身體不爭氣，常服的中藥論斤買，西藥的空瓶一大堆，你來京時上我家參觀參觀便知分曉。高鄰對我和陰陶的打擊，是多方面的，舉一個例告訴你，你將不敢相信會有這樣的事。

　　在糧食定量定點的時候，高鄰唆使一個每月要吃39斤糧食的少不更事聯繫糧食的同住者，問我夫妻二人每月糧食兩個人共30斤夠不夠，事後知道我們的高鄰，宣傳我們

夫妻二人每月共20斤已夠吃，那位少不更事者加上10斤來徵求我們的意見，在他看來也許是合情合理的，這一事我們堅持合理的定量，才不致挨餓。我們的高鄰函催我來京時，在信上明白告訴我國務院分配給我們的居住間數，到京後他扣用一間，直到現在，將近20歲的女兒和我夫妻同住一間，為了團結，雖然生活上種種不便，始終忍受。高鄰自己方面的人，在院子裏吐了一口痰，他的兒子大嚷大叫，弄明白了不是我們吐的，就鴉雀無聲。一年半來，我抱定主意，多坐在屋內，少跨出門口，總算解決了問題。用忍受的態度和少接觸的方法，這些日子來，堪稱平靜無事。「百事忍為先」，在新社會裏還是有用的。

一年七八個月來，我的工作情況、生活情況，心理衰老情況和身體多病情況，頗有生趣毫無之感，雖然奉告老友，但不希望老友反映。我企求獲得一個安靜的晚年，寫成一部《中國民族體育史》，唯使馬列主義的水準太低，在品質夠不上格，僅堪名為《中國民族體育史資料》，在百家爭鳴的號召下，也想作為不成其所謂家的一鳴。

矛盾的心理與身體，也許有一天能解決的。

致以敬禮

弟　唐豪
1956年8月18日

留馨兄：

8月13日來信收到，你在信上說：「作為培養一個青年武術工作者來說，希望周能多搞一些武術工作。」我也存在著同樣的希望，所以推薦。調周的手續，我已反映給毛

伯浩同志，他說前些日子已經進行了。

上海彈腿研究小組油印的彈腿草圖，這次周元龍北來，請他向陳緒良要一全份帶京，以供參考。如周已動身，請你要一全份，直接由你寄來為妥。

此間改編彈腿，採用了我這樣一個意見：「十二路合編為六路」。也許因為我年齡高了一點，沒有要我執筆。

年內中央體委有可能舉行一次十個省市的太極拳和長拳選手來京表演，除選拔外，還要函請這方面的知名人士來京參與，你也在其內。

函請人士中，我推薦吳雲倬和楊基峨兩位。雲倬兄不求聞達，兼通中醫，對太極拳造詣之深，你我共知，我希望他能預擬一個整理太極拳的提綱到京。崇尚佛教的友邦，不斷來我國訪問，楊老先生羅漢拳的藝術表演起來富有吸引力。如果來京，囑帶繩衣繩鞋。他老人家情緒上有點消沉，請加以鼓勵，在參加這次大會中，做出精彩表演。主要的希望他在會上得人傳，使繼起有人。這套羅漢拳，可與印度集體表演的千手觀音舞比美，在國際友好往來時表演表演，是有一定意義的，你不會笑我在發奇想吧！

表演會的舉行，事先雖然不必告知他，但暗示他充分準備是有必要的。

函請人士相當多，田兆麟也在其內，但造詣頗深的張玉兄則因限於名額未列入。我估計他不會去參加選拔的，你得推動推動，這不是為他個人著想，而是為了參與研究言之有物著想。傅鍾文對推手有所創造，推動他參加選拔如何。傅采軒是攔手門的傳人，可惜知音者稀，社會聲望

不大，拳架實用而不美觀，去參加選拔不見得會選中，選中了來京也不見得會重視，你認為有推動他去參加選拔的必要否？

我這次覆你的信，原有幾千字長，第一次被陰陶誤翻墨水在上，重寫一遍，重寫後交郵，買菜時拿錢袋不慎帶到網線袋之處遺失。現先擇幾條奉告。俟後再寫再寄。一口氣寫就，腰痛得直不起來。

致禮

弟　唐豪

1956年8月20日

豪兄：

周元龍同志於8月27日自滬去京，想已開始工作了。因行前一天，約至我家餞行，雲倬兄亦來敘談，席間我匆促地對表演選拔會有幾個問題寫給周帶上，得暇請示知一二。

民族武術中有醫療價值的拳套，整理推行後對人民健康是有幫助的，保健和醫療作用，是民族武術在今後尚能發揮其延年益壽價值的主要作用。武術書中優美的動作和某些拳械套子，可供給舞臺劇、電影、舞蹈等劇種的採擇。武舞的獨立發展，尚待開闢道路。至於技擊作用，除了能夠演化為競技項目外，恐怕今後要歸於自然淘汰，這是社會發展規律所決定了的，不是少數有偏愛的人所能強為維護的。

兩年前我曾私自下定決心，想把各大系統的技擊方法，系統的鍛鍊方法，博採眾長，校其異同，提供為整理

研究的素材，由於時間精力有限，記錄不多，今工作繁重，日月易逝，恐難竟背時之業耳！

年內中央可能舉行的太極拳和長拳的表演選拔大會，是作為研究整理了一個時期之後推選的起點，對武術界老師們說來，是會起到鼓舞作用的。但對老師們說來，幾年來生活困難，重要關心的是今後對他們如何安排，中央對此作何打算？我很想知道一些措施。當然對妖妄惑眾和濫竽充數的，應該教育動員轉業。

太極拳選手方面，最好把形式上不同的系統和支流的專家，都能有代表出席表演，起到觀摩的作用。目前楊、吳的大小架，流行較廣，陳溝的新老架，是現行各種太極拳架的來源，首先應有代表參加，郝氏、孫氏的架勢，上海很少有人練習，但原是一個較大的支流，也應有代表參加。陳溝拳家，最好請地方上瞭解一下，邀請一兩位代表參加。

將來在京開會，分為函請和選拔兩類，須考慮到武術界老師的積習，有些老師們很可能因為不在函請之列，認為降低了身份而不願參加選拔。不破不立對現實情況的矛盾，如何透過大會目標和意義的明確性來做好政治動員工作，我認為中央體委應提示各省市體委以進行的原則和方法。

在這裏，對個別我所熟悉的太極拳老師，將來從側面做推動工作，我是可以盡一些力量的。

太極拳在30年來自發地流行於全國各地，不在於它的技擊上的原理與方法，而在於醫療體育上的效果。關於療效的事例，可以預先通知出席者搜集材料，最好規定些提

綱發下去，雖然老師們絕大部分不懂生理、病理，講不出所以然來，但事例多些，提供專家們參考研究還是有用的。

長拳種類很多，選拔的標準該從哪幾方面來衡量呢？講實功夫呢？講藝術性呢？講體育價值呢？我看倒是個問題。

王效榮父女預備函請嗎？效榮的套子多，拿出來都還漂亮，年來因學拳的少，生活困難，他已在幫做大餅生意。早上還在外灘公園教拳，我在晚上去他家中請教關東拳、綿張短打的打法。

雲倬兄對太極拳、中醫、靜坐，都有傳授，也都有深入的研究，參與研究，言之有物，是可以肯定的。你很中肯地說他是不求聞達，我瞭解他在從事性命雙修，他信仰佛教，我觀察是馬鳴的真如論，這點可以存而不論。他的不求聞達，我看正是得力於這種宗教信仰！

靈魂有真如和輪迴兩方面，後者有生、長、死的過程，而前者是既不會轉化，也不會死滅，這是佛陀生前所不談的。

楊基峨老先生的羅漢拳，在佛教友邦來參觀時做表演，會引起很大興趣，能到京傳授給青年們這是很有意義的事情。老人家已是70多歲的人了，但功夫不脫，腰腿仍好，請先準備些腰腿軟的青年學這套藝術，待確定會程後再告知他吧。

傅采軒先生的攔手拳，實用而不美觀，近來因年老，拳架也不似十、二十年前的勇猛嚴正，表演起來要打折扣，並且目前的趨勢，不會重視這樣的武術，我看也不必動員他參加選拔了。他因學拳的不多，改為教授氣功療

法，目前月入70元，生活情況稍好轉。

　　田兆麟先生近來已顯衰老，拳架已和楊氏面目全非，較以前表演時精神流動的情況差得多了，由於聲望大，學生還是很多，函請他也是理所當然。

　　傅鍾文先生說：馬公愚赴京出席文字改革的會議，可能會找你談話。

　　丁福葆兄近來常來我家學推手，據說是你指點他的，他抄好一份劉震南先生的拳械名稱譜，如果你沒有原印的拳械譜，我可以寄給你。

　　林子清先生已調往上海梵皇渡路華東政法學院俄文教研組，托附筆致候。

　　據說褚桂亭先生等已編一套簡化太極拳，由蔡龍雲執筆，完全採用楊氏大架子。據武桂卿說最近因大小架之爭，趙的學生湯某當眾辱褚老，褚老氣憤得很，可見武術界在沒有強有力的領導下，盡會鬧無原則的意氣之爭。

　　大小架原是因材施教，隨體質、年齡的不同，各就推之所近來練習，由開展而緊湊，又是一定的鍛鍊過程，本來不應該判定誰對誰不對，但在編制時，就最易引起爭執和不滿。

　　因之我想到將來在大會上「百家爭鳴」，對整理的意見各抒所見，取材上一時難以抉擇的，我想只要明確療效上的作用來定取捨，由中央組織一批有代表性的專家作分析研究，提出建議，然後由中央擇善而從，重新創造一本簡化太極拳，適合於工廠、機關、學校、年老的、體弱的人們作為療病保健的體育運動，架子的來回，占地面積，要適應工廠、機關等均地不多不大的特點。或者抽出若干

式子來分路練習，如彈腿那樣，對易學易懂的原則是相符的，每路對某種疾病較有效果，可加以生理學上的說明。

對陳品三的著作，我在20年前向你借閱後，就注意了他的運勁根據經絡的特點，比較王宗岳等拳論中運勁無微不到的一點，在練法上更具體化了，向前發展了一步，並且根據中醫所特存的經絡學說和穴道學說的，錯字漏句很多，這點我想請中央體委研究太極拳的同志們特別注意一下，可惜我買不到原著，手頭只有陳績甫竊為己作的下卷。

陳子明是否根據陳品三的運動練法，沒有問過他。記得早年在劉守銘處和他推手，因他手上沒功夫，就沒有學他的架子。這是我當時不正確的想法（過去楊澄甫、武匯川教我運勁的路線比陳品三所說的較為粗線條的，沒有像陳品三那樣完全根據經絡、穴道）。

千頃堂出版的承澹盦譯，日人長濱壽夫著作《經絡之研究》，經實驗證明經絡、穴道是存在的。中醫學界主張氣血流行全身，但現代解剖學家不承認氣能流行周身，而靜坐的練太極拳的又都能體驗出氣也流行周身，因之我們在研究武術中的醫療體育，不但要學習巴甫洛夫的學說，同時對我國的經絡、穴道學說要作深入的研究。

去年我對內經和針灸學中的穴道開始研究，事情一忙，又擱置下來，僅一知半解，未得貫通，一直未敢妄談。

目前太極拳作為醫療體育之一，發展前途是肯定的事，並且已有許多醫生在學習太極拳和氣功療法，這是好現象，但是醫學理論和拳的實際體驗還須有一段時間才能

結合起來。

　　練拳練氣功如果在方法上不得當，都能練出病來，應該使老師們注意這點。

　　連帶我想到練太極拳的呼吸問題，從理論上講應該開、伸為呼，合、縮為吸，但由於拳的動作緩慢，不可能動作和呼吸一致，如強求一致，有害無利。過去姚馥春以形意拳的呼吸與動作一致的練法教太極拳，學員大都練出病，甚至有吐血的，練太極拳的呼吸應以自然為原則。你在介紹《中國的醫療體育》一文中曾引用開合呼吸法，我認為要作修正。

　　趙壽村於數月前曾由方夢樵偕來看我，我曾問他小架練的快，呼吸能達到動作一致麼？他說他本人還做不到，老輩中功夫深的能做到。因此呼吸要順其自然該是練太極拳的原則之一。

　　你給我的長信中途丟失，很可惜，不知拾得者寄還否？

　　星期天才有空寫信，拉什寫來，叫兒子謄一下寄奉。

　　盼你覆信！你的身體還是不很好，用腦過度的原因居多，還是每天練練太極拳吧！

弟　留馨

1956年9月2日

留馨兄：

　　被陰陶丟失的一封信，除已答覆你的一部分之外，再就記得的部分補寫出來，以告老友。

　　你在信上說：「明年是50歲了，學術研究上還是一無

成績，頗有博而寡要，勞而無功之感。」我對於你的看法稍有不同，一則你現在缺乏時間寫作；二則你沒有找到一個目前可以下手之處求成，老想在還待搜集資料目前不能下手求成。如果我這樣看法是對的，那麼，你何不駕輕就熟在楊家太極拳上先搞出一些成績來呢。從這方面下手，不就省時省力得多嗎，同時也合於目前群眾的要求。

各種類型的太極拳，可以說前人都下過一番推陳出新工夫的，有開展，有緊湊，學派儘管不同，從開展而緊湊這一原則來看，是它們同時並存的基礎，從不同的學習物件來看，是他們同時並存的因素，研究太極拳，我認為這首先應當予以肯定。

那麼，整理太極拳，是否聽其原封不動還是需要推陳出新呢？我的淺見，認為有必要推陳出新加以整理。然則把各種類型的太極拳混合編成一套可不可以呢？我認為類型不同，也不合適。有人或許這樣設想，中央體委既編了簡化太極拳，何必再去整理各種類型的太極拳呢？我個人認為這一設想，不是符合客觀需要的，群眾在這方面已有反映，如果我們獨尊一家，你說對不對？如果我們不進一步滿足群眾多方面的需要，你說對不對？但有人想另外編一種簡化太極拳如何呢？如果編的目的和中央體委相同，何不把自己的創造提供給原編單位，大家來參與這一工作，使它每一段的內容改進，這不是更好嗎？簡化太極拳與整理各種類型太極拳，我個人認為是不相矛盾的，因為物件和需要不同的關係。

推陳出新的工作，前人不斷地做過，他們的貢獻，不能一筆抹殺，舉例來說：就陳發科和楊澄甫教的太極比較

研究，即可以看出當初楊家把陳長興傳的舊架，複雜的動作分為簡單的動作，較難的動作變為較易的動作，跳躍的動作改為不跳躍的動作，這是太極拳得有今天那樣發展的里程碑。話得說回來，前人的貢獻是不是還有可能推陳出新呢？我以為有些可能。

　　第一，重複可以幫助熟練，重複而有規律可以幫助記憶。各種類型的太極拳，重複姿勢是有的，但缺乏規律性，而且重複得偏倚，不符合教和學兩方面的要求，這是我認為可以推陳出新地改編的理由之一（採取規律的重複）。

　　第二，各種類型太極拳的路線都很複雜，不但難學難記，而且費盡腦力編成的書，沒有學過這一類型拳套的人是看不懂的，這是我認為可以推陳出新地改編理由之二（採取直線）。

　　第三，某些類型的太極拳，複雜的勢和簡單的勢，難學的勢和宜學的勢編配失宜，我認為簡單的和易學的勢應編配在前，複雜的和難學勢應編配在後，這在教和學兩方面都能達到循序漸進的效果，也就是改編理由之三。

　　第四，這樣推陳出新地改編，運動量是不會減低的，但在改編的具體方法上必然帶來若干困難。主要的困難我認為在重複的規律性方面，其次在勢與勢之間上承下接方法。前一個困難，要想出各種方法來解決。後一個困難，把我的淺見提供參考：上一勢如果左手在上右手在下，下一勢右手在上左手在下；上一勢如果兩手都在上，下一勢兩手在中或一中一下；上一勢如果兩手都在中，下一勢兩手在上或一上一下，餘可神而明之。這樣，所有不同的勢

上承下接起來，就不會十分困難。

　　我曾經編過拳教人，所以有些經驗，並非空想。或者把每一不同的勢作為單練法，每天學一勢或二勢，反覆地練，不但教而學容易，而且能夠達到一定程度的正確性。這樣編成的書，使人一看就能懂，能看懂就容易學會。學會了單練的勢之後，再照書中連貫練法簡圖貫串起來，就成為一套完整的太極拳。各種太極拳各依自己的類型這樣編，以適應不同對象的要求。這種編法是程沖斗發明的，惜乎不被今人重視。請你把程沖斗的著作深刻地做一番研究，然後方知我的意見言之有物。至於單練圖附加虛線等等，這是不待論的。我常常在中央體委談，因為不被接受，所以只能在老友面前提了。也許有人會這樣設想，這是少林的編法，採取少林的編法會不會破壞太極拳連綿不斷這個要求呢？我認為是不會的。初學太極拳的人們，有誰能一開始就連綿不斷呢？若是久練之後才能達到，這是功夫問題，也是日久才能掌握原則的問題，有了練法圖加上太極拳練法的理論是不見得會走樣的。

　　只要我們不存在保守思想和不被食而不化的條件限制，推陳出新完全有其可能。當然，以多一勢為嫡派正宗，少一勢為非嫡派正宗的人們，不一定希望他們理解及此。

　　此外，我再談一談下列各點：

　　1. 關於太極拳的科學說明，《簡化太極拳》內有一篇論文，是蘇聯專家和北大醫院醫務工作者合寫的，其理論同樣適用於改編的各種類型太極拳；再從舊作中撥沙揀金，也還有些科學的說明，可以採取。

2. 以唯物論的觀點來掃除唯心論的神話和附會，以發展觀點來談一談太極拳的產生和內容衍變，我和徐哲東的舊作，可以斟酌去取。

3. 宗派主義的「此技旁門甚多」那種唯我獨尊的論調，利用張三豐來反對農民起義維持封建統治的觀點，不論自覺和或不自覺的，我以為有提出批判之必要。

4. 附會放射性能和電子的反科學理論為空擊張目（他們雖然不敢公開宣傳，但暗中在群眾中散播謬說，甚至個別黨團員被迷惑，寫信給中央體委介紹），也有必要加以批判。

5. 把王宗岳、武禹襄和李亦畬的太極拳理論，斟酌去限，譯成口語文。

推手，不論仕何類型都能合推，這是一個特點。因此，我認為可以博採眾長編成兩本書，以掤、攦、擠、按、進、退、顧、盼、定為一書，以採、挒、肘、靠、進、退、顧、盼定為一書。前者的編法：先之以基本演練，然後從單手起到雙手止，從定步起到活步止。後者的編法，我根本沒有練過，還提不出意見。

推手的優點：（1）時間經濟，運動量高。（2）變化多樣，興趣豐富。（3）經由一定時期的演練，永遠不會忘記。（4）場地佈置得好，競賽規則定得周詳，如果體重不相懸殊，技術不相上下，不容易發生傷害事故。（5）以運動為目的，不以競賽為目的的對象，可以根據不同年齡不同體質因人施教，使他們獲得保健和醫療的效果。

推手的缺點：不能單練，非二人不可。如果練者不存在宗派主義思想，是可能減少這個缺點的。

86

你對技擊性的拳術，認為「實打時危險性較大，這是傳習不廣的一個重要原因，也是不能成為競技運動的原因」。我在20年前曾經這樣主張過：「競技則限於上而不必有下；平時習技，或蔽護具，或制人體形之椿，擇拳中有用腿法（及拳法）習踢（習擊），或雙人對演（蔽護具），或單人獨習（用椿），如是則上下皆有，可彌比賽之缺。」在目前我國體育基礎上開展技擊性拳術，條件還沒有成熟。1953年在天津舉行的表演賽中發生傷亡事故，由於彼時這一項目運動員的體質尚未提高，專門訓練沒有被重視，裁判人員未能掌握實際情況，以致一時因噎廢食。從國際方面看，蘇聯體育中不廢這一項目，還在專門性著作中闡明其體育價值；日本高等學校裏擁護與我國增加友好往來的學生，有組織地開展我國傳去的技擊性拳術，因此我相信一旦我國具備必要條件的時候，拳術是會得成為運動項目的。同時我認為日本人能把我國傳去的拳術研究整理出一個競技項目來，我們自己為什麼不能研究整理出來呢？

你學會的綿張短打、關東廿四勢和攔手拳，想辦法用一些合用的護具以及輔助設備常加演習。攔手拳我雖沒有學過，其中貼身跌人之法和抖勁加變臉有關，這一體會請你問一問傅老對不對，若是對的，這是一個重要基本練法。傅老之所以不能用言語表達出來，只緣身在此山中。

由於你感到自己年華日逝，學術研究上自己以為一無成績，歸結於「博而寡要，勞而無功」八個字上去。我以為得要正需求博，求博可以幫助得要，博而得要才不致勞而無功，你自己已經開始發現了。

以我自己來說，求博的願望和你相同，但鍥而不捨的目的只有一個。幾十年來搜集民族體育資料，整理民族體育資料，目的在寫成一部《中國民族體育史》。即使在顛沛流離的生活中，從來不曾放棄過這個願望。例如在屯溪的時候，幾次到程沖斗的家鄉休寧汊口去調查，幾次到餘寅的家鄉歙縣王村去調查，不斷地研究，不斷地思考，不斷地整理做準備。雖然現在還被人家認為不急之圖，也沒有失去信心。最近，有兩位同志說，蘇聯專家在講話中曾經提及中國體育史的編著，尤其增加了我的信心。這和你所說的「要」有關，所以連帶來談談「要」吧！

專業之中有分工之要，分工才會搞出成績來，各專其分工之業的要更能有成就，沒有一個人是長三頭六臂的，包辦一切一定搞不出成績來，這是一般的常識。只有發動各方面的力量，才能百家爭鳴，推陳出新，達到百花齊放的目的，民族形式體育何嘗不如此。

以太極拳來說：武禹襄所傳的可以發動徐哲東、張士一、林子清、郝少如等合作整理；吳全佑所傳的可以發動徐致一、向愷然、吳圖南、吳氏兄弟等來合作整理；楊福魁所傳的可以發動吳雲倬、陳微明、張玉、傅鍾文等和你來合作整理；孫祿堂所傳的可以發動孫氏兄妹和李天驥等來合作整理。把群眾力量組織起來分工合作，是可以搞出成績來的。以上只就我所知者而言，不免遺漏。陳長興所傳目前尚乏人整理。

1956年武術表演會共開半個月左右，你能提早幾天來京和推遲半個月離京，我打算介紹你到陳發科（陳長興曾孫）那裏學，如何？失此機會，不能再得，陳發科的年齡

87

已近古稀，而且血壓甚高。李天驥是我同事，孫祿堂的太極拳也可以順便一學。希望自己成為一個太極拳專家，從事著作，必須把陳、楊、吳、武、孫五家摸一個底才具備條件，你以為如何？

9月6日你的長信，要抽出時間再覆。周元龍來京後工作表現很好，有可能留下。傅采軒先生因生活關係，不推動他來京也好。你提出的幾個問題，我已交毛伯浩同志看過，他在原紙上答覆了，現附寄還你。馬公愚先生沒有來看我，請轉告傅鍾文先生。劉老師的譜，待需要時函請你寄來，或請你帶京也可。《簡化太極拳》已印出發行，上海可以購的。陳子明已去世，我跟他學的太極拳新架現在也記不得了。以上幾點，先簡覆。

致敬禮。

弟 唐豪

1956年9月12日

豪兄：

9月12日給我的長信，啓發很多，還是因為時間和精力的有限，到今晚才能作覆。

我的求博寡要的毛病，真是源遠流長，細想起來，還是貪多求快，對學術研究，老是想學的多，見聞的多，想在材料齊全，融會貫通之後拿出東西來，這倒不是犯了「一鳴驚人」的好名的思想方法，而是被「博大精深」的想法支配住了；偏偏在學術研究上，涉及的部門太多，有的問題還沒有結論，往往對某些部門的見解成熟了些，而其他涉及的部門都是一知半解或者一無所知，因此有無從

下手之感。

你的提示很對，我還是先從楊家太極拳上搞出一些成績來，再逐步深入下去。

目前各種類型的太極拳架，如經過各方面人士加以科學的整理，推陳出新，同時並存，是適應不同年齡、性別、體質、興趣的人們的需要，如果強求一致，定於一尊，在學術上是損失，並且不符合客觀實際，是行不通的。單是武術中近數十年來的經驗教訓也已夠說明這個真理了。

簡化太極拳的推行，主要作為醫療體育，易學易懂，起普及作用，學習的人恢復健康後，練拳的興趣濃厚了，作為生活中一個經常的項目了，就會很自然地想練複雜些的拳架，進一步把身體練得結實，有利於工作與學習，有利用建設社會主義。

吳架的整理和發揮，以徐致一先生的學識、體驗和經濟條件，最適宜於主持這項工作，老年以此有價值的工作，對人民健康事業作出切實的貢獻，並以之作為怡情悅性的方法，我認為頗有意思的。

你對改編太極拳的意見歸納為：（1）有規律的重複；（2）採取直線；（3）先易後難；（4）連接處有上必有下，或者單練著勢，然後貫串起來，我完全同意以上改編的原則，並且還認為可以加上第5個原則：勢勢相承。這是戚繼光編拳的重要原則，單講貫串不一定是勢勢相承。楊架、吳架中有些勢與勢之間連接處有勉強的地方，著法上也有勉強的地方，可見編拳之難。

前幾天我約了傅鍾文、傅宗元、雲倬兄和葉良猷談，

提到你對整理太極拳的意見，雲倬兄很贊同。

今後我如能安排好時間，減員應酬，先經過獨立思考，提出初步的改編意見來，和拳友們商討。

《太極拳論》備於王宗岳、武禹襄、李亦畬以及陳品三的部分著述，你提出對拳論斟酌去取，把它譯成口語文，我也久有此想，但是這工作不簡單，要化很大的力量，因為我認為拳論是經驗的總結，敘述是概括性的，陳義頗高。一句經驗總結，不能直譯為口語文，就能使初學的人有所領悟，有時需要幾百字、幾千字才能把道理說清楚，把鍛鍊過程正確地交代明白，才能對學習的人有幫助。對拳論的體會，只有從實踐中得出的體會，才能說得透徹，使人易懂，有所得益，並且各人的體會又有深淺和偏及全的差別，因此也不能定於一尊。

我的意見，在把拳論譯為口語文以前，可以採用出課題、做文章的辦法，先提出若干問題，徵求各方面有研究的人發表自己的見解和心得，待問題經過辯論，分清那些是正確的，完整的，然後再用演繹法來譯成口語文，否則會像一般拳書的注解，仍然使初學者得不到好處，已懂得的覺得欠之無復高論，更嚴重的如果夾什了不正確的鍛鍊方法，會使學拳的得到不好的效果。

太極拳的釋名，從動作走弧形，運勁分虛實（即剛柔、陰陽）上作唯物論的解釋是不難的，對玄學的論點和玄學的注釋，可以在附注內加以批判。至於「氣遍身軀不稍滯」，「氣宜鼓盪」，「腹內鬆淨氣騰然」等就需要根據中醫的經絡學說來闡明，否則無法譯得通。再如，「氣貼背」，「涵胸拔背」，在簡化太極拳的說明中避而不敢

談，也得在生理現象上、技擊性的應用上加以闡明。又如：「若將物掀起，斷而復連」，「往復須有折疊」等，都是技擊上的妙用，都需幾百字或更多的字數來演繹，不可能像譯古典文學那樣的譯法。因此我認為《太極拳論》實際上是創造性的譯文，同時，一個人也不可能一下子譯得完整、正確。

91

譯《太極拳論》還要對老莊哲學做深刻的研究，對莊子的「緣督以為經」（見《養生主》篇），也須注意其和《內經·靈樞經》的理論一脈相承。老莊哲學和道家的養生術，是太極拳創始人的理論根據和練拳的目的。技擊與養生的結合，是太極拳家的貢獻！

我認為用出課題的辦法，請徐致一、徐哲東、吳雲倬等等以及你和我就所知所能來一句、一段地演繹；或作專題研究，如「氣」的問題，這意見不知可對？

分析批判則需運用辯證唯物論的武器。

《簡化太極拳》中曲綿域的介紹文字以及其他說明，把要點都說明了，很好。我還希望對經絡學說有研究而兼懂太極拳的人能夠從中醫學說來介紹太極拳的生理現象，特別關於「氣」的部分。

永年太極拳社已準備對初學者推行簡化太極拳，前幾天商業三局的聯歡會上由王天籟醫生做了表演。

中央體委現在應該有條件對練太極拳架的做測驗，關於練拳時和前後的脈搏、能量消耗、血壓等等變化，從而更好地和其他運動項目作比較研究，並希將測驗成績公佈。

你希望我到京後向陳發科先生學老架，同時也向李天

驤先生學孫架，我很願意。多學些可以作比較的研究，只要有時間，我還願意多向各方面請益。自己有一定的目標，為了研究和整理，願意永遠做個小學生。這是我們不當老師者的有利條件，問題還在時間。

因為本身是商業工作的幹部，出席武術表演會，參與研究，有些不務正業，希望中央體委能將通知給商業三局黨委，離開個把月還不成問題。對楊基峨老先生也應通知銀行領導上，最近他來三局表演，腰腿仍很好，今年剛70歲。

傅采軒先生的貼身跌法，確是應用抖勁和變臉，他的拳注重勁力，從實打中把勁力找準，配合部位和時間才能用得恰到好處，交手時帶形（面部做猴子的怒容）也是他的特點。出手要柔要纏，落點要剛，手法黏隨圓轉，與太極拳理同，由於下過踢樁功夫，腿法也狠。目前因時代要求不同，知音的也不多了。

傅老對運動生理是不注意的，衰年還使大勁練功夫，過去幾年已常有因痔瀉血的毛病，恐怕是運動量過大，大腸受傷所致。

9月22日晨，他因多日咳嗽，突然呼吸困難，不能坐臥，汗出不止，指、唇都發紫色，午後始送醫院急診，接氧氣，初步斷為心臟病，這番不能來京是肯定的事。便希告之元龍同志。運動量的問題必須使任何運動員明確認識，我也是吃過這個虧的。

中國體育史著作，還只能說是空白，希望你能填滿這個空白點。哲東先生對民族武術史的著述也是有條件的，我只能努力於其中一部分的研究工作，這是專業中的分

工。

　　有些問題留在下次再談，夜已深，不多寫了。

　　希多指示。

弟　留馨

1956年9月27日

　　又：有些老師赴京半月，可能影響到公園的學生會減少，因此事先替他們在業務上作些考慮，還是必要的。鼓勵與自願相結合，在動員中也應注意到，希望向毛伯浩同志提一下。

留馨兄：

　　9月12日覆你的信，當已收到。

　　民族形式武術，特別是某些拳術具有醫療作用，這是今後整理推行的一個方向，我完全同意你的意見。北大醫院在蘇聯專家和醫務工作者領導下，正在進行簡化太極拳的試驗，不久的將來一定能做出科學性的報告。

　　在大會期間，整理長拳的方向，在保持民族風格的前提上以蘇聯的自由體操為借鏡，這是主要的方面。

　　民族形式的武舞，可供舞臺劇和舞蹈方面的採擇，這意見我和你相同，這方面的整理，需要戲劇和舞蹈工作者合作進行。

　　電影方面要採擇的不限於藝術性的武舞，也要採擇近乎實際性的武術，你以為然否？（歷史劇本需要有像真的武術）

　　能夠演化為競技項目的武術，我在16年前抗日戰爭時期所寫的《中國武藝圖籍考》中提出的項目為：「射藝、

刺槍、擊劍、擒拿、空手奪白刃、拳鬥、角力等七項」，
刺槍和擊劍蘇聯合為劍術一種，那麼空手奪白刃也可以吸
收在內。擒拿是否可以成為一個獨立項目，需要進一步研
究。對拳鬥的初步意見，已詳前信。角力應像蘇聯那樣，
除開展民族形式的摔跤外，進而開展國際角力，這是必要
的。中央體委現在正這樣開展，射箭也是如此。其他藝術
性的拳械套子，即戚繼光所指「滿片花草，戲角套數」的
武舞，老早在舞臺劇和民間舞蹈方面發展，要做的工作是
採擇整理，不拘一格。

　　我的淺見：朝體育方向開展的，以保健醫療及民族風
格的自由體操和競技為主；朝藝術方向開展的，以武舞為
主；朝電影方向開展的，以武舞和競技為主。照實際情況
來觀察，必須體育、醫務、戲劇、電影、舞蹈工作者五位
一體分工合作。因為武術和武舞的民間藝人都選拔於體育
工作者方面，醫務、電影、舞蹈工作者對此還生疏，所以
分工而不合作，會走彎路，你以為如何？

　　大會前，我曾提過請陳、楊、吳、武（郝）、孫各種
類型的太極拳專家都來參加整理研究，毛伯浩同志主張先
從楊吳兩家入手。好在徐哲東（武）和李天驥（孫）都參
與大會，如果陳發科也參與，還有機會研究。

　　你說：「有些老師們可能不在函請之列，認為降低了
身份而不願意參加選拔。」這是各地的老師們存在的思想
問題，一時打不破的。王效榮父女請你大力推動他們參加
選拔，也許不會拒絕。

　　太極拳的醫療實例，反映者很多，現在北大醫院擔負
起科學研究的任務，將來必然有更進一步的報告。

「性命雙修」之說，屬於道家不屬於佛教。雲倬兄的信仰兼道佛二家，這是個人的信仰，正如你所說的那樣：「可以存而不論。」我估計雲倬兄過去不大和我接觸，也許信仰不同的關係。我以為信仰即便不同，提倡體育的目的則一，為體育事業著想，以後不妨彼此多多聯繫。信仰伊斯蘭教的朋友，幾十年來和我處得很好，信仰道佛的朋友難道會彼此處得不好麼！何況雲倬兄從來不曾公開提倡過迷信和附會。

為了研究拳術中的穴道，我過去曾經研究過針灸和按摩的穴道，20年前我發表過一篇《內家拳穴法的研究》，是綜合日本柔道中當身棠和拳鬥中攻擊部法而寫的，但沒有完篇。研究中國拳鬥中的穴道，傷科書和傷科醫生的經驗大可參考，比之針灸按摩更為切合實際。陳品三的著作，中央體委有一部，其中缺一本，你來京時可以要求借去參考。我所研究的穴道和你研究的途徑也許不同，等你研究有得我們再討論。

太極拳的呼吸問題，我將進一步研究你提出的意見，或修改或補充，然後再徵求你和雲倬兄的意見。

被陰陶丟失的信，拾得者沒有寄還。其中涉及我的工作情況以及生活情況，我不準備談了。晤見林子清先生時代候。

寫到這裏，又接到9月27日你的覆信，因此一併作答。你對改編太極拳的意見：「認為可以加上第五個原則：勢勢相承」。戚繼光當時有名的拳法，「雖各有所取，然（其）傳有上而無下，有下而無上，就可取勝於人，此不過偏於一隅。若以各家拳法兼而習之，正如常山蛇陣法，

擊首則尾應，擊尾則首應，擊其身而首尾相應，此謂上下
周全。」兼習各家拳法勢有所有能（時間），於是戚繼光
「擇其拳之善者三十二勢，勢勢相承」，上下周全。太極
拳只採三十二勢之中十三勢，這是先天帶來的缺陷，談不
上上下周全，因此也談不上勢勢相承，而且這十三勢除了
陳溝的老架外幾乎面目全非，楊、武、吳、孫四家已經發
展到完全屬於短打的類型（近身入懷的掤、搋、擠、按、
採、挒、肘、靠），如果要回覆陳溝老架十三個勢式者更
進一步回復到戚繼光三十二勢中十三個勢，擊其驚無駭
俗，使人不敢相信它是太極拳了。

　　即以金雞獨立一勢來說，用「槍背臨牛雙倒」的滾翻
法去用腿攻擊對方，中與不中能立即起立，中的就像戚繼
光所說那樣「遭著叫苦連天」；不中對方必然要退避三
舍，自己順勢起立不生危險。倘若在太極拳中照這樣練
法，人們將會哈哈大笑地說：「這成什麼太極拳！」我之
所以不提出改編太極拳要勢勢相承，就為這個緣故。

　　現在太極拳向醫療體育方面發展，金雞獨立可以視為
平衡運動之一，或者像孫祿堂那樣在推手時乘人不知舉起
一腿用上一下，倒也可以說是金雞獨立作用之一。

　　我前次覆信上說的貫串，是改編現行太極拳的一種方
法，先編反覆單練的姿勢（這裏包括攻擊防禦動作和攻擊
防禦前的勢），然後再把單練的姿勢連貫起來，這一種方
法，也是為易學易懂服務，當然易學易懂不限於這一種方
法。我前次覆你的信，還漏掉一個「易記」的原則，順便
在此信上申說一下，以供參考。舉例比較容易說明，例如
有人改編的太極拳，重複是有的，但忽而重複兩個，忽而

重複三個，忽而重複四個，這已經使人不容易記，再加上把重複隔離開來，更不容易使人記（特別是從未學過太極拳年老記憶力減退的人），這正犯了舊太極拳編法上的老毛病，所以「易記」這個原則有向你提出的必要，哪怕是不成熟的意見。

我正在考訂舞陽縣鹽店《太極拳譜》，意見和哲東的《太極拳譜理董》等及《太極拳考信錄》頗有出入，完稿後找人抄寫寄給你，請你和別位同志提出指正的意見。以後再考訂武禹襄和李亦畬的著作，合上陳品三和陳復元的遺論，供人研究或者為譯口語文的先驅。

十省市武術表演大會從11月1日開始，特此附告。你和楊基峨的函請，可能由上海市體委轉。你提的意見當轉告毛伯浩同志。

痔病和痔出血的成因不是運動量過大大腸受傷所致，但有了痔病和痔出血的人不宜過多的運動，這一點請你勸告傅采軒先生。他的年齡已過六旬，想念家鄉和手足非常之深，在我面前透露過，我之所以希望他能參加不免假公濟私，但於人情上說來不以私害公，雖然明知有種種不可能的原因存在。

哲東先生對民族武術史的著述是有條件的，我最近在毛伯浩同志面前提過他的願望，毛說可以在原工作崗位上擠出時間來寫，我說不專業不可能有時間寫。我說這句話的意思，凡是懂得寫專門性論文甘苦的人是能體會出來的，單單把舊稿搬出來或者把舊稿略加修改搬出來，那倒不難，因為花的時間不多。

年老人特別健忘，屢次要請你調查一下，楊澄甫死於

何年？年幾歲？弟兄幾人？寫完信才又想到，希望你代勞一下。

永年太極拳社寫信告訴我，說簡化太極拳已在社內推行，並且在你局表演，這種積極的行動是與傅鍾文先生的熱情分不開的，社員同志的熱情也有關係，請你口頭上代致敬意，不再函覆了。

國慶節日我依陳氏家譜整理出一張表來，現在把草稿寄給你作為參考。陳長興生於乾隆36年，他的拳依家譜來判斷，是他的父親和祖父傳下來的，他的祖父當生在王宗岳之前。

廉讓堂本《太極拳譜》裏一篇李福蔭的序和一篇李槐蔭的序我需要參考，如哲東先生那裏有，打算請他抄給我，你能為我轉達嗎？

你說傅采軒的「手法黏隨圓轉，與太極拳理同，由於下過踢椿功夫，腿法也狠。」我請再轉一語，他的短打黏隨圓轉，的確與太極拳理相同，他的長拳手法卻與現在的太極拳所無，他的踢椿功夫是唐順之在《武編》裏記載的方法，雖然目前因為時代的要求不同，知音的也不多，但目前是目前，我們能因為目前而聽任埋沒嗎！縱使我們不能成為一個「名手」，成為一個「明手」是有條件的，固然自高自大要不得，自信心不可喪失，客觀地弄明白他的技術也有必要，他和你都在上海，住得也不遠，希望你把他接受過來。

致敬禮，雲倬兄等各位見面的時候代致意。

弟　唐豪

1956年　國慶節日

豪兄：

10月1日來信收悉。你希望我把傅老的攔手拳法全部接受過來，我久蓄此願，但以人事多變，未能與傅老做長時期的實打研究，雖大致得其概要，但功夫未做到身上，今後此願無法實現矣！蓋傅老送入醫院八天，終於在國慶日晚上7時50分逝世。

2日於萬國殯儀館成殮，喪葬費由友人和學生多人湊足。定於7日送去墓地，傅師母今後生活費暫由學生們擔任下來。

武術正在開始推廣，逐步整理，傅老以憂傷勞瘁而死，這是民族武術界的一個大損失。

去年春我曾於傅老約定系統地記錄攔手拳械的鍛鍊程式，並擬約周元龍合作，但是我一直忙的沒有空，傅老嘗慨歎攔手拳繼起無人，欲得人而傳，但是學生中大都忙於生活，頗難經常下實功夫，我倆貼鄰而居近20年，過去各忙於工作，近年來傅老雖希我多研究實打，但是我在業餘時間精力有限，研究的方面又多了些，以致時作時輟。

今後整理攔手拳的工作，只能依靠從學於先生者的通力合作，通過回憶，各就所知把他記錄下來，然後匯總歸納，庶幾不至於逐漸成為廣陵散，這是我的主觀願望，且看後果如何。

我已擬就提綱一份，除分發此間幾位學生外，請轉元龍兄逐項加以記錄，在短期內抄寄給我一份，以便交流。

我想這是紀念老友的最好辦法，對武術研究工作也是有益的。

傅老今年已不大練拳，專教氣功療法，每晨替學生拍

打近3小時，辛勞過度，時感兩臂酸疼，病倒前咳嗽有一月。

今年4月間其三弟在天津投河，接著弟媳亡故，傅老刺激甚大，還須寄款去天津接濟，加上歷年來因痔出血甚多，體虧甚大，憂傷勞累，竟致不起。

經過氣功療法治癒肺、胃、遺精病的學生，都很感傷，我要他們把療效寫出來（過去曾告傅老收集事例，大都有簡略的記載）。

現在武術界中老輩凋零，剩下的認為政府照顧很少，大都意氣消沉，我認為中央體委應該有些緊急措施，把武術界老輩中有特長的吸收一批來傳授技術、經驗，這些技術、經驗可能在現時認為沒有多大用處，可是一旦在研究上發覺還需要參考研究這種技術和經驗時，這批老輩大都不在人世了，這將是民族文化遺產的大損失。

在中央供養若干老人，花不了多少錢，我認為應該早些顧到這一方面。請你就近建議，毛伯浩同志來滬時我也會提出。

近二三年我在繁忙的工作中，以行將知命之年，還在「憂墮緒之將絕，獨旁搜而遠紹」，部分原因是看到了民族武術的遺產中某些獨特優點將要隨著老輩們的消逝而消逝了。

雲倬兄曾勸我在業餘時練練太極拳就夠了，不能保存下來的東西多著呢，何必把自己搞得很疲勞，這是我和他在看法上的不同點。

承你抄給我陳氏族譜系統表，在參考上很需要。

楊澄甫死於1936年，年58。據陳微明著《太極拳術》

中所載，健侯傳其子兆熊（少侯）、兆清（澄甫）、兆元、兆林、兆祥，當為弟兄五人。

澄甫卒年58，係據徐哲東所作傳。在我的記憶上澄甫卒年為53歲，須問過傅鍾文後再告。

據傅鍾文說：郭清傑現住永年縣城內，其母為楊健侯女，故對楊家歷史情況熟悉。

澄甫長子振家，曾從少侯學拳，手法甚好，惜已故世。次子振基現在邯鄲花紗布公司搞會計工作。

在武術上你我的年齡已無希望成為名手，但明手是辦得到的，而且我在今天還很有信心。不過，像我年近50，業務又忙，不宜做過高的運動量，在目前條件下我不預備做劇烈的鍛鍊，我認為我們應該以技養息，不以技殉身。

為了技術而練傷的，在前輩中也頗不乏人，我還希望老師們不蹈覆轍，練實功夫只能把希望寄託在青年們，我們的任務在於指導。

擒拿術我認為不可能轉化為競技運動，理由是：拿法雖說利用巧勁以制人，但主在按脈截脈，反筋背骨以制人，運勁上有硬习、軟闖的分別，落點時須以剛脆猛速之勁才能奏效，因此即使在教學中尋求實驗每一方法的效果，也易於受傷，何況競技？因此，我認為不可能轉化為競技運動。

傅采軒先生的拿法雖然不多，但在使用上很細緻，配合身法、步法。

前年我在寫了《彈腿》以後，又寫了《民族武術分部練習的特點》，約萬多字，歸納為：踢、打、摔、跌、

101

推、拿。就所知扶其巧要。至今尚無暇膳請，俟稍暇採副寄上。

雲倬兄因公園中教課不便離開，並且他在20多年中一意自修，專心教學，為熟人療病，不捲入人事糾紛中，因此這番不想去京，托我向你致謝，今後如需他供給某些材料，他可以寫一些寄上。

張玉兄也表示公園中教拳，離開了會影響到走散學員，也不預備參加選拔。

張玉、武桂卿對每晨教拳三四小時感到吃不消，學生陸續到來，須逐一應付，精力感覺不夠。趙壽村也如此。

田兆麟據說也是意氣消沉，厭世情緒頗濃。

你因為現時太極拳（楊、武、吳、孫）已經發展到完全屬於短打的類型，偏於一隅，所以對改編問題上不提出「勢勢相承」的原則，只提出貫串。我還是有些不同的見解，我認為每一勢有一勢的主要用法，這一勢和那一勢的連接（貫串）應該是上一勢我採取如何攻擊防禦之後，對方以最切當的攻擊或防禦來應付，我的下一勢也是採用最切當的勢法，這就是勢勢相承的意義。如果這種見解是對的，那麼，不論拳套是否偏於一隅，「勢勢相承」還是最好的拳套編法，就該採為改編太極拳的原則之一，請再作考慮。

你需要李福蔭和李槐蔭的序，我已函哲東抄給你。

「性命雙修」之說，佛教也講，不過偏重在「性」，道家則雙修。凡是對這方面信仰堅定了，總是採取：「寧可疏慵乖物議，莫將『性命』當人情」，大概杜心五一類人物更偏，入山未恐不深了，這是自度的偏向。

　　王效榮有可能參加選拔，其女因好久不練拳，現在搞里弄掃盲工作，子女很多，不會參加了。

　　哲東曾說，在歷史、文學、武術三方面，究竟他選擇哪條路，全看組織上的需要而定。我是鼓勵他從事武術方面的研究工作的，因為歷史和文學方面，研究的人很多，武術方面新人很少，老人也寥寥可數。如果他能專業從事研究寫作，還可繼續有貢獻，否則也就難說了，近60歲的人，搞上8小時事務工作，再要做研究工作，精力上也不允許的。

　　我對經絡學說的研究還只是開始，苦在沒有人指點，自己摸索太費時間，和你研究的穴道途徑是不同的。陳品三、葛乃周的著作中以經絡學說作為運動路線，我們需加以研究後才能確定其效果如何，現在有一點可以肯定，照他們的練法動作是很慢的。星期天抽空匆匆作覆，餘俟續談。

弟　留馨

1956年10月7日

　　在王效榮處碰到葉良，囑代候。傅成殯日我通知陳緒良轉告褚桂亭。陳和朱廉湘、張玉、武桂卿都到，褚老和子平老送了賻儀，雲倬兄也到。

留馨兄：

　　大會函請人員已通知於10月20日報到，請你即做準備，北京天氣早晚很涼，要帶棉衣及大衣為盼。

　　傅老去世消息，已經由元龍同志轉告，問題在於善後！我已告知元龍徵求友好的各位，當不知結果怎樣。請

你順便問一下他的兒女，住宿是不是都由學校方面在助學金項下幫助，如果不是，即速備具證明申請，先作解決。萬一元龍徵求各位友好都無力量長期負擔，那麼他兒女問題解決了，我打算請傅師母來京，和我們共同生活，以一年半為期，等她女兒（學護士工作，還有一年畢業）走上工作崗位，再行回南。

　　對《太極拳譜》中有幾句，解釋不敢遽下，請你和各位朋友提出一些寶貴意見。

　　1. 人剛我柔謂之走，我順人背謂之黏。

　　2. 虛領頂勁。（頂勁二字，我體會是不丟不頂的頂勁。）

　　3. 動之則分，靜之則合。（在推手中如何解釋？）

　　4. 偏沉則隨，雙重則滯。（譜上指為雙重之病，前句應怎樣解釋？）

　　5. 粘即是走，走即是粘。（結合人剛我柔謂之走，怎麼講？）

　　6. 頂頭懸。（頂頭二字何解？）

　　7. 工夫無憑法自休。（楊譜休作修，二字何義見長？休字何解？）

　　致敬禮

　　　　　　　　　　　　　　　　　　弟　唐豪

　　　　　　　　　　　　　　　　1956年10月8日

留馨同志：

　　在滬時我請方夢樵先生回鄉找出帶給你的《拳經拳法備要》各一卷，和我來京前留給你研究的抄本（內容與上

書大同小異），請你動身時一併帶京，因為需要在書裏摘錄一些資料作為長壽方面的研究。

　　周元龍忙於籌備大會工作。你提出的研究大綱，勢必不能在本月20日前作覆，那是肯定的。

　　傅老之死，不勝悲惜。

　　體委同志昨天來電話，限我在一天內寫成或搜集有關長拳技擊性的理論資料，這個緊急任務我沒有敢允承下來，請你帶京這兩部書，無異於討救兵。

　　上海函邀來京諸位，你反映要照顧他們本人或短期的家庭生活以及安排問題，前次有寄給你毛伯浩同志親筆批答的信上不是已經回答了嗎。

　　敬禮

弟　唐豪
1956年10月11日

豪兄：

　　從子平老處接到給我的信，平老將整理查拳的意見簡單談了一下，我擬在赴京前抽出一天時間再長談一次，整理成文。

　　抄來對《太極拳論》中幾句，已交雲倬兄提出自己的體會，我將先把自己的體會在日內寫就寄來。寫至此又接航郵。

　　《拳經拳法備要》和《拳敵》二書，當帶京。

　　傅鍾文已收到聘書，準出席。

　　頃據市體委電告因18日火車票買不到，改買19日的，因此我們須在19日動身。

傅師母在短期內的生活還不成問題，昨今我去她家未遇，當再去告知你的好意。

楊基峨老先生的領導上能否同意他去京，還未知，我已請市體委催問一下。楊老還練過通臂、螳螂，後者有六路，另加二路，現在練的不多見。這套拳的手法、身法、步法都很好，有青年能接受下來，將來在取材上有用處。我搞的東西較多，不想練它。

傅鍾文抄的楊祿禪子孫名單，今附奉，鋼筆字是我注的，少侯年齡待查紀錄後再告。

哲東先生函告：廉讓堂本《太極拳譜》抗戰時留在常州焚毀，兩篇序無法抄奉。他因急需整理古典文學稿件，當緩日和你通信。

弟　　馨

1956年10月13日

豪兄：

我於13日返滬後，因工作一大堆需處理，又需消除疲勞，故遲至今晚始寫信。

返滬後的隔天，即在電話上將張先生的病況告知子平老，一切如你信中所談的詳細說明，請其轉告張宅。

子平老說：你托轉的款子，已由對方面取。

我在京所學老架，現每天至少練上二三遍，你們指出的動作上的缺點，力求改正，暇時還參照陳績甫所印的下冊來體會運勁。這次從陳老學拳，得良玉、照奎的悉心講解，在短期內得益甚多，這是很大的收穫。

練老架後發覺動作能與呼吸配合一致，可以糾正我以

前所說，練楊、吳架不能強求呼吸與動作一致的說法。請你再向陳老問清呼吸與動作一致的問題，好讓我作最後的結論。不過有一點可以肯定，對初學太極拳的只能強調呼吸自然。我預備下些工夫，把老架練熟，做到完整一氣，將來有機會時再改正姿勢與運勁，並把炮捶（二路）學會。

107

《新觀察》要你寫武術方面的文章，進行得怎樣了？武術上學術性的文字，今後可能在發表的園地上會開闊些。

毛同志曾囑我寫一篇關於編印武術書籍的意見，最近抽暇扼要地寫一下，寄給你作修改後轉交。

予下老說：8日離京那天上午，除《新體育》、《新觀察》的記者作訪問談話外，還有某報記者（和王老在北面房間談話的）替他拍了幾張拳照，他忘了該報的名稱和地址，請你查問一下，記者的姓名最好也問明，因為平老已答應送一份比武的報刊記載給他們。

據毛李二同志談及，關於太極推手比賽規則，擬於明春專人來滬組織一批專家來寫書。他們主張在業餘時間搞。我認為寫書須得充裕的時間，業餘搞不免草率應付任務觀點。我認為可以部分採用抽調一二個月來專門寫作。

楊架和推手，在上海可以組織吳雲倬、傅鍾文、張玉等編寫，我可以參與，至於田兆麟、褚桂亭可以個別聯繫，對老年人多累，他們開會是不適當的。

你的關於太極拳源流的近作，完篇後希能抄一副本給我。李同文《太極拳譜》抄本和《王五公刀法》待我抄校後寄還。

《中國冶鐵術的發明和發展》，我已買了一本，這問題對武術史很有關係，希望你也買一本。

弟　顧留馨

1956年11月20日

良玉兄練架運勁甚好，但眼神似乎只顧內照，影響了精神流動，請於適當時候提出建議。推手也應和各樣各式的人多推。

留馨兄：

1956年11月26日寫好了一封信覆你，但沒有付郵，原因沒有別的，因為托人到河北新城去搜集民間的足球資料（石球）突然送來，一共送來26個，代價是22元，付了這筆錢，連郵票也買不成了。

大會以後，我一直在家寫稿，沒有到體委去，去也沒有工作交給我作，還是在家裏能寫點東西出來。

《新觀察》記者來訪過我一次，要我寫點東西。解放後我曾經在《大公報》投過一次稿，一字不動地登載出來，現在有人在宣傳我寫的不對頭，同時宣傳他寫的得體，《新觀察》的記者大概也受此影響，把我的新作的《中國醫療體育概況》和舊作《內家拳》給他帶回去審查一下，請他先在文字技術方面指教以後再寫，並且告訴他不留副本，要他在幾天內送回，但到今天沒有來過。

武術方面學術性的文章，今後發表的園地是否能開闊一點，到今天為止，不能不打個問號？但這對於我的寫作情緒不生什麼影響，更要堅決地寫下去，不想把研究的成果帶到棺材裏去。

　　對黨的領導我是堅決信仰的，解放以前如此，解放以後還是如此，一直到死也是如此，但對於華崗那一類號稱黨員的盜竊者，以心中有數口中不傷他的威信來對待他，為的是什麼呢？上海人有句俗話：「牆頭上刷白粉」。

　　你被長期練楊家太極拳的習慣所限制，驟然要改成動作呼吸一致，比沒有練過楊家太極拳而直接練陳溝太極拳的更覺得不自然，同時你這次學習的時間太短，等於速成，經過一定時間的練習，就能一致的。初學是否用自然呼吸還是就從動作呼吸一致入手，如果有幾個月的時間來學，只要教的得法，我認為一入手就要求動作呼吸一致是不難的。

　　馬良玉想到上海去教拳，托你為他設法，我認為這是辦不到的事情，在我考慮的結果，獲得他的同意，在十天之內教會了他我頗有心得的按摩療病法，現在他已經開始為人治療，第一個月就有幾十元收入，足夠解決生活。病人的反映相當好，此後他有了固定的工作，不會得再想到上海來了。

　　推手要能發勁乾脆鬆靜，必須在炮捶上下工夫，你再有來京的機會，必須把它學成。

　　我最近在家裏寫的稿子，擬取名為《太極拳理論及其發展史》，內容分為三個部分：（1）太極拳的理論，內容包括新的理論和舊的理論。（2）太極拳的發展史及其有關人物。（3）關於《太極拳考信錄》。內容包括兩方面，一方面是考信得對的，一方面是考信得不對的（即我提出來的質疑）。僅僅質疑一方面，我已經寫成的草稿約有三萬字，打算再花幾個月時間，進行加工。加工完畢，才能抄

109

送副本和你見面。請你提出寶貴的意見，再做修改。

全書準備在明年六七月間完稿。我估計這部稿子，可能對有數的幾位老友有點參考價值，僅僅達到這一點，也就能自慰了。

陳老不愛說話，也不會得說話，呼吸動作一致這個問題，需要費時間和良玉、照奎共同研究了之後才能答覆。

馬同文抄譜裏一首八句打手歌，太極拳的序最後題記的「丁卯……亦畬李氏識」，請你照抄給我，現在就要寫在《太極拳考信錄質疑》裏。

傅鍾文和楊澄甫什麼親戚關係？楊班侯庚子年回鄉以前是否在端王府教端王太極拳？這兩點請你問一下傅鍾文。北京有一位楊班侯的再傳弟子和李劍華都告訴我楊班侯教過端王，這是太極拳史上的一段公案，需要用這一材料解決一個問題，我已經結合義和團反帝運動和端王的政治陰謀寫在《質疑》一文裏，能問明傅鍾文，不過多一點材料。

哲東兄在《太極拳考信錄》裏能駁倒我舊說的地方雖然和太極拳史實不大有關，總共不過兩三點。駁的對的應當接受，這是哲東兄和我過去老早就有的實事求是的態度。

楊班侯的再傳弟子馬君，他抄有一本《陰符槍譜》，他最近借給我校訂。

毛伯浩同志打電話給我，問的是有關你的某些方面，在我的答覆裏就知道問的是什麼。（1）你今年50歲。（2）你練的是楊家太極拳，也練過長拳，長於擊劍和刺槍。（3）不知道你何時入黨，但知道你是黨員。（4）你

現在的工作是第三商業局辦公廳主任，過去是黃浦區區長。（5）你每月薪給多少我不知道。答不出的問題，你如認為有必要，你可以直接告訴老毛，答得不對的地方也如此。

不需要答覆你的，恕我不覆了。

給子平老的信，已貼郵票，請你看後代發。

敬禮

弟　唐豪

1956年12月10日

豪兄：

12月10日覆信收悉。子老函已郵寄，今午我又去談了武術兩小時，他忙於醫務，忙於開會，顯得疲乏些。

良玉兄經你指授了生活之路，對練功夫幫助很大。原來我和子老商量他要來上海教拳的事，我們認為目前不大可能。在上海教了多年的拳師生活也很困難，依此為生不容易。據說李東園在人民公園教老架，學的人也不多，好在他業中醫，教拳是副業。我還抽不出時間去訪李東園，將來預備約他談談。

馬同文抄譜待我抄好後奉還，你要用的材料另紙抄奉。

傅鍾文是楊澄甫的堂外甥女婿的女婿〔即澄甫之長兄（早亡，不是少侯先生）之女兒的女兒嫁給鍾文〕。

楊班侯庚子年回鄉前是否教過端王問題，我去問了田兆麟，據他說露禪逝世後，端王請班侯去教的。健侯教過某王和貝勒、將軍，兆麟從健侯學拳時才16歲，常隨去王

府。少侯練的拳架是班侯的拳架（我見過少侯練拳，架高，步快，每手發勁有風聲，與炮拳不同）。

這次武術大會後，傅鍾文回永年，我請他收集些楊家史料。他從楊家祠堂的班侯牌位抄下班侯的生卒年月，在考訂上很重要，茲抄告：

道光十七年三月初五寅時生

皇清誥授武德騎尉戴蘭翎班侯公行二之神位

光緒十八年六月二十九日未時卒

享年五十六歲葬閻門塞材北壬山丙向

光緒十八年為西元1892年，可見班侯不及見1900年的庚子事變。班侯教過端王應在光緒十幾年，與田兆麟所知的相符（田今年66歲，生於1902年，未見到班侯）。

田說：「班侯發勁脆而猛，打手、走槍、發出人有3丈6尺之遠。露禪還說他的勁不對。露禪課子極嚴，健侯吃不消，曾想尋死。露禪教他推手時如果搖搖頭表示勁不對，健侯就心發抖。因為露禪必然重手打他，見父親點頭才放心。」

過去我聽楊澄甫說：向上打，意欲將人擲上屋頂；向下打，意欲將人擊入地中；向遠打，意欲將人拍透牆壁，哼音上打，哈音不打，咳音打遠。又說其祖露禪有「你要給你」，「咱打咱有」，「要那有那」的話。

澄甫先生主張手要似棉裹鐵，化勁要鬆淨，放勁要乾脆，將欲打人，步須偷進。放勁如摔杯，要摔就摔，要去就去。一犯猶疑之病，不能放出人。一出手似木工製桌裝榫，錘落榫入，堅牢不可移動。推手之理相同，我手輕搭來手，我一沉彼便不能活變，任我放打擒縱。

以上要訣當時我記錄下來，你可以參考採入著作中。

將來有機會去京，一定把炮捶學好，對頭趟架再改正，我看裏面著法變化也很多，需請益。近來老架練熟了，能鬆而沉著，呼吸也順，發現問題把它記下來，將來面談。

時常到雲倬兄處，他有幾個學生練了好多年，我總在試放勁。自信會月有所進。

練功夫不是難事，一在保養身體，一在實幹。現在業餘時間，儘量花在鍛鍊上，力求減免酬應。除子平老、王效榮、雲倬兄外，其他拳家無暇走動。

日內我要寫信給毛伯浩同志，請他對專家和工作同志的工作關係給以改進，把問題明確地提出來，但我說話會有分寸，我打算請他和你談心。我希望有好的轉變，這是有關武術開展的重要一環，我想首先來直接反映還是好辦法。

你在這樣的處境下能多寫武術上學術性的文字，我認為是「塞翁失馬，安知非福」。

你最近寫的《太極拳的理論及其發展史》，完稿後極盼先睹為快。如需要收集些材料，我力所能及，一定盡力採訪。星期天又忙於練拳訪友，晚上回來寫信，草率得很，盼常來信。

順問嫂子好，陳老、良玉、照奎煩代候，說明我每天在練老架，至少三遍。

弟　顧留馨

1956年12月16日　晚

留馨兄：

　　1956年12月16日來信收到，關於楊班侯的材料，和澄甫過去的覆信相同，部分也和我在北京實地調查相同，同時也訂正了我的看法，這對我幫助很大。

　　馬良玉日內就要到廣西南寧陸軍醫院工作，工作的範圍是教陳溝老架太極拳，也擔任按摩醫療工作。他對學習按摩方面進步很快，在北京著手為人醫療，收效頗好，收入不差，最近還添辦了新衣。你來京時，恐怕不可能和他見面了，將來要學炮捶，恐怕只能跟照奎去學。

　　你打算為了我的研究工作寫信給毛伯浩，我認為是徒勞無益的事。我幾十年來的體驗是，某些人「江山好改，本性難移」，在新社會裏這類人物，也無非是「口改心不改」。儘管你說話有分寸，一時或許轉變，也不會得永久轉變的。

　　《太極拳和理論及其發展》，打算寫出一部分之後交元龍兄代抄，元龍兄已經答允我這一要求，有了兩份，一份就送給你參考。

　　元龍兄定本月24日回上海，你任務完了之後先把老架太極拳教給他。他明年可能再來北京，經過改正容易有所成就。

　　　　　　匆致

　　敬禮

　　　　　　　　　　　　　　　　弟　唐豪

　　　　　　　　　　　　　　　1956年12月22日

豪兄：

　　24日我寫信給毛同志，反映你在體委的工作情況，一為寫了許多篇文章沒有機會刊出，二為研究上需要置辦圖書文物不給批經費，建議他找你談心，並多聽取工作同志的意見，改善工作關係，發揮工作幹部的積極性。我希望你倆能敞開談心，展開批評，增強團結，以有利於工作的開展。

115

　　我的簡歷，已根據來函所及，扼要地告訴毛同志了。昨天這裏領導上告訴我上級要我的材料，據說國外（東南亞）要請講授太極拳的人，為期約兩月。如上級需派我出去，我很願意把所知所能教授給友邦人士，這對人們的健康是有益的，從文化交流上增進邦交對和平事業是有利的，且待上級審查決定吧！這點不向別人談。

　　希望你在著述上繼續努力，今後講學的任務我看是會輪到的。你的著述的發表，我看也僅是時間問題，這方面的人才，目前是屈指可數的。

　　老架中包含許多擒拿法，打法、腿法、空手奪白刃法，請你抓緊時機向陳老、良玉、照奎多研究，摸它一個底，將來我能來京時，研究起來也方便得多。人事的變化總是很多的，有機會學習，就不能放鬆。

　　太極拳源流除已見你和徐哲東的著作外，你在近期研究中所發現的，希望能先寫些重點給我。

　　上次你說太極長拳在山西還有流傳，希望能有人學習過來。我認為長拳是集當時拳法的大成，學到後對研究古拳法有很大幫助。希向體委建議派人去學習。

　　本市體委據說已召集武術教師們徵求研究、整理、推

行武術的意見，可見中央體委已指示各省市體委關心武術工作了。開展武術工作的具體步驟，希多向毛同志聯繫和商討。

　　我的老同學吳雲倬鍛鍊推手，他的功夫比我好得多，因為長期鍛鍊，體重有240磅。他精通中醫和靜坐功夫，20多年來以教拳為職業，但是「不求聞達」，和武術界少接觸，以免麻煩。將來你如來上海，我想介紹他和你談談，我想你會發現他是太極拳家中一個有研究有實功夫的人。他對地下黨曾動員學生幫助過鉅款，當我們有困難時也贊助我們的人。

　　上次帶給你的《拳經拳法備要》及抄本各一冊，如已採副，請將原書郵還，我近有其他本子擬作校對。

　　　　　致

　敬禮

　　　　　　　　　　　　　　弟　顧留馨

　　　　　　　　　　　　1956年12月25日　午

豪兄：

　　我於1月22日到達河內，因武漢站列車誤點，渡江輪又因大霧遲開，以致趕不上武昌列車，退回漢口找旅館耽擱了一天，到南寧後又找旅館等車二天，到河內遲了三天。幸虧自己多帶20多元，否則路上就不夠用。在南寧曾電陸軍醫院，大約有好幾個醫院，因此問不到馬良玉在哪裏。

　　從2月5日開始上課，先講解了兩課，現每天共教三次，分五班，每班教半小時。胡老興致很高，早晚都參加，並有延長日期，擴大範圍的意圖。我已向大使反映，

早日求得明確。根據學員的興趣，對技術還是需要懂得，擬教至簡化太極拳一半時同時教推手。

第一課講了中國醫療體育的發展與內容，材料主要根據你寫的《中國醫療體育概述》。第二課講了太極拳與心理學、力學的關係，另外寫了一篇介紹太極拳的特點，由使館學拳的同志油印，也送給胡主席一份。他囑秘書將講稿等三篇都譯成越文列印給學員們作參考，簡化太極拳的說明書也譯成越文。

胡主席並介紹國防部、體委、文工隊、武功隊派員學習太極拳，對國防部、體委的兩班，我準備教一班簡化太極拳，另一班教老架（陳架）簡化拳（去掉重複的），這樣他們可以同時學到兩種拳架。

空下來的時間，自己練拳、備課，看人民大學出版的《辯證唯物論與自然科學》的物理學部分和巴甫洛夫學說部分，以及《新體育》。

教法是先教步法（根據拳路），後教手法，復習後教連貫動作，效果很好。由於時間短，儘量在講解時把練拳的很多道理講清楚，以便自修。使館本來有10多人先學太極拳，但目前時間衝突，我只能抽空教會一二人，便於他們自行交流練習。我住在使館，獨自一個房間，學習自修很方便，因語言不通，故未住在主席府，好在相距不遠。

部隊同志還是注意技擊作用的，預備教他們推手。看來今後越南要提倡拳術體育運動的，從當前越南的經濟條件來講，把拳術作為體育運動來開展，是符合增產節約原則的。

太極拳在療病保健上有特殊的價值，但青年人不一定喜愛他，今後還須把少林拳介紹過來。估計在我離開後，

越方會考慮到派員到北京學習或是提出邀請專家教一個相當長的時期。

在師資和文字介紹上應先做準備。

《太極拳源流考》已改寫好嗎？底稿希能留給我。

本想在此間寫推手方法，近日較忙，還未動筆，不能像你那樣不顧健康地寫作，這是我的缺點。近來你的寫作情況，希能告知。

陳老處希能多去推手，這次我在京時推的較多，覺得老先生不但拿法纏法有獨到處，聽勁也靈，化他的手毫無用處，稍一使勁就給借勁，究竟是幾十年的苦功。希望他的健康能恢復過來，還可以教些成績出來。照奎是後起之秀，希望能多加功夫，能爭取到專業化，對提高技術有很大關係。

太極拳在醫療上的價值已是肯定的了，在競技運動上也有特殊的鍛鍊方法，應該培養一批專家出來，推手方法一定會在競技項目中日益佔據重要地位。

我的通訊處是：「廣西省憑祥南字200信箱顧留馨收」，可貼國內郵資，火車對開每週三次，每次有專人送信，這是減輕工作人員郵資負擔的辦法。

弟　顧留馨

1957年2月20日　於駐越使館

留馨兄：

1957年2月20日來信收到，對你完成兄弟國家間的文化任務致以崇高的敬意，並且希望由此更擴大它的範圍。

當毛伯浩同志把你這封信在武術科裏面交的時候，我把你的來信全部讀給寇里同志們聽，因為你信裏提到的問

題，涉及武術科工作方面不少，有必要使寇里同志知道。

馬良玉的地址是「南寧凌鐵村46號」，你回國的時候如果再在南寧候車，可以抽空親自去找他，打電話是不行的。他原定薪給每月42元，另加伙食津貼（伊斯蘭教徒關係）。兼任按摩工作以後，薪給每月加8元。最近因為按摩成績好，短期內使一個半身不遂的病人能夠起床走路，來信說有重評薪給的可能，對他個人是一種鼓勵，對開展醫療按摩為失去健康服務，我認為在南寧僅是一個開端，將來擴大起來，是會發生更廣闊的效果。

20多年來，我在吸收遺產的基礎加以創造的方法，能夠找到像馬良玉那樣的對象，不辭辛苦地為最可愛的人服務，雖然他限於文化不能在理論上加以發揮，但從他的服務精神來說，也就是從實踐方面來說，是徒勝於師的。

我改調到體育運動技術委員會以後，由於董、王兩位同志的多次鼓勵，信心提高不少，在今年內準備寫成一部《中國古代體育著作提要》，全書估計約有20萬字左右，為編寫《中國體育運動發展史》古代部分打下一個基礎，爭取更多力量依據提要去引用材料投入寫作，使這部專史的初稿能夠早日完成，所以把別的寫作暫停下來。關於太極拳方面，只能擠出時間修改補充，時間可能推遲，總之部分的底稿一定要留給你。留給那些將信將疑不肯獨立思考問題和人云亦云的懶漢們是白費心思的。

我特別需要周元龍來幫助我開展工作，我絲毫不會存引用私人的思想，而且我和周元龍根本談不上私人關係，只因我老了，又不會得繪圖，能繪圖的人不一定會武術。他年富力強又具備一股幹的勁，為了工作前途，請你加以

119

間接支援。

體育運動技術委員會曾經到武術科去瞭解過，反映不壞，只有毛伯浩同志替他帶上一頂帽子，說他有點「商人習氣」（據李天驥面告），這是歪曲的。我在周元龍身上，從來不見他有這種積習，也許我兩隻眼睛不如毛同志。最近我常在無線電裏聽連闊如講三國評話，他特別指出劉備和曹操兩隻眼睛的特點在於識人。雖有眼睛而不能識人的同志，不知埋沒了多少有用的人，不知為工作帶來多少損失，令人不勝感慨。

這一個月裏，我寫了兩篇東西，一篇的題目是《和項淳一同志談談太極拳源流》，一篇是《飛簷走壁的初步分析》。前一篇投寄《北京日報》，後一篇是人民體育出版社理論組要我寫的。下一個月還要我寫一篇《中國的武術和武舞》。這篇題目太大，只能寫一個輪廓。

你回國後打算在半個月學會炮捶，我認為大有必要。失此機會，不可能從上海來京去學這套拳，即使將來有此機會，寧可不這樣作打算。

3月間，毛伯浩和李天驥兩同志，可能到上海去。如那時你在上海，對他們的工作會起幫助作用。

北京律師協會一再來爭取我歸隊，我抱定決心在體委工作，前者是我的本業，後者是我的願望，我寧捨本業而不捨願望，寧幹冷門而不幹熱門，為的是什麼呢？老友像史良同志是不理解的，你是理解的一位老友。目的只有一個，想把這個冷門中一得之愚交給後一代。

好在不久就要見面，不再往下寫了。蔭陶附筆問好。

敬禮

弟　唐豪

1957年2月21日

豪兄：

　　2月21日覆信於25日到憑祥，因交通員改為一周來往一次，故遲至3月2日始收信。

　　胡老已練會簡化太極拳，正在溫習中，估計4月初可以結束，但仍須視胡老意圖而定。

　　國防部和體委20人練簡化和老架已完畢，正在逐勢講用法，情緒很高，推手也在學。這批幹部都是運動員，也有練過拳鬥、角力、劈刺和中國拳法的，接受能力較強，將來是推行武術的骨幹。他們預備作重點推行——醫療的體育的。為了時間不多，我對這二班延長教授時間，每班40分鐘，以便儘量多講授，並曾向胡老建議將來派幾位到北京繼續深造。胡老認為將來要這樣做。

　　不會做舊詩，但仍寫了詠太極拳給胡老，今錄奉希刪改，不懂平仄做舊詩，未免太大膽了。

　　毛、李二位想已去滬。我希望今夏的武術運動大會能有推手比賽。最近寫了《太極拳源流和老架練法要點》給學員，只參考。

　　　　　　此致

敬禮

弟　顧留馨

1957年3月27日　於河內

豪兄：

　　本想今天上午到你家告別，因趕寫彙報未果，下午返滬，今後通信談吧！書三本托毛同志歸還。

弟　顧留馨

1957年4月27日　午後

122

留馨兄：

　　毛伯浩來上海，想已見過面。

　　4月28日，武術科通知我去領稿費（《彈腿》），據說是25元。我順便問，上海方面多少？來人說共250元。我當時心中計算一下，每人只分配到12元，我獨得25元，未免厚己薄人，而且招人懷疑，因此我請武術科一併分配給上海方面。武術科改編《彈腿》，我和毛伯浩一樣，基本上都沒有參加勞動，當然稿費是沒有我的份在內。聽說毛伯浩已經把175元帶到上海，分配情況我估計你不會得知道，你是上海方面參加編《彈腿》的一位，我有義務應該通知你一下。

　　馬同文《太極拳譜》已抄好，連同《體育文叢》第2期一併另郵寄給你，文叢刊載了我寫的《中國武術和武舞的起源》，請你指正。

　　為了編著《中國體育史》，上月體委會由董守義先生和我到滬組織力量。我在古代史方面提名徐哲東，後來哲東和我見面，已受西北民族學院之聘，請市體委馮公智同志與高教局聯繫，據說哲東答允在先。我回京後反映，國家體委人事凍結，目前連周元龍尚未能調京。據王任山同志說，不久他要到西北去組織力量，明知哲東一教課時間

有限，恐難於兼顧，但以目前來說，是不可能解決的。

　　敬禮

弟　唐豪

1957年5月12日

豪兄：

　　這次我接受光榮的任務去越，雖然完成了教學任務，但由於後一段時間多教了班次，邊教邊練，邊比演，體力上消耗較大，頗感疲乏，加上在火車上夜宿受風，到京後頭部沉沉然，開動不出腦筋，小結也寫不出來，最後只能簡略地寫了情況彙報，眞是憾事。回滬後工作紛繁，推手時又扭傷右手，拇指發腫，因之今天才能動筆。

　　借你的書三本，已托毛伯浩同志代還，想已收到。寄存你處的幾本體育書刊，將來我有機會來京時拿回，或請先托便人帶給我。

　　炮拳我是以五個晚上的時間學會了，現在每天練上三遍，求得熟練不忘。

　　毛伯浩同志已於9日經漢口到滬，分別會見了武術界前輩，曾到我家中談了二次，我約吳雲倬兄和他見面。毛表示請吳兄去京集體寫作太極拳書，日期約3個月。吳兄須視具體條件能否允許而定。

　　體委對我在越工作，有何批評或意見，很想知道一些，以便在今後工作上作參考與改進。

　　周元龍同志回滬後，在市蔬菜公司搞合理化建議方面的工作。他很願意專業搞武術方面的工作，特別願意幫助你搞些工作，如果體委決定要調他，上海市第一商業局是

不會不同意的，因為一則周是一般幹部，二則上海市商業部門的人員目前只嫌多、不嫌少。周元龍懂得武術，又會繪圖，能艱苦工作，如果運動技術研究委員會需要他作為你的助手，對你在收集和抄採資料上有極大的幫助，也就是對《中國體育史》寫作的提早完成有所幫助。希望你向體委有關領導同志反映一下。

124

我早晚練拳不輟，希望在技術上有所提高，白天工作都是用腦力的，借此作為調劑。

弟　顧留馨
1957年5月14日

豪兄：

15日收到來信，馬同文《太極拳譜》抄本和《體育文叢》第 2 期也收到，謝謝。

你給文叢寫的《中國武術和武舞的起源》，我已看過兩遍，論證精當，可以說是科學性的論文。

毛同志帶給聯誼會《彈腿》稿費200元，經陳緒良召集有關人集會商討支配方法，結果是分配給有困難的老師們，一般是5元，有的是20元（如王效榮、蔡鴻祥等）。會上葉良主張有關人平均分配，跟陳緒良語言上衝突起來。兩個人的修養並不見提高，但是葉的主張很明顯得不到老師們的心肯。我向王懷琪、朱廉湘、陳緒良等說明你不願受稿酬25元的事，大家才知道200元中有你的25元在內。

陳緒良本來希望我將去越教拳的情況向上海武術界做報告，我因局內工作緊張，整風已開始，會議多，無暇準

備材料，因此已通知他勿召集會議。近來業餘時間仍練拳一二小時，時間精力有限，不能再做其他活動。

　　哲東先生來談過一次，大約在 6 月中去蘭州任教，目前正在備課。

　　人民體育出版社來信說《體育文叢》自第三期起闢有「百家爭鳴筆談會」專欄，希望我就武術開展中的問題、意見和爭論，也寫出些意見，我打算告一天假來寫一些建議性的文字。

　　今天星期天又應付人事，下午周元龍、蔡祖榮、夏雄三等來談武術，他們很想把炮拳學會。

　　蔡龍雲寫了《中國武術的基本訓練法》送給新文化出版社，該社托聯誼會審查技術部分，陳緒良轉托周元龍和我審稿，送來的是第二章，主要為腰腿的基本練法，約1萬字，我們已提出了修訂、增補的意見，蔡的努力寫作還是值得贊許的。

　　第三商業局已改名為「第二商業局」，地址仍在原處，我的工作崗位未變。整風約需6個月，在這段時間內邊整、邊改、邊檢查，工作的緊張和會議的頻繁是可以預料的，不過我仍會堅持武術的鍛鍊。

　　　　　　此致

敬禮

　　　　　　　　　　　　　　　　弟　顧留馨

　　　　　　　　　　　　　　1957年5月27日　晚

豪兄：

　　整風開始後，我們的工作學習更為緊張，生活方式又是一個轉變。目力多用了一些，20多天我為赤眼所累，除練拳外，書反而少看了。《新體育》上海編輯分社逼著要我寫篇《越南教拳記》，雖已趕寫交卷，但自覺寫的不生動，恐怕不一定合用。

　　本年《哲學研究》第二期有張岱年寫的《中國古典哲學中若干基本概念的起源與演變》以及張岱年寫的單行本《中國唯物哲學簡史》，其中都涉及周敦頤的太極圖說，你如未見到，不妨置備在手頭，這對太極拳理論有關係。

　　我返滬後即和雲倬兄談及我們三人合作寫楊架太極拳的計畫，雲倬兄認為他教拳、做靜功、看病已很花時間，不可能執筆，拍照片也很花錢，私人力有未逮，他倒希望公家能責成幾個人脫產來搞。我看這也不勉強。毛伯浩同志雖有邀集幾個人專門寫楊家拳的意見，但他的主張能否實現是另一個問題。並且他想把楊吳架勢混合編，也是不倫不類的。

　　元龍對審閱蔡龍雲的稿子《中國武術的基本練法》，花了許多時間，我僅參加些意見，稿子是分章分批送審的，今天把它告一段落，退還給出版社。有些意見蔡能不能接受，我們也不管他了。姜容樵之類人物是編拳專家（？），恐怕是不曾考慮過書的壽命問題。

　　你近來一定寫作很勤，《太極拳源流考》有否著手修補，我很想得到你的底稿。

　　在京時，競賽司李司長和李凱亭曾和我說過希望我去搞武術工作，毛同志也說過。我覺得轉業要慎重考慮，我

愛鍛鍊武術、研究武術目的在寫作上，不想浪費生命力在一些事務或人事糾紛上，當然這樣的想法，路是狹窄的多。我已當面向毛表明態度：因為自己不適宜搞行政工作，因此在武術工作上也不想搞行政工作。在編制凍結中一時還談不上調動工作，但表明志願是必需的。

　　上海練拳的人已見增多，太極拳更受歡迎，少林拳練的人也有增加，這是領導上重視武術以後的現象。復興公園、人民公園中打空勁的又見抬頭，看來不經過一番嚴屬的批判，邪氣是不會自動斂跡的。

　　我們商業二局的交電站，有位冀姓科長跟陸煥之學的打空勁，今天在復興公園大施神通，站經理約我去看，這位姓冀的興高采烈地表演給我看，圍上一大堆觀眾，有的說功夫了不起，有的說太神秘了，看的我有些難為情了，只好先走了，這是百花齊放中的毒草。

　　楊架拳書我準備自己先動手寫，還是照你的意見在目前條件下，每天寫它五百字，積少成多，就怕不開頭。圖以楊澄甫為標準，每勢有練法、運勁、呼吸、著法的說明，雖然對運動生理學缺研究，近年來也收集了一些材料，可以結合起來，總之，須向科學化努力。

　　《太極拳源流考》在你是駕輕就熟的，你抽空時把它寫起來，對我是一種鞭策。

　　這次武術大會中有沒有特殊些的拳派發現，老架太極拳有人表演嗎？

弟　顧留馨
1957年6月23日　晚

留馨兄：

張岱年作的《中國唯物哲學簡史》早已備在手頭，《哲學研究》二期尚待到書店去找來，你對我研究工作的關心是同志的幫助。

最近武術科的吳高明同志，已調人民體育出版社工作，他和我談太極拳的編寫問題，我告訴楊家的用楊澄甫原圖，編吳家的用吳鑒泉原圖，他說我是人事主義，並且主張用李天驥父親的照片。他不懂得兩種太極拳楊吳二人的最為標準，用他們二人的原圖有團結作用，不會產生新矛盾。我把這些意見老老實實地告訴了他，聽不聽由他。混合楊吳兩式合編，因為有人不贊成把吳作為一類型，他是楊家的傳人，合編的觀念也許是這樣產生出來的，但毛始終沒有告訴我什麼理由，這是我的估計，將來編的不倫不類，是領導方式方法問題。

《體育文叢》四期，刊載了我一篇《提出證據來談談太極拳源流》，事先列印分發武術大會座談會去討論，徐致一和吳圖南等都主張目前不必談什麼武術源流，實際開展應放在第一位（我沒有參加，事後李劍華轉告），封建迷信不要消除，思想鬥爭不是實踐的一環，這無疑恐怕觸著他們的舊瘡疤，而且是一種新的鬥爭方法，要是領導上不聽他們這一套，也許因此而展開爭鳴。

元龍有可能調京，如果他調來，我的《太極拳源流考》請他抄給你。這篇稿子目前我沒有工夫修正，原因是運動技術委員會最近要出一期「中國體育參考資料」，第一輯約有4萬幾千字，我擔任寫作的和整理的約有3萬幾千字，都屬於古代足球方面，實在擠不出時間來。

李司長和李凱亭要你來搞武術工作，照目前武術方面的情況來看，的確像你所說的那樣，「浪費生命力在一些事務或人事糾紛上」是有可能的。你對「轉業要慎重考慮」，我以為應從大處看，既認為「自己不適宜搞行政工作」，局限於寫作上，如何領導全國性的武術工作呢？寫作也要看領導是否民主，否則怎樣發揮積極力量呢？體委對武術雖然僅設一個科，但這個科是全國性的領導單位。

龔科長受樂煥之的影響，愛在公園裏表演打空拳，它的老祖宗是少林拳術秘訣，我將來想把過去考證的舊稿改寫一次，你以為如何？

希望你能堅持每天寫太極拳稿五百字，積少成多，終有一天完成。

這次大會，我因為編寫稿子關係，一次也沒有去看過，深引為憾。

唐豪
1957年6月26日

留馨兄：

上個月聽人說，你已調到上海市體委工作，因為沒有證實，寫信寄到那裏，可能要轉遞，所以想等消息證實了再寫信。前幾天聽說你仍舊在市商業局工作，有幾件事我要煩勞你，不知你能否抽出時間否？

另外郵寄一本四期《體育文叢》，是我贈送給你的。文叢裏有兩篇文章，一篇是我寫的，一篇是項淳一寫的，這是繼《北京日報》之後對太極拳源流的爭鳴。

項始終沒有拿出所謂「南方許遠橋一派和山西一派」

的資料公開出來，片面要求我答覆他的問題，反而說我「根本不提這些」，這個論爭的方法有點特別，只有等項的資料公開出來，才有依據爭論。

我不打算在項的資料公開之前，作瑣碎的爭論，我始終認為除孟連福以外，太極拳是一元的，不是多元的，除非那些隱瞞師承者會這樣說。順便一提，《周子全書》是一部11世紀到18世紀闡發周敦頤的結集，文中我提出的一張表包括11世紀到18世紀不同時代人物的理論，這些理論都影響了王宗岳的《太極拳論》，項淳一抓住11世紀周敦頤的《太極圖說》反駁（《太極圖說》也載在《周子全書》裏），可見他沒有做過深入研究。

《周子全書》印於乾隆二十一年之後的那一年，必須得到一部初印本來解決，我跑遍了北京舊書店，到現在還找不到，希望你勞駕為我到福州路上海舊書商店對面找一找或托他們徵求，或者在其他舊書商店裏代找一找，如果能找到一部乾隆初印本《周子全書》，對王宗岳寫作《太極拳論》的絕對年代或者相對年代是大有幫助的。

你在越南民主共和國所見的足球競賽方法和場設備，能夠扼要地寫一點給我麼？在「中國體育史參考資料」第一輯中，我寫了一篇《中國古代足球概述》，把你告訴我的情況很簡短地做了介紹，並且提到你的名字。第一輯於7月20日交稿付印，大約10月底可以出版。第二輯要求9月上旬交稿，所以我忙著幹，分不出時間再寫別的稿子。

為了工作，我一再要求調周元龍作一個助手，據說已交人事部門處理。我沒有別的願望，只想全心全意做這個工作，而有一個能畫能練的助手。

　　今年4月為了編寫《中國體育史》我到上海搜集古代和近代體育史料，在福州路前中華書局對面「傳薪書店」購買一部《說郛》和一冊明版《蹴張心法》。《說郛》共40冊，價40元，《蹴張心法》一冊，價12元。我托該書店把書連帶發票直接郵寄給國家體委，並且另付郵資2元。等到我回京以後一問，書是全數收到了，但發票沒有附在其內，不知什麼緣故。我曾經托大陸新村范祥雍先生去辦交涉，至今沒有回信，大概他抽不出時間關係。現在我托你抽一點時間去辦一個交涉，請該書店檢交發票或者出一證明檔都可以。證明文件開明書名、價格和郵費。

　　附寄一本《人民健身操》和一紙信，請你經手代為轉文王懷琪先生為要。

　　敬禮

唐豪
1957年8月4日

豪兄：

　　4日來信，於6日收到，即去傳薪書店代為補要發票，據店員說原發票塞在抽屜內找不到，只能另寫證明單，今附奉。王老的《人民健身操》稿本，昨晨送去，本人未碰到，交給他家裏了。

　　文叢第四期我已買到，項君見聞未廣，許多論點和疑問，實際上早在你和徐哲東的著作中解決了的。

　　我前些時候買到商務國學基本叢書《周濂溪集》，有康熙四十七年（西元1708）儀封張伯行序說：「甲戌歲，居京師，乃於報國寺中，偶得《濂溪全集》……急為訂訛

編次，付之剞厥……」此集較《周子全集》早刊約近50年，兩書編次不同，但內容相同。因此，我認為王宗岳可能見到其中的或二種都見到，如以此考訂王宗岳寫《太極拳論》時期，也有問題，我看主要根據《陰符槍譜》的發現來推定王宗岳是乾隆年間人就夠了。古籍書店現缺《周子全書》，我已登記徵求要乾隆初印本，將來買到後寄給你。

見了你和項的爭鳴，本想也參加討論，考慮到你掌握的材料更多，分析也有力，因此不想插手了。正在寫一篇《太極拳源流概述》，史實根據你和徐的著作，不過我們是肯定陳王廷是太極拳創始人，待完篇擬先請你修訂一下，然後送新體育社。

偶翻《荆川文集》，在荆三中有南征歌，其中有兩句是明代軍隊中盛行馬球的史料，特抄給你：「晴原羽騎簇油幢，繡帽爭先蹋鞠場。」

上海市體委我一直未有接觸，但是有吳加林去北京對毛伯浩說我已調市體委工作，最近精武會的孫潤志也對人說我已調市體委，不知怎樣會有這樣傳言。如果將來有可能調到體委，不論是研究武術和工作，或是一部分武術行政工作，對我繼續研究武術總是有利得多。

目前我對技術的鍛鍊還是不放鬆，主要是為了保持健康，於工作有利，精力有限，寫作只能量力而行，一點不性急。

最近多看了報章雜誌關於反右派的情況，左目又重新紅起來，真是年齡不讓人，過去多看書，少睡眠不會有頭昏目赤的現象的。

關於越南的搶球和曲棍的情況，今把越南譯員王同志的來信說明，囑兒子抄一份給你作參考。

局系統的整風已開始，估計在最近二三個月內我將把全力投入這運動，原來在寫的太極拳書看來要擱下一個時候。

前天去看了子平老，據說他在一個月前突感頭昏無力，經診查為高血壓（184度），服藥後已好些。他想和老伴去原籍遷祖墳，並想到北京玩三五天。如成行，日期當在8月18日左右，先去滄州五天，再到北京，旅費不成問題，就怕租不到旅館，不知體委能代訂旅館房間麼？請和武術科商量一下。

顧留馨

1957年8月11日　午

留馨兄：

8月11日付郵的來信收到，附來傳薪書店證明單一份，勞你的步謝謝。這家書店做事很不可靠，竟把發票塞在抽屜內丟失，我離滬前曾去問過有無把書寄出，不曾告訴我丟失發票，可恨之至。

《太極拳論》中「陽不離陰，陰不離陽」，出於《周子全書》胡煦文中「陰陽不相離，又有相須相互之妙」。胡煦卒於乾隆元年，不知你所見有康熙47年張伯行序的周濂溪集有無此文？如果有，那麼你「認為王宗岳可能見到其中的一種或二種都見到」的說法是對的。如果張序《周濂溪集》沒有胡煦的著作，那麼以乾隆二十一年以後出版的《周子全集》來判斷王宗岳的時代，是有力的證據。張

序《周濂溪集》有沒有胡煦的著作，請你檢查後告訴我，因為我要寫一篇文章答覆項淳一。

　　結合《陰符槍譜序》和胡煦的文章來判斷王宗岳的時代更為有力，你以為如何？項淳一只曉得周濂溪是宋朝人，不曉得胡煦死於乾隆元年，他反駁的文章只提周而不提胡，未免太粗疏。他一再以「武斷」來加在我頭上，這和他的對人態度分不開。他曾到過我住處來，一副驕狂十足的面貌，自以為是的口氣，正如他在文章上表現出來的一模一樣。

　　你不必參加討論，我也不希望你參加討論，來信說「你不想插手」，何必多此一舉。

　　你擬寫一篇《太極拳源流概述》，寫好後打算寄給我一看，提些意見供你參考則可，修訂則我豈敢。我記得陳微明的著作中說過，楊露禪的單鞭下勢，能從地上用口銜起一個制錢，這證明楊練的是老架太極，所謂單鞭下勢就是雀地龍。在你的《太極拳源流概述》中是否可以一提，並且說明老架的動作難度大，這是楊露禪改編的一個原因。

　　蒙你抄給我的《南征歌》，不是足球而是馬球，其中「羽騎」兩個字可證。

　　反右派鬥爭，我已投入這個革命運動。

　　你抄給我的越南曲棍球，我把圖說和明宣宗行樂圖一對比，可能是中越文化交流傳去的。但不知「二征王征則、征貳」是何時人物，擬請你向越南朋友調查一下。在「中國體育史參考資料」第三輯上我打算寫一篇《我國外傳的馬球和捶九補述》，如果在一兩個月內調查獲得結

果，這篇文章可能寫成。

體委對於調周元龍來京工作很慎重，先把檔案調來審查。據技委會副主任王任山同志告訴我：（1）他有肺病；（2）他加入過會道門。照此情況，大約不可能調京工作。這情況你不必透露給周元龍，我過去對他的歷史情況瞭解不夠。

最近兩月來，我時常便血，是否是痔疾和痢疾復發，今天才把大便送去檢驗。

「中國體育史參考資料」年內可能出兩輯，第一輯已在排印中，印數不多，出版後當陸續寄給你，以供參考，並請指正。

為了寫稿和參加反右派鬥爭，對於你的來信遲至一個月以後才覆。

　　　　順致
敬禮，並謝謝你的兒子代勞抄給我的參考資料。

　　　　　　　　　　　　　　　　　　唐豪
　　　　　　　　　　　　　　　　　1957年9月14日

豪兄：

9月14日來信悉。

越南二征王征則、征貳的時代，請查《歐亞紀元合表》西元廿七年條，《漢書‧南蠻傳》和《馬援傳》（？）有紀事，我手頭沒有《漢書》，未曾查過。據越南同志陪我瞻仰二征王廟時說，二征是越南女子領導抗敵的第二次，以前也有女的領導抗敵。

我節採廟碑中語有：「稱王於麓冷，退保於禁溪，殉

節於喝江。」

越南人民在每年農曆2月初，5日開始，6日起進寺拜祭，紀念民族英雄。

經你提醒，我將張序《周濂溪集》和《周子全書》的集文對比了一下，發現《周子全書》收集的材料比較多，《周濂溪集》中沒有胡煦的文章，集子印行時胡煦僅20多歲，想來還不能夠寫出那篇《周易函書》。可見治學是不能粗枝大葉的。這兩部集子我至今還未從頭至尾看一遍。

你認為：結合《陰符槍譜》和胡煦的文章來判斷王宗岳的時代更為有力。我認為是對的。

王宗岳跟誰學的太極拳，未能發現史料，確是憾事。在我記憶中曾有人說過王宗岳曾在陳家溝教書，才學到太極拳。不知誰寫過這樣的話，記不起來了。

你最近兩月來時常便血，對健康太不利，恐怕根源還在坐著寫作的時間太多，應該迅速改善作息情況，最好早晚練輕鬆、圓活的太極拳來療病保健。

科技協會譯印的生命、衰老和長壽，我看對發揚太極拳在療病、保健、延年的價值很有啟發性。

30多年來你對太極拳史實的研究，花了很大力量，作出了闢妄存真的貢獻，但在自己的健康上得不到太極拳的好處，這是說不過去的。

我寫的《太極拳源流概述》，材料係根據你和徐哲東的著作，我斷定創拳人是陳王廷，對一脈相承的八種拳架作了簡要的介紹。但不具體，說明上還不夠明確，經新體育社上海分社的王紹寅要了去，大概已寄北京，我想要回來修補一下，最好先得到你的指示。

　　李天驥來上海參與編寫楊架，作為10月間開辦各省市體育教員武術訓練班的教材，我因參加局內整風領導小組，無法調去參與編寫。李已於前日返京，據說體委擬調我去和李擔任教學工作2個月，如實現，我還可以順便把老架拳架和推手方法做進一步的研究，還希望和曲綿域等研究醫療體育上的問題。

　　　　　　　　　　　　　弟　顧留馨

　　　　　　　　　　　　　1957年9月22日

　　在上海市體委編寫楊架的為褚桂亭、田兆麟、傅鍾文、吳雲倬、張玉。抄寫張海東。繪圖周元龍。

留馨兄：

　　9月22日信收到。

　　越南二征王事，在《歐亞紀元合表》中已經初步查到。現在，還有幾個問題打算瞭解一下。（1）lang get的讀音如何？（2）球棍的形式如何？希望能畫出，並注明它的長短。中國的球棍，我已查出三種形式。順便也想知道vat can的讀音如何？要想知道的問題雖然瑣碎，但和考證源流有關。

　　是否有人說過王宗岳曾在陳溝教過書，才學到太極拳，在我所見到的太極拳著作中無此記載。如沒有，即司馬遷所說的「書缺有間」，只能從他引用的打手歌和陳溝抄本上的打手歌以及他在汴、洛之間的事蹟來推定。據我在陳氏家譜上查明，和陳長興父親陳秉旺同輩的陳大興，譜上注明「拳師、不家」，所謂「不家」，是離家不歸，這證明在乾隆時代一個外傳的跡象，但要把它作為王宗岳

和他的關係來看待是不可能的。

　　寫到這裏，馬玉良來報喪，陳發科在9月24日去世，後事已經辦妥，因為他的家庭沒有積蓄，我托馬同志代送了喪禮五元。馬已由南寧歸京數月，現在為人按摩治痛，生活情況還好。

　　我半輩子研究太極拳的歷史，你說我「自己在健康上得不到太極拳的好處，這是說不過去的」。的確如此，在我的健康上是這樣。但是，正因為我是以研究者的身份來從事太極拳歷史的研究，才能客觀地不否定任何一個門派（學派）的成就，也沒有什麼宗派思想，只知道實事求是地發掘。在這次和項淳一的爭鳴中，有人寫信在《北京日報》，也只能指我「沒有名師傳授，在舊書攤上拾一點東西來寫東西」，假使不這樣，也許有人會對我做別的宣傳。你的好意我非常願意接受，可是沒有像你那樣一個對象，如同過去那樣天天推手，請教他們被他們作宣傳資料我也不願意，這是心理上的矛盾。

　　你寫的《太極拳源流概述》，劉丹夫同志已交給我看，你打算要回去修改一下再寄來，我當和劉同志一談，如決定寄回給你修改，我當提出意見供你參考。

　　由於便血的關係，身體很疲乏，不再寫下去了。

唐豪
1957年9月25日

豪兄：

　　9月30日接到25日來信，驚悉陳發科老師於24日逝世，太極拳家技術上有成就的人又去了一個，陳老在推手術上

保存的拿法和跌法，我本想有機會再到北京時作進一步的揣摩，想不到老輩不能多活幾年。待領薪後寄些喪禮去，以表寸心。

越文lang get讀作「倫閘」，vat can讀作「畫桑」，最好電話外交部亞洲司越南科問一下讀音更妥。

越南球棍高於肩，不過頭，形式為L。但正確形式和長度須去函詢問。

我寫的《太極拳源流概述》，僅抽出兩個星期假日寫成，涉及的問題多，論證上還不夠圓滿，各派特點的分析還不明確，因此想修改一下，如劉丹夫同志同意寄回來，請你指出哪些地方有問題。或者就請你修改一下。

為了你能多致力於武術方面的寫作，我認為應該經常輕鬆圓活地練太極拳來保持健康，推手如果沒有適當的對象，不推也可以，特別是使勁的較量技術的推手，消耗體力太多，對老年人是不適宜的。

你的便血病還未好，可能是坐著寫的時間太多所形成的，希望能改善工作情況。

良玉兄請代問好。

局內辯論已展開，我要主持會議，加班研究，這兩周內看來要緊張的多，趁今天值班時先簡覆。

弟　顧留馨

1957年10月1日　午後於商業二局

豪兄：

我在國慶節值班時簡覆你一信，想已收到。《太極拳源流概述》稿蒙抄寄，於3日始收到，經將你指出的幾點作

修正，並補充了一些論點，於9日函寄《新體育》。

為了譯述太極拳論的經典著作，我認為應對巴甫洛夫學派的學說、物理力學做研究外，尚需對中醫理論和經絡學說做研究，儒家《易經》和《周子全書》是《太極拳論》的哲理基礎，但是宋明的理學，往往出入佛老，因此研究的範圍又需擴大，我準備儘量抽出時間研究一下以上的有關著作，你看這樣研究法是不是迂闊？

各省市體育老師的太極拳訓練班我恐怕不能來擔任教員了，因為市委財經工作部已告訴我，如果中央體委正式調我去，可以同意；臨時借調不能同意，並且還希望我去市歷史博物館工作。我表示對武術研究、整理、推廣工作或是歷史博物館工作，都能鑽研，反正比在商業部門要合適些。

看來調動工作是肯定的了，不久我可以走上新的工作崗位。

局內大爭大辯將告一段落，反右派即將揭幕，工作和學習仍然緊張。

有關研究武術方面的材料，仍希隨時告知。

你的健康狀況怎樣？念念。

　　　　致

敬禮

　　　　　　　　　　　　　　弟　顧留馨
　　　　　　　　　　　　　1957年10月15日

留馨兄：

　　國慶節日和10月15日兩封來信都收到。

　　關於太極拳理論的研究，過於專門化一時不容易寫成，寫成了只宜於供專門研究，目前第一步還是以大眾化為宜。王宗岳、武禹襄、李亦畬、陳品三、陳復元等理論，暫時捨棄他們非大眾化部分，把一些可以大眾化的大眾化起來，結合新的科學理論加以說明發揮，這是必要的，也是解決了方向問題。行有餘力，另寫專門性的文章在雜誌上發表，到提高了認識再對著作做不斷的修改補充。以上意見，提供參考。

　　據毛伯浩告訴我，太極拳教員將請郝家俊擔任。將來你有機會來京，老架太極和炮拳還可以做進一步研究。我的體力已經不勝，如果年輕20歲，我將毫不保守地學學各種類型的太極拳，既拿得出也說得出，不盲目地是甲非乙。

　　哪一天你走上新的工作崗位，請你告訴我。組織上對於臨時借調，一次、二次、三次是有問題的，不能同意並不是本位主義，我的認識是這樣。

　　訓練班要我去講課6小時，大約在11月內，題目是上下古今武術史。題目太大了，準備一定不夠。一面要寫「中國體育史參考資料」第三輯的稿子，一面要寫這篇講稿，加上便血，身體十分疲乏，的確有點成問題。

　　楊家傳本《太極拳論》後面一節注：「此論句句切要……先師不妄傳人」等句，以及題目作「山右王宗岳先生太極拳論」這幾方面考察，王宗岳的遺作似乎只有這一篇。武家傳本已將這一節刪去，但題目還是相同。因此，

我判斷後面的長拳者一篇和十三勢歌一篇，都是王宗岳的弟子所作。這些推論，請你研究後把你的意見告訴我，彼此探討一下。

關於這個問題，徐哲東和張士一雖有論列，但見解缺乏根據，並且撇開這一節，注於不論（最重要的是先師二字），以致推論變為毫無佐證。我有這麼一個感覺，帶了有色眼鏡來研究一門學術是有問題的。

敬禮

唐豪

1957年10月18日

留馨兄：

現在另郵寄上海兩本書：一本是中國體育史參考資料第一輯；一種是許禹生編的《陳架太極拳第五路》。這兩本書我都送給你。

後者是1935年出版的，說明許禹生對太極拳源流的看法已經有了大轉變，他已經不再主張太極拳是張三豐或張三豐以前的人創造的，而主張部分是從戚繼光拳經來的，並且提到了山西洪洞的長拳，說它改編通臂拳是「數典忘祖」。

陳微明出版的著作中，提到楊露禪練的「單鞭下勢」的情況，因為我的書已捐給武術科，沒有時間去找，你如記得請抄給我。

最近王紹鰲先生來看我，據說他現在跟武雲卿練太極拳，談起我和雲卿是舊相識，特地邀我去看了雲卿一次。

上海編太極拳的情況如何？能不能如期完成？老毛來

上海有沒有見過面？

　　你的《太極拳源流概況》，來信說已寄《新體育》，這一修改的稿子我還沒有見過。

　　丁福保來信說，他現在跟你學推手，從你那裏知道我便血，寫信來問我健康，附覆信一件，他來時請你轉交。

　　我打算擺脫武術這個研究，專心從事中國體育史參考資料工作，但是武術訓練班要我去講了六堂「武術簡史」課，上下幾十萬年的武術史，沒有經過徹底研究，是不勝任的。關於中國武術史，我打算再進一步的研究，題目太大了，準備逐步搜集資料，使它更系統起來，目前不打算，並且不可能做到。

　　敬禮

　　　　　　　　　　　　　　　　　　唐豪

　　　　　　　　　　　　　　　1957年11月14日

　　又：《中國體育史參考資料》第三輯起，對於體育（包括武術）史料性的筆記，不論長篇或短篇都擬登載，希望你能寫點這方面的稿子，直接投寄技委會。寫筆記和隨筆之類的史料，比較輕鬆，積少成多，對將來大篇的整理研究是一個基礎。

　　今天下午李劍華來訪，談起楊少侯的練提手上勢，還保存金剛搗碓的痕跡，即將高舉的左手握拳落至左手掌心。跟王矯宇學太極的范鐵廠大夫，還保存二起原動作。郝月如告訴徐哲東，武家太極也有二起原動作，月如先生練不到架，所以將它改變。因為有人說陳溝練的是少林，所以把這些史料告訴你。

143

豪兄：

　　近日來我因學習和工作較緊張，早上還要練拳，晚上時常出去推手，頗感精力不夠用，特別是多看了反右派鬥爭和整改的材料，目力很不濟事，因此對你的10月18日來信遲到今天才作覆。

　　對太極拳的理論研究，你主張我應該先寫大眾化的文字，行有餘力，再寫些專門性的文字，這意見很對，我應該這樣做。

　　近來又閱讀了侯外盧著寫的《中國思想通史》第一卷，楊順興著、楊超譯的《中國古代哲學家老子及其學說》，很想運用先進的科學研究成果，在將來寫一篇關於太極、陰陽、五行、八卦學說的今釋，武術中的太極、形意、八卦拳等採用這些古典唯物論作為理論基礎，大多陷入神秘主義，有必要做一番解釋，當然目前還沒有能力寫起來，還需多看一些有關著作，多作一番獨立思考。

　　伯浩同志11月初為棋賽事來滬，帶給我學習會的材料四種：刀槍劍棍初稿、術語和概念、長拳規定套路、課程表（上海編印的太極拳稿我已有了）。「中國體育史參考資料」不知已出版否？我已向書店填單預約一、二、三、四期。

　　你提出：王宗岳的《太極拳論》似乎只有一篇後面的「長拳者⋯⋯」一篇和《十三勢歌》一篇，你判斷為是王宗岳的弟子所作，這是一個新的提法。我翻閱了徐哲東的《太極拳考信錄》和《太極拳譜理董辯偽錄》，他以早出的龔潤田本楊氏太極拳譜為根據，並認為楊譜得自武氏，這是對的，但不曾解決你現所提出的問題。從武禹襄為

《十三勢歌》寫了《行工心解》來看，可證十三勢非武氏所寫；從《太極拳論》的附注「先師」二字來判斷，後面的「長拳者……」一篇和十三勢拳歌一篇，又顯然不是王宗岳寫的，但究係王氏弟子或者是誰人寫的，目前還找不到材料，我認為你提的問題是有力的，但為了徹底弄清楚這個問題，還有待繼續搜集舊譜來加以解決。

另外，十三勢是否即太極拳，十三勢者應該是十三個勢法，不能以八法和前後左右中作解釋，陳溝的五路拳套和長拳一〇八勢是否全係陳王廷所造？太極拳的名稱是原造拳時的名稱還是後人（比如王宗岳）加上去的，仍須搜集資料做進一步的論證。

徐哲東由於尊武尊郝的偏見，不惜從而尊王抑陳，在個別論證上由附會而歪曲、詭辯，論證遂不符合事物發展規律，反而使太極拳的源流更為混淆不清。

我去年來京看到你加按語的李廉讓堂本《太極拳譜》原稿，能不能交人民體育出版社作為太極拳叢書之一來出版，還有《太極拳源流考》也希望能早日發表。

對於陳氏老架太極拳和炮捶將來我有機會來京，一定要繼續研究。返滬後，我是天天練的，山西還流傳的長拳一〇八勢，我也很想學到它。

業餘練拳的時間和精力雖不多，但仍有進步，因此很有信心。估計從50歲到60歲，還可以提高技術和體會，當然對其他拳派只要有特點，有可能學到，還是願意吸收融會，博學約取，注重基本功夫，這是我認定的練拳原則。

和李東園見過3次面，人很直爽，現在教老架和楊架，但是他還相信上乘拳法能練到水面步行，憑這一點就根本

性質和觀點不同。

你已年逾花甲，對武術不必從技術上著眼，當以柔活筋骨，袪病延年為目的，使能更好地研究分析武術上的問題，發揮指導作用，較之僅有一技之長的武術工作者貢獻更大。

我還沒有調去歷史博物館，因為領導上瞭解我對武術的興趣很大，須另作考慮。

據說陳品三著作四冊，此間一家舊書店定價48元，於一周內售出了，我即使見到，目前也只好看看而已，武術涉及的學種很廣，只能擇要購置參考書。

弟　留馨
1957年11月18日

留馨兄：

11月18日覆信收到，收到前幾天，我郵贈一本《中國體育史參考資料》第一輯給你，目的是希望你有所見教；又一本許禹生編的陳溝「太極拳」第五套供你參考，並介紹一位太極拳前輩對太極拳源流的看法有所改變。

另外，在這封信上提到：楊少侯練的提手上勢，還保存金剛搗碓的痕跡，這是許禹生的侄子親目所睹的；楊班侯傳給王矯宇的太極拳，還保存二起跳躍練法，這是范鐵廠大夫親跟王矯宇學習而表演給我看的；徐哲東也告訴過我，郝月如曾對他說武家太極拳也有跳躍起來的二起；陳微明在某一本書上所寫的楊露禪練的單鞭下勢，我以為就是雀地龍。

關於這類練法可以證明自陳長興傳到陳發科的太極拳

還保存老架的原樣，如果能寫一篇短文來發表，不但有許多活著的人可以證明，也對太極拳的源流探討有所幫助。發展不能割斷歷史，但是有些人貪圖省力，不從調查研究方面用一番工夫，不承認陳溝所傳的是太極拳，可謂是「懶漢主義」。

運用先進的哲學科學成果來闡明陷入神秘主義的太極拳理論是有必要的，但必然要經過一定的時間從事深入的研究才能寫出，你打算在這方面用點功夫，我希望將來能夠看到你研究的成就。

雖名為「簡」的「武術簡史」，是一個大題目，我講是講了，由於自己覺得不成熟，不打算付油印。講課的課程表，老毛已經交給你看過，不知道你有沒有留心表上沒有六路彈腿。彈腿的群眾基礎僅次於太極拳，為什麼沒有我不明白。甚至連早就約好我講的「武術簡史」，也沒有我的「姓」列在表上，我也不明白是什麼緣故。我本人不在乎列上一個「姓」，我不知為什麼沒有彈腿，但是表上空檔很多，如果是老毛個人這樣做，那麼他的一貫作風連整改也是無效的。

所謂龔潤田舊譜，我一調到體委不久，就問過田鎮峰。據田自己說，他所編的《太極拳》一書，其中的太極拳譜完全是東抄西襲，照自己的意圖刪改，並不根據什麼龔譜，龔潤田也沒有什麼太極拳譜。又問過當時同在山東省國術館的李天驥，證明田著確實是東抄西襲。徐哲東寫的《太極拳考信錄》和《太極拳譜理董分辨偽》，某些地方不大忠實，當他寫的時候，沒有估計到我會得和田鎮峰、李天驥在解放後一起工作，從而調查出這一點，這和

他把陳溝舊抄本上有戚繼光拳經，而把它隱沒，想在爭鳴中駁倒別人和符合他的考證是分不開的。

《太極拳論》後面一段注中「先師」二字，我認為可以確斷長拳者一篇和十三勢歌是王宗岳弟子所作，否則不會得稱王宗岳是「先師」，寫作的時間，大約在嘉慶時代，傳到咸豐年間為武禹襄所得，所以上有缺文，這是馬同文本可以證明的。這段注永年陳秀峰譜上就有，秀峰此譜直接得自班侯，比其他抄本為可信。所謂「張三峰遺論」這段注，陳秀峰譜在太極拳譜的一開頭，其次才是王宗岳的太極拳論，可惜這本石印的老譜，在抗戰時一個姓王的青年拿去，假稱遺失了，好在我編的《王宗岳太極拳經》還記載了它的原文。

哲東雖然有偏見，雖然對考證並不完全忠實，但他對太極拳史料方面是有一定貢獻的。尊王抑陳，尊郝抑陳、尊楊抑陳，甚至像項淳一那樣尊孟抑一切，多不勝舉，他們的目的，比徐哲東更為不實事求是。你我並不打算尊誰，而是想摸清太極拳的發展，這是你我一個共同目的，但也許有人以為我們在尊陳。

我從前推定長拳和十三勢為陳王廷所編，只是以家譜和遺詩為根據，這是不夠的。經繼續研究的結果，現在還可以列舉出以下各點作證：

1.從《陰符槍譜序》考出，王宗岳至少生於乾隆初年，而他所傳的長拳和十三勢的譜和原始打手歌卻發現於陳溝，由此可斷長拳和十三勢譜在王宗岳以前就有。

2.乾隆時傳到山西洪洞去長拳譜和拳經總歌，不僅比陳長興傳的錯字為多，由此可證陳長興傳的更早，可能是

他父親傳的；再以陳長興時長拳已經失傳來推定，郭永福的時代一定比陳長興為早。

3.郭永福傳山西的長拳原名纏拳，陳長興的祖父善志以及比善志更早一些的正如世傳的十三勢也以纏法為主，可證拳經總歌、長拳譜、十三勢譜是同出一手。

4.據王廷生前所立的陳卜碑，立碑當時陳氏已經有十三世子孫，那麼陳氏家譜上記載的十一世光印，正如和十二世善志、繼復、甲第、節、敬柏，用王廷遺詩「教下些弟子兒孫」的孫字來印證，他們其中的某個人可能為王廷直傳，而其中的正如和善志是兩個傳拳的世承。

5.打手歌作於王宗岳之前，太極拳本身已經證明，打手是長拳和十三勢纏法的實習，並且原始打手歌和長拳譜以及十三勢譜獨發現於陳溝。

6.打手歌與拳經總歌頭二句有關係，證明它不是陳溝以外的東西。

7.王廷遺詩證明王廷的編拳在年老殘喘的時候，從他的墓碑年份來推定，可能在康熙40年前後，長興的祖父善志是十二世，為王廷的族曾孫，正如光印為十一世，為王廷的族孫，遺詩和陳卜墓碑都可以證明他們是銜接得上的。

8.拳經總歌、長拳譜、十三勢譜、炮拳譜中都一系列採用戚氏拳經，證明編者不是二人，打手歌和拳經總歌頭二句也是一個系統的作品，證明寫者不是二人，它們都在王宗岳和郭永福之前就有，以時間、地址（譜的地點）、條件（王廷為戰將）來推定，以遺詩、家譜、墓碑作佐證，我考為王廷所傳，是綜合這些來立說的。

9.照陳溝的舊傳說來看，王廷的老師是蔣失名，這些

拳的內容必然有蔣氏的傳授在內。

10.王宗岳有沒有加什麼進去，因為傳下來的只有理論沒有拳譜，無從考出，只好存而不論。

11.楊武兩家的譜，傳授分明，雖然練法不同，可以作比較和目驗的材料，以及有記載和沒有記載的材料研究其發展。

勿勿寫這封覆信，信筆所之，供你參考和彼此交換意見。

敬禮

唐豪

1957年11月21日

豪兄：

14日來信並贈書二冊，均先後收到。

蒙贈《中國體育史參考資料》第一輯，裏面你的三篇關於我國古代球類和足球的文字，材料收集很豐富，論證掌握了馬列主義的歷史唯物主義原則，我祝賀你在中國體育史研究方面的貢獻，並預料你會有更多的貢獻。

你打算暫時擺脫武術史的研究，專心從事中國體育史參考資料工作。這樣做，既適應當前工作任務的需要，也可為將來專題研究我國武術史做好資料的收集和整理工作。

將來如果有歷史研究工作者參與這項體育史的寫作工作，幫助會更大，成書也會較快。

許禹生在1935年出版的《太極拳》序中說到和陳氏後人研究推演失傳的幾套太極拳，不知是指的陳績甫還是陳

發老？這書對我研究太極拳很有用處，謝謝你的贈與。

陳發科老遺下的太極拳譜抄本，最好能托良玉兄帶給你研究一下，說不定對考證拳套的次序和變動有敘明。

陳春元所藏《三三拳譜》不知能否訪求得到？這對考證形意拳理論來歷有關係，據你抄到的目錄，比形意拳論傳本要完備。

我寫的《太極拳源流概述》於10月9日掛號郵寄新體育社，不知合用否？尚未見刊出，如不適用，預備再做修改補充。

陳微明《太極答問》中的一段抄錄如下：

「問：老輩練拳之意思，雖不能見，亦有所聞否？

答：聞楊少侯先生說：露禪先生練單鞭下勢時，以制錢一枚置於地上，可以用口叼起，又可以肩靠人之膝，其腰之下如是。班侯先生練拳之時，或面現喜色而冷笑，或忽作怒容而發喊，是所謂帶喜怒者也。此則功夫深到自然顯之於外者，非勉強而學者也。」凡此都是陳溝老式練法。「花拳總講法」也有「打拳喜怒哀樂……全在目也」的表情，不獨太極拳有此練法。

9月初上海編的《楊澄甫架太極拳》，早於9月末將初稿送北京，參加編書的有田、褚、吳、張、傅和我，周元龍繪圖，張海東寫說明，我因無法臨時調用，不能主持其事（僅去了三次），即函告毛同志。褚老極為主觀，餘人頗有意見，後來李天驥趕來才改善局面。僅依據楊架作了動作說明，推手動作幾乎全抄陳微明著作，劍僅決定了動作（因為五人的動作都不同），未寫成。我本想寫一篇介紹文字——太極拳發展史，終於因為時間精力不夠，未曾

把初稿完篇。

你囑我寫武術史料的筆記或隨筆，為將來寫大篇的整理研究打好基礎，抽暇當盡力為之，來訓練自己的寫作能力。目前想到可以寫的：一為甘鳳池與花拳，材料取自《行健齋隨筆》、《儒林外史》、花拳總講法（雍正硃批奏摺的材料是否見《東華錄》）；二為對太極拳源流上各個問題的考證，如附會張三豐，太極拳架勢名稱衍變表等。

問題還在材料的發現和收集，可惜我現在不能多跑舊書店和圖書館。

長拳和太極拳五套的不同點，最近我認為是長打和短打的區分。長拳的特點在一〇八勢沒有重勢，所謂：「如長江大海，滔滔不絕」，我推測長拳的打法屬於長打（開展），除見過山西的圖譜外，尚須在學到拳套後加以證實。現在老架太極拳和武架都是屬於短打類型的拳套，特點為出手短兼拿法、跌法（楊架是經澄甫改為闊大的），炮拳也屬於短打類型並且剛多柔少。長短、剛柔、快慢、遠近、上下、左右、開展、緊小，勢勢相承的原則以及踢打、擒拿、跌摔的方法，導引術和拳術結合的方法應該包括在太極拳創造人的計畫之內，因為這是戚繼光編拳原則的繼承和發展。

這見解請你研究一下是否有道理。

長拳一時還不能學到，耿耿於懷！

弟　顧留馨
1957年11月24日　上午

今春寄在你處的一包書，內有徐哲東的《太極拳源流

考》稿本，在寫史料時有用，最好請你找出來掛號寄給我。

留馨吾兄：

趁這個星期還有時間，答覆你11月24日來信：

1.「中國體育史參考資料」第二輯，大約在本月下旬出版，哲東的《太極拳源流考》一同郵寄給你。

2.許禹生的老架太極是跟陳發科老先生學的，當時同去學的還有李劍華，在推手上一動手就被發出，所以許李都對陳老世傳的拳法有深刻的認識。在許的著作中所以不提陳老的原因是：當時陳老的長子照旭從溫縣來京，經陳老在實踐中指點了以後，許李雖然經過較長時期的用功，反而不如照旭，因為這一點點遺憾，所以在著作中絕口不提陳老。許的胸襟十分狹窄，在其他方面我早有所聞，詳細可問子平。

3.照奎和良玉手裏，都沒有陳老遺留下來的舊拳譜，我已再三問過。也許陳老把舊抄本給了許，否則他不可能把第五路編成書。

4.《三三拳譜》和品三另一稿本《太極拳引蒙入路》，可能還保存在春元的下一輩手中。現在春元已死，照奎懶於做調查工作，一時無法進行調查。

5.《雍正硃批諭旨》是一部專書，舊書店裏可能找得到，甘鳳池一案不見於《東華錄》。

6.《甘鳳池拳譜》是從前滑頭書店中西書局出版的，該書店專門偽造書名作為出版騙人的手段，你信上說的「甘鳳池花拳」是否即此，如果是的就不足採信。

7.《儒林外史》裏的鳳四老爹，雖然是甘鳳池的影子，但經由吳敬梓的渲染，不一定全是事實，引用時必須有分寸。例如有人根據《水滸》，說愛好足球的宋徽宗也加入了球會，但宋人的著作否定了小說的渲染，正是同樣的例子。說句笑話，如果全信小說，那麼，甘鳳池叛變了反清的陣營，《萬年清》把他說成為一個十足的弘曆的奴才，說來也是有根有據（《清朝耆獻類徵》）。由於這樣，我力主謹慎。請你考慮。

8.正因為你是我的老友，正因為你也不同意項淳一的有關太極拳源流的說法，而且我們二人的論點大體上相同，為了免得遭人懷疑你的寫作和我有什麼聯繫，而不知我們各寫各的，各不相謀，因此我對你的投稿之採用與否，不打算去問《新體育》。況且事實很明白，毛伯浩等原來是主張太極拳創造於張三豐的，去年武術科所編的參考資料不是一個明明白白的證據嗎？

9.我為了加強整理研究「中國體育史」資料的工作，在整改中建議請組織上考慮把你調到技委會，在不得你的同意而提出這個建議，也是為了你個人的願望。縱使生活上不同於上海，你要進一步研究長拳和老架太極以及炮拳，這樣才能達到目的。再進一步說，除武術以外你還可以研究研究中國體育史，在政治條件上和學問基礎上，必然能勝任其事。為了免得引起誤會，並且向王任山同志說明你老早給我的信上表示你「不適宜行政工作」，以一個非黨員推薦黨員目的為了技委工作，不是另有什麼企圖佈置私人關係，也不是老於世故，只是憑著「赤子之心」（我今年二歲）來加強現有工作。這個建議提上去，是否

會採納是不可必的，預先在這裏告訴你一下，同時請你原諒我不得你的同意而提出。

10.我對長拳和短打的看法是：主要是長而兼有短的可以歸入長拳類，主要是短而兼有長的可以歸入短打類。太極拳的推手毫無長，是短打的對練法。溫敬銘認為，長拳短打不足以包括拳術的種類，還有什麼太極、八卦、形意。他沒有分析過太極、八卦、形意主要是短，為什麼不可以歸入短打類呢？古人提出的分類標準是有根有據的，是從實際出發的。楊澄甫改為闊大，但為了和內勁結合，手還是用不伸直的弧形，終究是短打類型。

11.我老早就與毛伯浩談過，像褚桂亭等等，只能個別同他談，爭取他的同意，合在一起研究，自然會頗有意見。聽從我這個方式方法，不至於要李天驥趕來上海才改善局面。走群眾路線的方式方法，不切合實際，是多少會走彎路，這期間主要是思想認識問題。

12.導引術和武術的關係，僅僅在於呼吸方法的結合。硬把五禽戲等牽扯，哲東是始作俑者。照哲東的論證及其信徒們的說法，拳術應該趴在地上打才符合他們的說法（參閱我最近發表的五禽戲）。

順致

敬禮

唐豪

1957年12月8日

155

豪兄：

市委給我臨時任務到杭州，也等於給我一邊工作一邊療養的機會，連日上午到浙江圖書館去找武術材料，有關紀效紀實的版本，都經你考訂過，故僅從《武備志》抄採了所缺八勢的圖訣，硃批諭旨中李衛廖坤奏摺也摘採了甘鳳池的材料。

《杭州府志》有李衛的記載：「李衛，字又玠，江蘇豐縣人……雍正初，任雲南鹽驛道，旋擢浙江巡撫未幾，以總督管巡撫事……調直隸總督，卒諡敏達。乾隆四年崇祀名宦──乾隆志。」

稿本中有諸暨余重躍撰的手抄本《遁廬叢著》，共57種88冊，其中有《陰陽五行古義鉤沉》三冊，搜羅極富，僅能過目，未暇摘抄。

估計在此工作，至少尚有十來天。自從跑東方圖書館以來，今方有跑圖書館的機會。

武術學習班據說浙省派出2人，能否將姓名工作地點抄告，得暇可以訪談。

十天內來信請寄杭州南山飯店401室，逾此寄我家中為妥。

致

敬禮

弟　顧留馨
1957年12月12日

留馨兄：

12月12日由杭寄發的航快，到15日才收到。

前中央國術館學員白振東，在武術訓練班上見了面，沒有問他從何處派來。他和我已經有20多年不通音信，他身材很小，拳擊很好。訓練班結束後，到宿舍來訪問我，才知道他現在杭州體育館路浙江師範學院體育專修科任講師，主要是擔任拳擊這一門課程。據說他離開中央國術館以後，曾在上海從俄國拳擊家專業學習了四年左右，最近他打算編寫一部拳擊訓練的書。另外派來的一位，姓甚名誰，我沒有問過。

解放前，我幾乎每年到杭州去一次，上午到西湖邊的文瀾閣去抄錄有關體育資料，中午離館就餐，下午遊覽。

我聽說前浙江省立圖書館有辛亥革命前夕出版的《天鐸報》全份，《少林宗法》即發表於此報的副刊《鐵羅漢寶相》上，請你順便調查一下，如此報仍舊保存，對我的研究來說是大有幫助的。

為了急於覆信，不再多談。

敬禮

唐豪
1957年12月15日下午

豪兄：

我的臨時任務已完成，於18日返滬。

看到你在8日給我信。

承你向技委會建議吸收我參加研究工作，如果組織上認為需要而成為事實，我一定在這方面努力學習和工作，

我本來也希望工作條件能使自己成為又紅又專的武術工作者。

《雍正硃批諭旨》我已在浙圖看到，把李衛和廖坤奏摺中關於甘鳳池的材料摘抄下來。

我前信提到的《花拳譜》是向徐哲東借抄的，是見到你借抄後我才借抄的，原來封面上的名稱是「花拳總講法」，標明「京陵甘鳳池先生譜」，還注有乾隆四十五年（西元1780年）字樣，大概是藏本人的年代，距離雍正七年（1729年）甘被捕有五十二年；道光十二年（1832年）楊文瀾抄於石門，此譜是否係甘鳳池的拳譜，還是疑問。但譜中所講拳理和打法，我認為是短打類型拳派中較好的一種，抄譜人在石門（今浙江省崇德縣），原藏譜人之一為海昌（今浙江省海寧縣）人，從拳理拳法和譜的地點上說是甘鳳池的拳譜，還是有些根據的。中西書局的《甘鳳池拳譜》我未曾購置，那顯然是偽書。

《儒林外史》中鳳老爹的故事，正如來信說的僅是甘的影子，引證時需有分析，我原來想從甘鳳池他不是南派太極家出發來寫一篇短文的，你主張謹嚴地引用材料，這是考訂史實的重要原則，我當注意，這項搜別工作，我還是在開始摸索之中。

你在11月21日信上對太極拳是陳王廷創造的又繼續提出了十二個論點，我認為都是實事求是的，因此論證很有力，太極拳源流上這是關鍵性的爭論，你雖然忙於中國體育史資料的工作，我倒希望你抽些時間把這個問題總結一下。

陳老的抄譜沒有發現，很是憾事。照奎又不懂得考訂

太極拳源流的重要意義，不主動地做調查研究，陳溝拳家中或許還有舊抄本保存，將來再設法搜求吧！

我每天練楊架、陳架和炮捶，自覺只要練，就會有進步，在技術上我還是一意鑽研，有就會請教前輩，這次在杭州訪問了牛春明，推過幾次手，究竟他從楊澄甫多年，學到的多些。楊氏弟子間也在不尊重，抬高自己，貶低別人，這是舊時代武師們積習的殘餘影響。我聽到他人對牛老功夫頗有瑕詞，實際上他也有長處。

明天去工作，不多寫了。

致

敬禮

顧留馨於上海
1957年12月19日　夜

在浙圖善本中看到胡煦撰《周易函書初注》18卷，《函書》約3卷，《學易須知》3卷，《辨異》3卷，共11冊，康熙葆璞堂刻本，自序云：「煦學易四十餘年矣，更而訂之者，稿凡八九易矣，每易一稿，皆手自抄錄。」門人莊縉跂云其嗜書，購抄不疲，又善彈，能視小如巨。

越南二征王事，觀越史略（《叢書集成本》），記述採自漢書。

留馨兄：

12月19日由上海寄來的航郵收到。你在杭州寄給我的航郵，在12月12日才收到，當天下午郵覆一信，想來沒有遞到，我在信封上寫明：「如收信人離杭，請將此函退給寄信人」，但到今天還沒有退來。

上星期五技委會開會，副主委黃中同志來聽取彙報，並做了指示，技委會王任山同志隔夜要我把調你的事再提一下，提是提了，要看領導上決定。王任山同志也希望能調你來京做研究工作。

舊抄本之可貴，如果沒有作偽的痕跡以及符合某些情況的，它的可靠性就不能加以主觀的否定。《硃批諭旨》告訴我們：甘鳳池「煉氣粗勁，武藝高強」，他身藏「兵書」，又把各處的關山要隘記載下來，可證他不是一個文盲。短打往往與煉氣結合，抄本的年代又接近，被捕的地點在浙江，被捕前他又在督署教李衛的兒子，教的時候自由還沒有喪失，兼教別人或者在督署之外兼教別人都有可能，拳理拳法又不誇誕，內容如能找出合於兵書的地方也是佐證，他從金陵到杭，題記也與《硃批諭旨》符合。根據這些，如果沒有新的證據加以否定，推定這本拳譜為甘鳳池的遺作，是可以的。

研究武術的困難，材料不可能盡可能如人意的搜集到手，太極拳尚且如此，何況甘鳳池。我認為你從甘鳳池不是南派太極拳為出發來寫一篇短文是不會發生什麼問題的，主要是在這個根本問題上絕不可能有材料證明甘鳳池是南派太極拳家，而是許禹生的杜撰。

太極拳是陳王廷創造的，我提出的十二個論據，沒有留底，希望你把原信保存，你如能調京工作，我們再進一步做研究後寫作，把這個問題總結一下。

你能調京，將來可以到洪洞去訪長拳，向陳溝搜集舊抄本，都有這樣的機會，否則只好是一個願望而已。

武門的殘餘舊影響，打擊別人抬高自己這套手段，我

是心中有數的一個，所以決定主意，既要步步留意，又要從大處著手。《新體育》和《體育文叢》和年來發表的武術文章，特別是方針和方向以及武術性質的爭鳴，希望你做一深刻的研究，為調京做好準備。

郝少如的太極拳，可以摸一摸，調京後可結合孫祿堂的太極拳做比較研究，李天驥對孫架太極有基礎。

陳溝老架和楊架可以做一比較研究，陳氏之勢，楊變成什麼勢，基本上加以分析。如震腳變為不震腳，張口呼吸變為閉口呼吸；跳躍變為不跳躍，雙擺蓮和十字擺蓮變為不排打，雀地龍變為下勢，金剛搗碓變為提手上勢，發勁的拗步變為不發勁的摟膝拗步，等等都是。

匆匆覆答，並抒所見。

敬禮

弟　唐豪

1957年12月22日

留馨兄：

去年12月15日寄杭一信，已經退回，現將原信附上。我估計你在20日左右離杭，想不到你提早。我的前信說是12月12日寄發，那時還未接到來信，竟把日子記錯。

另郵掛號寄上《中國體育史參考資料》第二輯乙本，《太極拳源流記》原稿乙本，我答覆項淳一對太極拳源流問題及對研究武術方法質疑草稿一篇。草稿不必寄還，供你參考研究。老年氣盛對少年氣盛，措詞命句，或有失當的地方。

前天接到吳岡同志一信，信上說起要托你在上海找一

些可作參考用的武術書，他對這方面的研究興趣頗為濃厚，可謂吾道不孤。信上並且要我代候子平兄，見面時請你先捎帶一個口信。

我建議調你來京工作，還無下文，就是有下文，應該直接通過組織。

參考資料第三輯稿子在1月10日前出，在此後兩個月內，又要趕寫三、四萬字，對工作有興趣，對王任山同志的領導藝術融洽無間，雖然便血，精神上有樂此不疲的感覺。

交稿後仍然有些工作，但可以抽出時間答覆幾封朋友的來信。元龍近況如何？候候。

節郵關係，附覆唐粹亭一信，請代發。

敬禮

唐豪

1958年1月18日

豪兄：

中國體育史參考資料第二輯已購到，勿寄贈。近日整改、規畫、下放、除四害，工作更緊張，會議也多，書報不能定心看。早晚還堅持練拳，集中全力，希望58年度在技術上有大的躍進。近半年來想出了一個接力式的鍛鍊辦法（其實是傳統的練法），每晨三、四時起身練三遍太極拳，約一時半，再睡上二、三小時去辦公，精力上較前充沛，不致影響工作，這是半年來行之有效的辦法。晚上躺在沙發上休息一小時再推手或練拳，又恢復二三十歲前後拳迷的生活，不過現在尋師訪友的時間不多。

　　對拳論，特別是陳品三的反覆研究，對技術的進步上很有幫助，將來寫太極拳逐勢鍛鍊法一定要像陳老那樣下工夫，對後學才有切實的指導作用。

　　有機會到京，當和良玉、照奎研討拳架、推手，電車公司的馬同志的通臂拳和太極拳（張策教的）也想請教。馬曾說通臂拳有單式練法一〇八勢，山西的長拳曾改稱為通臂拳，兩者間不知有何關係？得便希為留意一問。

　　郝架本想摸一下，但哲東已走，少如兄素不相識，他又是不見走動的人，近來我也忙，只能改日再說。吳架以鑒泉為循規蹈矩，靜而細膩，也有沉著足格的練法，傳人雖多，但都不重視基本功夫，即如致一、壽村也偏於輕靈、圓活、小巧，就技時有缺陷的。

　　今後我除專攻楊、陳架勢外，對其他著名架勢，都可摸一下，才稱得上專家，弄清源流衍變，對研究整理，可以全面地看問題。

　　1957年的武術大會上有表演囮拳的，這是戚繼光三十二勢所取材的一家。廿六七年前我在上海精武會碰到四川軍隊中來的林濟群，曾從他學過河南捶、七肘拳、白虹劍、六路槍。至於囮拳僅學了一半，因他匆促返川而中斷。囮拳應用法勢勢相承，多貼身跌法，屬於短打類型。林師之師張五廷從學於楊班侯。林曾去川辦精武，現年約50左右，當時和我們交換推手術，我很想知道林的下落。這人的傳授好，經過和老師六七年的實打，跌法用得上，但缺基本功力，拳械不犯硬，以乘勢借力為主，雲倬學了他的松溪棍，我已學了。

　　越南學員寄來1957年夏運動會的搶球、曲棍球照片各

一，附奉參考，將來還我好了。

弟　顧留馨

1958年1月19日

豪兄：

1月18日來信，及書稿三本，均先後收到。

唐粹亭函已面致，子平老前已代吳岡同志致候，吳同志尚未見來信。武術舊書在上海還可以買到一些。

武術科寫印的《太極拳理論彙編》，整編部分作者考訂未審處誠如來信所舉兩例，我覺得應將戚氏拳經列在最前，因為這是太極拳取材之一，或在編印陳氏原有拳論時把戚氏拳經列入。

武禹襄的《行功心解》，傳本不同，應考訂寫作先後，分別採用，作比較的研究（對技術上用功的程式，武氏晚年的見解不同於早年）。

你保存的李廉讓堂本是重要的材料，我認為應連同你所寫的考證文字同時公佈。

附錄一、悉係偽託的文字，對研究太極拳技術沒什麼用處。附錄二、也是粗通文墨的太極拳家所寫，20年前武匯川氏曾攜該抄本到滬，請人講解，揣摩甚勤。我當時即認為不如多研究王、武、李三家的拳論較為切實。

如能把附錄一的拳論（？）考訂出係何人偽造，以澄清太極拳仙傳的妄說，倒是一件大好事。

我的工作問題尚未見提及如何安排，只能任其自然而然，謝謝你的關心。

元龍兄仍在公司擔任繪圖工作，也在練推手，力氣較

一般人為大，我倒很喜歡找這樣的青年人練推手術。

你的便血病應該積極醫療，不要坐得太久，坐了一二小時就應該散步或作柔軟運動。

明天，我要去寶山縣訪問局系統的下鄉幹部，至多一周便可返滬。行前特先作覆。

顧留馨

1958年2月3日　晚

留馨兄：

寄來的甘鳳池草稿及贈送給我的二三家宮詞都已收到，為了春季發老痛（腰痛及坐久的關係而生的腸胃病），所以遲覆。

張玉兄和雲倬兄的腦溢血，心甚懸念，去訪問時代為致意。陳溝練新老架的如陳鑫活到九十以上，陳垚活到八十以上，陳長興和楊露禪都活到八十以上，陳發科也活到七十以上，據我的研究，認為和不廢跳躍以及鍛鍊腰腿的關係。我們的老師劉震南，也活到八十以上才去世，這與少林的「溜腿」、「彎腰」等基本練法有關，因為這種練法可以減少脂肪，王子平也是這樣。

你的這篇稿子，已發預告，準備刊載在第五輯上。預告的內容：「舊武術史上附會甘鳳池是南派太極家，作者作了否定的考證，並且把甘鳳池的武術聯繫他的抗清活動作了介紹。」題目改為《舊武術史上附會的甘鳳池》。

編輯中國體育史的規畫近代部分做了大修改，古代部分沒有什麼大變動。順便告訴你一個喜信，這次體工會議，已把編著《中國體育史》列入十年規畫之內。

近代部分要加強搜集蘇區和解放區史料，希望你能在這方面寫點史料投稿，哪怕是一鱗一爪。技委會修改的規畫，俟領導上批准後，準備在重版的第一輯上登載。第一和第二輯決定重版5千冊，先重版第二輯，從第三輯起每輯多印5千冊。現在第三輯已三校付印，不久可以出版；第四輯已於3月10日交稿，第五輯現正動手。

董守義已進社會主義學院脫產學習，曾錦貴不久將外調，今後技委會可能只有王任山、王濤和我三人，二王重點組織日常工作，而我呢重於寫稿及審閱（初步）工作。我對於厚今薄古的體會，認為古要為今服務，厚和薄只是程度上的不同，絕不是「頌古非今」或者無批判地接受古。

武術史也以服務於今為尺度，我打算將來多寫與今有關的項目，並加以批判。這個簡單的基本意見也許是不太成熟的。太極拳的發展史以及你擬寫的內容，我以為也需這樣做。

在你贈送給我的二、三家宮詞的一頁廣告上，發見掃葉山房石印的《歷朝名媛詩詞》四冊，內容上自漢代，下迄遼元，二百餘人，詩詞七百首。其中可能有婦女方面的體育史料，而且每人詩詞前列小傳一篇，檢查較為便利。

《美人千態詩》、《宮詞小纂》、《歷朝名媛詩詞》，北京圖書館都沒有，好在不急，遇便發見代為購下。

去信吳岡同志時，請你順便動員他寫些解放區的體育活動稿子，在上海有熟悉這方面情況的也請你動員。

本年4月後擬寫一篇我國古代的單槓運動，擬待你有空

的時候訪問子平兄，把各式運動方法附以草圖及說明以及老一輩的技術和老的設備等等做一個整理，由我添上古代資料，用三個人的名義發表。

今年我的寫作重點，放在少數民族古近代體育活動史料上，第四輯已交的稿子發表兩部分：（1）少數民族的賽馬運動；（2）少數民族的滑冰運動，約有萬餘字。

因為《人民日報》已發表了你寫的太極拳歷史，我寫的一篇文章，不打算再發表，抽暇修改後寄給你參考。

《中國體育史》古代部分，技委會最近內部討論決定在六年左右完成，我如能親眼看見它出版，死的時候口眼也就閉了。

張圡和雲倬兄病況告癒時，要勸他們減輕體重和改變練法，特別是割去膽的人不宜發勁。多吃牛肉少吃豬肉的人即使發胖似乎不容易中風。王子平兄近八十了，還沒有血壓高的現象。西洋人胖的很多，為什麼不像中國人那樣容易中風，這是可以研究的一個問題。

照奎情況依舊，良玉對病人服務的態度有問題，又不積極參加街道整風，這是不對的。

子平兄對摔跤的發展富有資料，除單槓運動外，這部分資料也需要。跑繩運動以及扯旗運動也如此，扯旗要附草圖，並敘述他所知道的一些發展資料。

匆匆寫覆，下午要去參加整改。

唐豪

1958年3月5日

167

留馨兄：

3月5日《人民日報》已經把你寫的《太極拳的特點和練法》和《太極拳是誰創造的》兩篇文章刊出，特地多購一份，剪下來寄給你。「古心」是「顧興」的筆名，在老友一看就看出來的。

請吳岡同志轉給你的一篇拙作，當已收到了吧。其中有一些火氣的地方，現在把它一概刪削，並做了一些修改，準備在3月10日左右投寄給《體育文叢》。項淳一這位先生，既不以理服人，又不以證據服人，動輒以「片面、武斷、牽強附會」等字面來嚇唬人，這種「官氣」十足和「傲氣」十足的人，可以證明他的工作態度，對黨外群眾是不會認識到團結工作的重要性，我但願他好好燒掉，才不至於睥睨一切。

《人民日報》的「小統計」，也說明了武術運動大有開展的必要。

你寄兩張越南球類運動的照片，體委已經拍好，茲附在信裏奉還。謝謝，謝謝！！

第四輯稿子今天已完成，方得抽眼寫信給你，希望你能寫點文章來。

我打算托你兩件事。

1.請你去信越南，把「象棋」棋盤放上全副棋子拍一張照片寄你轉我，費用由我負擔。

2.上海掃葉山房（棋盤街）石印的《三家宮詞》和《美人千態詩》；商務叢書集成本《宮詞小纂》，都有體育史料，擬請你代勞覓購寄我。

3.去信越南的，請順便一問越南有無「秋千」和「龍

舟競渡」。如果有，請問明在什麼時節舉行。

4.四庫珍本中有一種《夷門廣顏》，裏面有許多古代體操資料，請代訪一下有無，如有可否作另種買。

我記得前信曾提過楊少侯的「白鶴亮翅」練法，據李劍華說弄錯了。少侯的「提手上勢」練法，將在上的手握拳落下，還保存「金剛搗碓」的形跡，但不跺腳。

金山我有一位老友李新民，他是領導金山暴動（1927）的李一鶚的老弟，亡命日本時和我同學；歸國後被追蹤到南京，我把他帶去少林寺。這回你到金山去，不知有無和他會見。他會拍照，當時在少林寺拍了些照片。

「中國體育史參考資料」一、二輯出版後，已有外稿，我希望外稿能多一些。《甘鳳池非南派太極拳家》這一篇，你能抽出時間寫來，極所盼望。

敬禮

唐豪

1958年3月5日

豪兄：

前些日子分別寄上二、三家宮詞及甘鳳池草稿，想已收到。《美人千態詩》，《宮詞小纂》等書至今未購到，來青閣、古籍書店都查了書目卡，沒有這幾部書，只能待日後留心。北京圖書館內或許有，你不妨先去查看。我近來下廠整風，連跑圖書館的時間很難擠出來。

近來你的健康狀況怎樣？很為掛念！

張玉於月前突然左口角歪斜，左眼角下塌，正在按摩打針，略見鬆動，這是他第二次中風，前年曾開刀拿去

膽。雲倬兄於上月8日為友人診病處方後，歸家突然神志不清，右口有歪斜，語言不清楚，經龐鈺老醫師處方後，日漸好轉。血壓從180降至165，尚痊癒。兩人體重都超出220磅，脂肪太多，容易中風。

從楊澄甫（53歲）、武匯川（67歲）兩個太極拳家過胖的例子來看（楊為290磅、武為250磅），過胖對長壽是不利的。

過去我同李天驥談道：太極拳家好發勁的，過胖的對延年不利，在提倡太極拳運動中應該注意這個問題。

在拳友凋零雲散中，我不免想起了杜甫的詩句：「十年親友半零落」。

在生產、文化、大躍進中，你會的工作當另有規畫，陳伯達同志提出「厚今薄古」的口號方針後，恐怕對「中國體育史參考資料」的編輯方針也要重加研究吧！

我準備編寫一套「太極拳廣播操」，初稿以易學、易記、易練，占地不廣為原則，以利於在機關、廠礦內推行，還準備寫較為完整的太極拳書，內容包括發展史，各派拳架的同異與生理學、心理學、力學的關係，練法要點，準備在今年內每晚抽出一小時來完成初稿。已訂入個人業餘研究的規畫之中。

對於武術史方面我很想多得到你的見解和提供一些資料。甘鳳池一稿，如不合用，希退回。照奎的近況如何？良玉的近況如何？便希告知。

我還在加工廠幫助整風，並參加車間勞動，一、二局將合併，將來工作崗位未定。

午刻匆匆寫此，盼來信。

弟　顧留馨

1958年4月1日

留馨兄：

你寄給我的這篇稿子，因為體委正在進行整改，直到今天才能整理完稿，史料方面做了一點補充，某些地方並加以壓縮，已交給領導上請審核，並且要求把這篇稿子寄給你，請你再做一度修訂，特別在觀點、分析方面請你鄭重考慮。

後出資料的年份，也可以看出可信或者不可信，所以請你：（1）把《白下瑣言》作於何時及出版於何時？（2）《清朝耆獻類徵》和《清朝野史大觀》的作者姓名，作於何時及出版於何時？詳細查明見告。

原稿約4千字左右，壓縮了五百字左右，和原稿的篇幅差不多少。壓縮時是照這些觀點動手的：（1）彼此大體上相同的部分；（2）無關緊要的部分；（3）估計讀者會提出問題需要在主題外作答覆的部分。以上都把它省略了，不知你以為如何？

此外，對許禹生、姜容樵、吳圖南等著作的附會其說，不提他們的姓名，只要達到闢妄的目的就夠了……他們的附會，我又以為要集中在甘鳳池身上，使讀者集中於主題。

我順便要求你代為查找以下兩點：

1.《清稗類抄》出版於何時？編成於何時（查自序）？

2.《清朝野史大觀》作者姓名？出版於何時？編成於

何時（查自序）？《清朝野史大觀》有兩段「冰嬉」（滑冰運動）及冰上足球運動，請你查一查在第幾卷哪一類裏。特別是冰鞋以一鐵直條嵌鞋底，作勢如奔，退如飛羽這一小節。

3.我打算買《清朝野史大觀》、《日下舊聞考》、《北平風俗類徵》各一部，上海舊書店裏有沒有？價錢多少？《日下舊聞考》體育資料多不多？

4.《日下舊聞考》裏有一段「太液池冬月陳冰嬉，習勞行常，以簡武事，而修日俗」。請代一查在第幾卷哪一類裏。

以上幾部書北京目前買不到，所以只好請你代勞，或將此信代托周元龍同志在星期天找一找和查一查。第四輯參考資料我寫了一篇《我國兄弟民族的賽馬運動和滑冰運動》，引用的是間接資料，所以要查明老根。

弟　唐豪
1958年4月14日

附告：《花拳總講法》的題記，我正在進一步研究。請你在《中國地理大辭典》上查一查「大嵐山」（一念起兵處）、「石門」（呂留良父子家鄉）、「海昌」三個地名，最好把辭典上有關的資料全抄寄給我，找出甘鳳池和呂葆中（留良子與一念案有關）的關係。

豪兄：

前三天寄贈《美人千態詩》四本，想已收到。

我趁這幾天辦理移交工作的空隙，寫了一篇《中國武術中的拿法》，這是三年前向你提及要寫的《中國武術分

部練習的特點》:「踢、打、跌、摔、拿、推」中的一篇,想不到今天才能寫成這麼一點兒。不及清稿,先寄給你作些修補,如認為有發表的價值,留給《參考資料》或送《體育文叢》均可,如修補較多,勾來畫去看不清的話,煩侄女代抄一下。

現已知道我將去市體委專搞民族武術的工作,困難當然會不少,但決心用全力幹,並且也準備作為終身的工作。

子平老因連續參加市政協、市體委、少數民族的整風會,累得病倒,前天已問候,因見其正在服藥,精神還未恢復,談了一小時多武術方面的問題,還未談到單槓等,俟另約談正題。

他也希望你寫作和休息能有調劑,既要趕時間,又要細水長流。

在既定的政策方針下,市的武術工作當前要搞哪些工作,怎樣搞,這幾天內我該先作考慮,先閉門造車地排一下隊。

王皓庵的少林槍、騎槍、夜戰刀合刊,以前經你寫序出版,我有抄本,覺得很值得翻印,今後準備抽出時間寫篇介紹的文字連原著寄給你另寫序言,送給出版社審閱,你看怎樣?

王五公的刀法,最好能由當地體委向楊老組織繪圖說明。我還想寫信給武術科談這些事。

你的《民族體育圖籍考》修訂本,不知能否早日出版,希告。

弟 顧留馨

1958年4月16日 晚

張玉、吳雲倬是這裏教楊架的兩面旗幟，自從他倆先後中風後，練太極拳的議論紛紛。吳架的趙壽村，肚子不像張吳的大，年齡也不過50多歲，據說也患血壓高，已不在公園教拳，只在氣功療養院教病人太極拳。從楊、武到張、吳這三代楊架專家大肚子出毛病的事例，須作學理上的分析。

留馨兄：

接到你4月12日付郵的來信，得悉你的工作崗位已經調動。我在4月14日付郵寄到你局的一封信，如未收到，請去一取。

你的稿子我做了謄正和略為整理，交技委會直接寄到你家中，請你再做一次修訂。引用的資料除武術部分，希望你把文言譯為白話。因為我抽不出時間來，只好由你動筆。

對稿子如有什麼意見，請你直接函告。

古代史料在專門研究過的人看起來，就不吃力，沒有有關專業知識的就要求通俗，這是一個矛盾。4月12日來信，未覆者，容日再覆。子平兄等代候。

正寫此信的時候，接到你4月16日付郵的信和《中國武術中的拿法》一稿，仔細研究後再覆。

《歷史名媛詩》四冊已由收到，裏面有點婦女體育史料，雖然不多，也有用處。

高血壓的病源及其療法，前兩天找到了科學的論證和有效的醫方，被人借去抄尋，不日寄給你廣為介紹，特別

是吳、張兩位。大肚子不是病源，體內多偏矽酸卻是病源。

唐豪

1958年4月20日

豪兄：

14日信，20日信均收到，技委會也將改稿寄來，日內當動手補充和把引文譯為語體。

勞你於百忙中整理拙稿，啟發很多，對我在今後寫稿上大有幫助，謝謝。

大蘭山、石門縣、海昌從《地名大辭典》上採出原條。冰鞋原文從《清朝野史大觀》中查出，全部抄下，均隨函寄奉。

《清稗類抄》為商務版，鉛印本，杭縣徐珂（仲可）抄編，自序寫於1916年滬寓，掇拾成書，未注出處。《白下瑣言》，甘熙、實莘著，據道光二十七年（1847年）方俊序文說：「甘石安儀部（掌故）自嘉慶中年以迄於茲，編成《白下瑣言》八卷。」《人名大辭典》查不出甘熙名字。

續纂《江寧府志人物傳》：文苑：甘熙，字實庵，江甯人……道光十九年成進士，咸豐元年記名道員……咸豐二年卒，生年未考出。書後有光緒十六年從子曾沂的跋，說他「道光壬寅入都，官郎署十一載」，現在本子是（民國）丙寅重印本，增二卷為十卷。

《白下瑣言》卷四：

「族人鳳池，拳勇之名遍天下……曳者咸到……墓在

鳳台門，表曰：勇士鳳池之墓。有一孫在安慶充馬兵。」

這一句很可注意：（1）沒有說到鳳池被害，並說有墓，有一孫。（清）《清朝耆獻類徵》初編，湘陰李桓輯，光緒甲申年開雕，庚寅臧工。卷首「述意」，其末有「光緒十六年湘陰李桓」字樣。

從《人名大辭典》上查出：「李桓：湘陰人，字叔虎，號黼堂，以蔭官至廣東布政使，罷歸，家居二十年，成《耆獻類徵》七百二十卷，《閨媛類徵》十二卷，於清代道光前人物掌故，搜羅甚富，又有寶書齋類稿。」

卷四百八十一，方技一：「甘鳳池，江寧甘鳳池……年八十餘，終於家。」

論曰：甘氏世多勇士，於漢則群況，於吳則興伯，類能乘時建功，偉矣！鳳池材力不減前人，而生當太平，未得一官以自效，終老鄉閭，其名日就湮沒，豈非命哉？末注：右小傳，王友亮撰。這又是說甘鳳池善終。我又查了《人名大辭典》：

「清王友亮，婺源人，字景南，號莳亭，乾隆進士，官至通政司副使，少以孝弟稱，十歲能詩，工文章，時京師士大夫多奉寺僧為師，友亮做《正師篇》以非之，有《莳亭文集》、《雙佩齋集》、《金陵什詠》。」

王友亮的生卒年月又不可考，只知為乾隆時人，須再查圖（書館）有沒有《莳亭文集》、《雙佩齋集》，才能大體上確知寫甘鳳池小傳的年份。

照雍正批和李衛奏看來，甘鳳池很難釋放，後出的記載，或係追慕其為人，諱其死而傳之，但證據不夠充分。我本來想如果能翻查清宮舊檔，或可發現處決甘鳳池的史

料，但目前不大可能做到。

對甘鳳池，我還肯定他被害。目前還是用反證來肯定它，你看怎樣？

《白下瑣言》四冊，古籍書店有一部，價一元半，《清朝野史大觀》十二冊，萃古閣有一部，價十元，因我工作調動，手頭無餘資，擬俟發薪後購寄。

177

《日下舊聞考》四十冊，上海舊書店無書，《太液池冬月陳冰嬉》當係《宣宗御制詩》的一則，因為冊數多，一時查不出在哪一卷內，體育資料有一些的，如射獵等。

《北平風俗類徵》舊書店無書，圖（書館）也沒有替我找出，容續查，圖（書館）已去過四次，時間短，查得不仔細。

李桓的《閨媛類徵》十二卷，可能有體育資料，尚待查館內目錄卡。

明後天我要去報到，待工作明確後再告，搞武術工作是肯定的。

《黑龍江日報》來信，我寫的《太極拳——中國民族體育的寶貴遺產》，已刊該報（4月15日）約4 500字。

另有二則煩你查一下：

1.《陳氏世傳太極拳術》說：陳垚，仲甡長子；陳淼，季甡長子，但查你抄給我的陳氏世系表中，淼、垚、鑫為仲甡子，未知孰是？

2.1957年1月14日馬熙春在你家談及張策的通臂拳另有一〇八勢工力拳，練閃轉騰挪，我疑為可能是傳至山西的長拳一〇八勢，希能找馬君演練一下，或抄下工力拳的勢名，便可證實，如果確是長拳一〇八勢，就能就近研究這

套拳是不是長打類型，我認為太極拳是短打類型。

《人民日報》刊出我的《太極拳》文字後，據李東園（陳發科老的學生）說，他的學生見了認為尊楊抑陳，本來想寫大字報貼到商業局去，他們認為黨員寫的文章影響大。武術界還是一孔之見的多，入主出奴，爭名爭利，今後兩條道路的鬥爭，還是嚴重的政治任務，我是準備著鬥爭一番，今後工作上也避免不了一場鬥爭。

致以

敬禮

弟　顧留馨

1958年4月21日　夜

留馨兄：

4月16日付郵的來信告訴我：你已知道將去市體委專搞民族武術的工作，困難當然會不少，但決心用全力幹。又告訴我：「在既定的政策方法下，市的武術工作當前要搞哪些工作，怎樣搞，這幾天內（你在）先作考慮。」不向困難低頭，決心用全力幹，這是每一個革命工作幹部都應當如此，特別是共產黨員。所要研究者，困難的關鍵在哪裏？我認為嚴重的宗派主義和英雄主義，在民族武術的隊伍裏還是存在的，對這些人物的一言一動，得時刻分析注意。對這些人物要心中有數，使用適當，也許有不少困難，但可能轉化得不大。

從厚今薄古的號召上來說要搞哪些工作，我以為每年一度的射箭選拔賽、摔跤選拔賽、武術表演的選拔，應作為重點的工作。這幾個民族武術項目，有關日期方面，先

要掌握中央每年的日程，這可以預先和中央武術科聯繫。有關裁判方面，以熟悉中央出版的規則內容或有裁判員資格的為主，為了團結關係，老一輩的武術家似乎可以吸收參加，但實際則作為顧問性質。選拔的組織工作，以群眾力量為基礎。每一次選拔後做出總結，對工作中的優缺點，以技術中的提高及時綜合分析。

179

如果國際擊劍、國際摔跤、國際拳擊、國際射箭，甚至民族形式象棋和國際象棋等項目也畫在你的工作範圍內，那麼對於這些規則首先必須掌握。要掌握這些規則，可以向中央要。

於裁判員，據我所知，上海體育學院的周士彬和精武體育會的鄭占裳（？），是熟悉國際拳擊規則的；上海文史館的謝俠遜老先生對民族形式的國際象棋規則都知道；上海文史館的林奕仙老先生，他和謝俠遜同樣是民族形式象棋的老一輩好手，把他們聘為裁判員是眾心會服的。

國際射箭，最近奧林匹克委員會議決作為世運會一個項目，它的規則和弓箭可向中央武術科要。特別是這項弓箭的製作，上海體育用品單位做起來更有經驗，首先要注意材料和形式。這一次到北京來參加射箭錦標賽的上海選手，做了一次國際射箭的訓練，你可以和佟忠義的女兒聯繫一下。佟忠義（滿族）對於民族形式射箭，在上海是唯一有經驗的人，他的女兒這次名列第二。如果把箭做得更合式，由佟老來做指導，我估計明年的選手將更多，成績將會更提高。

我有心找一支合適的箭，找到了郵寄給你，在上海定做將會更好，北京弓箭大院做的可以說是「弓箭不調」。

在信裏附寄一本我舊編的《清代射藝叢書》上冊給你，當時下冊未出版。

拳擊、摔跤這兩個項目，特別要注意醫務監督，以免發生事故，裁判員在比賽的時候，也要掌握可能發生事故這一點。

武術書的編寫，也可以組織群眾力量來進行，但要著重在目前需要而通俗的。王皓庵的著作是高級理論，不通俗，不必送出版社，你以為如何？楊老去年病故，王五公的刀法已無法繪圖，這是一個損失。

關於中國民族形式資料解題，目前只能陸續改寫，陸續付刊，這是因為要搞《中國體育史》參考資料稿子的關係，不能早日全部出版。

明年將開第一次全國運動會，你會對訓練、提高方面當然已經注意到。這次體工會議的文件，你可以向組織上要來看看，對工作是大有幫助的。

你到市體委工作，對於得力的助手是否在考慮中。如有得力助手，在貫徹領導意圖方面，在工作開展方面都有莫大關係。

明年6月以前，將編成一部《中國球類運動發展史初稿》，作為參考資料的第八輯出版，內容除已經發表的幾篇稿子以外，再充實一些新的稿子和圖片，字數約十萬以上。關於越南方面的曲棍球，留在這一單行本裏發表。技委會最近決定，逐步把體育史上大的運動項目整理出分類史，為《中國體育史》的編寫做好準備工作。

上海是編寫《中國體育史》爭取寫稿對象的重點城市，但從去年到現在還未動起來，你調市體委後，這方面

務請你大力幫助，把它動員起來。中央曾有一封信給市體委，把寫稿對象通知並將寫稿題目開列，請你瞭解一下。

　　你寄來的拿法稿，當抽出時間提供意見。如果能找到1922年上海中西書局出版的《擒拿法眞傳秘訣》和《神傳護身術》，1936年商務出版的《擒拿法》，這篇稿子內容將會更見充實，並附上一些圖片。所謂《神傳護身術》，就是我國傳到日本去的擒拿法。英文本舊書中也有這種著作，請你留意搜集。這些書，現在我手頭都沒有。

　　最近，北京有一位張文元，寫了一本《太極拳常識問答》，據說修改後出版社準備採用，因此他親自來看我，要我對他的著作提一些修改的意見，這部書的內容主體根據生理學的觀點來寫的，人體上不錯。

　　我打算寫一篇《半殖民時代的上海賽馬》，需要托丁福葆搜集一些資料，他對這方面是有路道可找的。要搜集的資料是：（1）跑馬總會的組織和英國資本家的關係（如董事、年會等等）；（2）競賽方式和競賽季節（障礙賽和非障礙賽的概況，什麼季節舉行，每次舉行幾天等等）；（3）以賭博的方式來榨取市民的金錢（如馬票的價格，中彩的數字，外國資本家每次賽馬從中獲得的利益，跑馬總會建築費的估計等等）；（4）日寇佔領時期利用它來榨取情況；（5）中國資本家蓄養馬匹和騎手以及參加跑馬總會的情況；（6）外國資本家蓄養馬匹和騎手的情況；（7）賭徒們的自殺事件（男或女）。這些題目請給丁福葆抄下或加以補充，請他分類寫下來寄給我。

　　附抄一篇有關高血壓及其療法的科學報導，請抄給吳、張二兄，並廣為宣傳。

謝謝你和子平關心我的健康，見子平時順為問好。
《清代射藝叢書》，決定另郵寄發，不附在信裏了。

敬禮

弟　唐豪

1958年4月25日

豪兄：

《美人千態詩》二冊，是周元龍同志的。《十國宮詞》、《宮詞紀聞》各一冊，在古籍書店看到買下，一併另郵寄奉。

尚見到《十六國宮詞》、《明宮詞》、《清宮詞》、都係後人根據史實寫成，查無體育史料，故未購奉，《宮詞小纂》迄未買到。

蒙你整理的《甘鳳池》稿，我僅把此文大部分譯為語體，並查注引書年代，譯文不流暢，恐不如引證原文。該稿已於4月24日寄技委會，見到後希再修潤一下為妥。

我於前日向市體委報到，初步明確主要為搞武術協會工作（待成立）兼些行政工作（搞辦公室還是擔任市體育宮主任尚待領導上決定），因此工作尚未插手。

市武術運動員隊20名，已決定半集訓12名，為期二個月，通過7月份選拔足20名，準備明年參加全運會。

跑馬總會史料，已轉托丁福葆搜集。

子平老開會甚忙，尚未約談「單槓史料」。

我又翻閱了《黃庭經》，覺得是導引術也是靜坐功，能不能認為王廷創造太極拳結合導引術和靜坐功？

近來寫些武術方面的隨筆，準備把個別史實弄明確，

便於今後引用，並為寫長篇文章做好基礎。

1955年底，洪、陳矛盾爆發，把我牽涉在內，一方面是武術界的落後、複雜，那時大部分從要求安排生活出發，迫切要求黨的領導而不懂黨的政策、方針、原則，容易被洪煽動，而徐、陳的領導缺點也很多；一方面我警惕性不高，不當機立斷，不毅然寫信退出聯誼會，反而聽了哲東的話，欲以調人自居，致受中傷。

可恨的是洪，捏造我願意出來主持會務，背後是葉，這是王效榮事後告訴我的。事隔一二年後，陳、徐才分別向我聲明過去誤會了，弄錯了，但痕跡不易消除，只有年月和今後事實才能沖淡。

當然碰到這樣事情，對我是不利的，因為明白真相的人不多；也是不愉快的，因為被牽涉進去了，應接受經驗教訓。

今後在工作上根據政策方針，從團結出發搞好領導工作，又要提高警惕，防止誤會，使自己免於吃啞盤之虧。

蒙知我的老友關懷指出，當永志前車之鑒，善於自處。

《擒拿法真傳秘訣》手頭有一本，《神傳護身術》、《擒拿法》及英文本的《擒拿圖說》，尚待搜集。希你抽空對我的那篇《中國古代擒拿法》提出意見，我想和周元龍合作先寫描初稿。

估計今後組織、業務工作緊張，寫作時間只能儘量地擠出來。

       致

敬禮

弟　顧留馨

1958年5月5日

豪兄：

　　5月5日寄奉《美人千態詩》二冊，《十國宮詞》、《宮詞紀事》各乙冊；5月8日又寄奉《清朝野史大觀》13冊，想已收到。

　　6日起我調往市體育宮擔任主任，主要抓武術工作，但項目很多，除武術外，有摔角、角力、舉重、拳擊、擊劍、乒乓等主要訓練項目，尚有棋類。整風也未結束，因此工作較忙亂，武協籌備工作，僅擬出方案報審，月內還騰不出時間來搞。市武術代表隊的半天集訓，即將舉行，指導員聘王效榮、徐文忠、蔡龍雲、傅鍾文四位。

　　前幾天訪子平老，有客在座，只能請他先談單槓問題，丁福葆已向吳麟坤瞭解了一些跑馬總會的情況，因吳風癱，不便多談，尚須再去瞭解。上面二件事，須過四五天始能寫些材料給你參考。

　　武術方面的幹部，僅邵善康一人，將來武協建立，如能爭取到專職幹部一人，就可以多做些工作，各公園教師122人每週一次在體育宮學習「簡化太極拳」。匆此奉聞，餘俟後談。

弟　顧留馨

1958年5月16日　晚

范生兄：

多日未見來信，想必寫稿很緊張，近來你的健康怎樣？頗為遙念。

我寫了篇批判空擊的文字，其中有一段借用了你在答覆項淳一文稿中的觀點，（該稿由吳岡同志寄來）又寫了《介紹簡化太極拳》刊於《文匯報》體育場，今寄奉請你看一下在論點上有何不妥處。

185

自5月6日去體育宮工作後，整風和行政業務工作相當繁重，武協籌備會工作只能俟七月份市武術選拔會後進行，一則一時騰不出手來，二則也想透過選拔會多瞭解些武術界人士的動態，使心中有數些。這方面的人物較為複雜難搞，不得不鄭重些。

學習和武術方面的研究，由於精力不夠，反而放鬆了，這是缺憾。不過每天還能保證鍛鍊老架、楊架、炮捶各乙遍。

子平老處還抽不出時間去談單槍問題。

《通臂拳》一書，不知買到否？北方出版的過去的武術書，希能代為留心購置，孫祿堂的四種著作，我已有了；許禹生的《太極拳勢圖解》也有了，許的太極拳（陳氏架）你也送給我了。近來出版的上海都可買到，要搜購的是過去出版的。

順向府上問好。

弟　顧留馨

1958年6月1日

留馨兄：

由於修理住屋，從後院暫移前院，正當這個時候接到來信和另郵的書籍。除奉覆外郵寄給你以下七種書：（1）《Chinao Sponto》一冊，請轉贈子平兄。（2）《美人千態詩》兩冊，已摘錄，請還元龍兄。（3）《回教教育史》一冊，《精武會五十年武術中興史》兩冊，《通背拳法》一冊，《清代射藝叢書》一冊，都是我送給你作參考用的。精武史有偏見，資產階級思想十足；《通背拳法》是日帝特務的著作，現已售缺，我已把其中的一些資料摘下；射藝叢書裏面有兩種孤本，是我的舊輯。《大吊環練習法》一冊，《單槓練習法》一冊，供將來請教子平兄皮條和槓子兩種體育之用。

你寄技委會的《甘鳳池》稿，我沒有做更多的修改。題目改為《武術史上的甘鳳池》，因內容不僅談武術史上的附會；文後又加了一些注釋。聽說《清史稿》裏有一篇《甘鳳池傳記》，手頭無此書，有暇請一抄作為研究。

你翻閱了《黃庭經》之後，問我「能不能認為王廷創造太極拳結合導引術和靜坐功？」在原始資料（長拳、十三勢譜）和太極拳的具體內容來分析，只能說明它是結合《黃庭經》中呼吸法編成的拳法，黃庭經呼吸法是導引術中的一種。

你要寫的擒拿法，我認為：（1）進一步搜集有關資料，體委武術科有一本劉金聲的擒拿法可去函借用；（2）《神傳護身術》及英文本《擒拿法》托上海舊書商店收購；（3）據哲東說他有一位上海朋友，對武術書收藏很多，去信蘭州民族學院請他介紹借閱。在寫法上：（1）源

流；（2）國際影響（日本、歐洲）；（3）和日本柔術中拿法的比較研究（附圖片）；（4）和國際自由式角力中拿法的比較研究（附圖片）；（5）我國古代流傳至今的拿法具體內容（附圖片，3、4已有的從略）。寄我的稿子有無留底，如有再寄還。

你三次寄來的書籍，都是為了審閱別人的來稿而買的，但其中也發現了我過去不知道的資料。「中國體育史參考資料」第三輯內有蘇競存寫的一篇稿子，曾引《日下舊聞錄》卷一四七第16、17頁中的馬球資料，打算一查，可否請元龍兄抄一篇賦的時候，順便抄下寄我。又蘇競存說《日下舊聞考》是竇光鼐的著作，我記得是朱彝尊的著作，不知誰對？此書原版於何時？因為要出版一部《中國古代球類運動發展史初稿》，必須用原文核對一下，免得弄錯。《日下舊聞考》裏體育資料不多，我不想買了。「中國體育史參考資料」只給寫作人一本，這幾天沒有時間出去買，第三輯請你自己去買一本。

我已查出幾百年以前中國單槓運動的資料，以及有關皮條的片斷資料，這份遺產只有在子平兄那裏可以找到具體的運動方法和有關的一切，等子平兄開會以後休息一些時候，再請你和元龍兄同去訪問，並把《單槓練習法》和《吊環練習法》兩本書帶去畫草圖。

要寫的內容：（1）古代的單槓和皮條運動，由我執筆；（2）子平兄所知道的源流、設備等等；（3）北方節會中表演的單槓情況及其設備等等；（4）天津盛行的皮條、單槓及其設備等等；（5）京劇中表演的單槓及其設備等等（包括哪幾出戲），以上請你執筆。（6）我國單槓和

皮條與現代單槓、吊環動作不同之點；（7）我國單槓和皮條的各種動作（以上請元龍兄執筆和繪圖）。

承抄《白下瑣言》卷二：導引一則，通三關是明朝曹士珩遺法；運轆轤、鳴天鼓、灌丹田之類是坐式八段錦中的方法，從前寄一篇《唾液能治痼疾》來看，灌丹田是其中主要的醫療法，特別應注意的，治療期間不可犯房事。

北京鐵路中學張文元寫了一本《太極拳常識問答》，人民體育社可能採用出版，他個人要我提一點修改意見，這篇意見書底稿寄給你參考。

「瞭解情況，心中有數」，你今後搞武術工作，我認為是必要注意的，根據政策方針，從團結出發做好領導工作，這是最基本的要求。有人來北京時，要我為他的同門金壽峰（汪偽立法委員）設法工作，既不可能，也存戒心。

附匯15元，請你代購《清朝野史大觀》寄我，勞神之至。

敬禮

唐豪

1958年6月28日

又接到5月16日付郵的來信，簡覆復如下：

（1）單槓材料暫不必寄，還請補充，因為這是古代體育中一個較有意義的項目。（2）武術除太極拳外，要培養出表演性的武術運動員，必須從十幾歲的少年兒童的訓練著手。在30多年以前，我在上海公學訓練出過一批運動員，特別重視腰腿，然後豐富他們單人的、雙人的、多人的技巧，當時在上海表演時達到首屈一指的地位，連京劇中的武行演員也自歎不如。

這當然不是我個人的成績，還有蕭格清、朱國福和同學的周啓明、王金奎等等合作在內。這個情況你也許沒有目睹過，子平兄曾往屢次看到。

　　總的來說：（1）訓練容易練好腰腿的少年兒童。（2）找有好拳套好對子的老師把這些武術拿出來教訓。（3）開辦少年兒童業餘訓練班，以高小和初中愛好武術的兒童組成。訓練到明年全國運動會時，可能湧現出許多新人才。若是單靠選來選去這幾個少數人，那是不夠的。毛伯浩昨天看了北京市的選拔，發現了這點，欣欣然來告訴我，引起我把過去的經驗告訴你。訓練以腰腿為基礎，每天要先練腰腿，外國舞蹈學校也是這樣訓練。其他有關政治教育的課程，你自有計畫，不談了。（4）邵善康要善於使用。武協成立可否吸收周元龍，他是很樸素而努力工作的人。（5）在文化宮工作的熟悉近代體育史料者不乏其人，可否把姓名告訴我。

留馨兄：

　　誠如你1958年6月1日來信中所說的那樣，忙於學習、工作，抽不出時間寫回信。刊登在文匯報上的兩篇文章，讀了以後的印象是：發展武術運動中的兩條道路鬥爭，是對那些落後的武術家有很大的教育意義的。你要我指出論點上有何不妥處，在主要方面我沒有什麼意見，為了寫作更謹嚴，似乎對義和團的反帝運動應加幾句肯定的論斷；虛靜這個原則的提法也有點不太適當。四十年前的毛主席寫的《體育之研究》，他反對蔣竹莊的靜坐，儘管你說的虛靜含義不同，我認為應用更適當代用語。這兩點，提出

來作你的參考。

最近，我在一幅漢代畫像石拓片上，發現了單槓運動的畫像，大大地推早了這一重要運動項目的歷史一千幾百年，因此更需要我國傳統的單槓運動各種動作的畫像。子平老身上的技術，保存了我國不少的寶貴資料。類似這樣的工作，你可以動員並介紹周元龍結合去做，這是於公於私都有好處的事（元龍可以得些稿費補助補助，新的體育史可以豐富其內容）。

你要搜集過去出版的北京方面的武術書，我當隨時留意。

吳岡同志寄給你的那篇稿子，不必寄還，留在你處，我這裏有底稿。

《武術史上的甘鳳池》，放在參考資料第五輯裏刊登，出版後照例要送你一本，這一輯你可以不買。

為了動員寫作，三月間曾給哲東一信（由甘肅省體委轉），最近得到他的來信，知道了一些情況。他在反右鬥爭中很積極，現在擔任蘭州西北民族學院漢文組組長，除整風外常要參加民革開會，通常是12點睡眠。他抽不出時間，覆信上說擬把《易筋經疏證》作為投稿，我要他改成語體文後採用。信上並且說，看到你在《人民日報》和《文匯報》上發表的文章，他有不同意見，我去信要他和你先通信商討。據我估計，無非是太極拳歷史問題，也無非是衛道關係，可能他自信《太極拳考信錄》提出的論據是顛撲不破的。是否如此，要看下文。我覆信的時候還未看見你在《文匯報》上發表的文章。

我早已估計到你，一擔任體育宮主任，工作是忙不過

來的，今的比古的更要緊，整風以後你才可能抽出一點時間來。

《通臂拳》序論說：「清真教人練通臂門者，稱行門、行拳或長拳」，可見長拳不是本門所稱，哲東有點望文生義的毛病。張策傳的通臂不是洪洞傳的通臂，一比較具體內容就明白。

敬禮

唐豪

1958年6月30日

豪兄：

7月3日接來信，裏面有匯票15元，6月28日、6月30日寫給我的信和你給張文元的審稿意見。

《擒拿法》稿有留底，不必寄還。今後當安排時間，收集資料，照你提供的寫法意見去做。

《日下舊聞考》我在上海圖書館見到兩種同書名而不同著者、內容、時期和版本，記得都是四十冊，待我有空時去查作者名字和出版時期。記得一為明代編的，一為清代編的。

到體育宮工作後，練拳和研究、寫作的時間更不多，陷入會議中。

最近接到上級通知，要我去北京臨時教首長太極拳，我正在參加市委擴大會的整風，待結束後即可前來。

6月28日信上說：「附匯15元，請你代購《清朝野史大觀》寄我，勞神之至。」看來你還未收到那部書。

我在5月7日向萃古閣買到書，價10元，隔日晚上交人

民公園郵局寄出，收件員說不掛號也一樣，因此只貼郵票0.68元，如果中途被遺失，那麼我又犯了解放多年郵務人員都改造好了想法的虧。昨晚去問郵局，說不掛號查不出。

希即覆知，如未收到該書，我當另去搜購寄奉。

即須去上班，匆匆忙忙先簡單作覆。

來北京後，如晚上能跑出去，當和照奎、良玉研究老架和推手，如你有空，很願意多學習些研究中國體育史的途徑。

顧留馨

1958年7月5日 上午七時半

付郵前收到寄來書一包九種，謝謝。

王子平老、周元龍的書當轉去。

留馨同志：

7月5日付郵的信收到，《清朝野史大觀》已收到，覆信漏寫一筆，要你特地到郵局去查，抱歉之至。

不久你將來京，我估計一定有時間去和照奎研究實習的。研究中國體育史的途徑，我一定要抽出時間和你交換意見。

最近出版社要我寫一篇太極拳的文章，我自擬的題目是：《太極拳具體內容的發展及其源流》。子目是：（1）推手的具體內容發展；（2）長拳和十三勢具體內容的發展；（3）太極拳的源流；（4）小結。傅鍾文創造出來的推手新步法，郝少如的推手步法，我俱已記不清，交稿限期就在目前，可否請你代問一下，以便補入。下面這個十

三勢表，請你提意見。

　　陳溝老架十三勢：陳溝新架十三勢──趙堡新架十三勢

　　楊氏十三勢：班侯十三勢

　　健侯十三勢

　　全佑十三勢

　　宋氏太極功

　　這樣十三勢的類型就有十種，你以為如何。

　　明代編的《日下舊聞考》，如內容有體育資料，那是意外的收穫。不急迫需要，將來再查無關係。參考資料第四輯已出，買到否？你投的稿子刊入第五輯，已付排印。第六輯稿子月底要交齊，正在忙於寫，前天寫了15個小時。寫稿缺乏商量討論的朋友，未免有點想不全面。滿屋是書堆，沒時間整理。為時不久就要見面，談談是大有幫助的。

　　敬禮

唐豪

1958年5月7日

留馨同志：

　　1.送上毛衣一件，萬一天氣變冷，可以備而不用，也可以備而一用。

　　2.我的思想總結，除紅專計畫外，總結得不深不透，你知道我的情況較多，請你提一提意見幫助。你如即要動身，請你用書面提。如今天不動身，下午二時我到會面談。用書面提請交王主任帶下。

3.你此去請向學拳的老同志調查一下解放區的體育教育和體育活動情況，做下筆記，以便整理出來發表。

敬禮

唐豪

1958年7月8日　晨

豪兄：

茲將雲倬兄對拳論的幾點體會寄上供參考，上海市評判員於19日下午第六次車赴京，相見在即，茲不多敘。

弟　馨

1958年10月18日　上午

附：吳雲倬先生致唐豪函

豪兄大鑒：

承雅愛，委興兄轉來太極拳問題數則，囑令解釋，今謹就得一之愚，答覆如下，聊供參考，未知有當否。

一、走者即化，柔退也；黏者即進，封逼也。蓋敵人剛勁攻來，我以柔勁化退，此時身步，必隨化勢而成我順人背之形，而黏封，成矣。

二、虛靈頂勁，神提也（如蛇之昂首）。觀下句氣沉丹田自明，一言上一言下也。第六問之頂頭懸，亦指此言，觀上文精神能提得起，則無滯重之虞自明。

三、動屬陽，主舒展；靜屬陰，主收斂。凡動作之向上下左右開展者，皆謂之分，收斂圍聚者，亦謂之合。

四、凡敵人用力劈打過來，或封逼進來，我若在同一線路，與之用力抵抗，則成相持狀態，勢必滯笨不活，太

極拳中謂之雙重，認為大忌。若能不用正面抵抗，而將敵力向另一方向引化，則活潑得勢矣，謂之偏沉則隨。

五、黏是進逼，但進中即寓退之機；走是化退，但退中即合進攻之機，即少林拳及字門拳中所謂吞吐者是矣。

六、愚意以為修字較休字為好，因上句入門引路須口授，指師傅，得傳後，當須終身之習，方能漸臻精微，絕無休止之時也。

弟　吳雲倬　謹覆

1958年10月14日

195

唐豪兄：

昨天才擠時間把《越南曲棍球》寫成初稿，特別在源流的考據上請你改寫一下，隋唐時期拜占庭來華通商（？）的小冊子，在你處見到，但上海買不到，因此希臘曲棍形式的流傳情況講不清楚。搶球比賽方法也沒有描寫進去，如你認為有必要介紹一下，請加進去（材料附奉）。曲棍球比賽的原照片也附奉。

上月底我返滬後即忙於體育宮的行政工作，市體委又設立了「運動技術研究室」，要我負責，目前吸收了工作人員梁扶初（棒球）、孫錦順（足球）、宋振浦（摔角）、李宗沛（乒乓）、邵汝乾（體育行政）。當前的任務是以全運會為綱，研究專項運動隊的技術訓練方法，檢查督促，提出改進意見，將來可能我要集中精力在研究工作上。

回來後仍堅持武術鍛鍊，出汗受涼，咳嗽感冒，有十天身體不舒服，近日才恢復一些。

陳氏太極拳理論部分尚未繼續動筆，準備在12月中旬把它搞出初稿。

你擔任的源流部分，不知已寫好否？李劍華、李經梧寫的動作說明部分不知完成否？請你催問一下。

健將級棍術套路在上海編寫，已約了王老等九人在編寫，臨時調用周元龍繪圖。

你的哮喘病已好了，今後還應保重身體，不能寫作過勞。

王任山主任想已出院，請代我問好。也請向王濤同志問好。

顧留馨

1958年11月26日

留馨兄：

《越南曲棍球》一稿已收到，照片上部有點折壞，大約折信紙時不留意，用畢即寄還。球類專史共約16萬字，除2萬多字僅要標點外，其餘14萬字左右都要重新加工，補充及移前改後。上月底只完工一半不到，年底要作元旦獻禮。

劍華稿聽說在月內完工。

吳岡同志最近來京參觀，來家談三次，每次一談就是八小時左右，談的不外是武術問題。現已回黑河，囑通信時代為問候你。那一把明朝的長劍，他已買了帶去。

王任山同志已代致意，王濤亦然。

毛伯浩來，順便告訴我你改在研究室工作，但來信並不提到這一點。

　　我的哮喘病已好，香菸已戒掉。戒煙時有20多天不能動筆，動筆的時候腦不起什麼作用。

　　老象棋家謝俠遜，擬請他寫一篇《中國象棋著法發展史》，技委會曾有信給上海市體委，擬請你有便聯繫及催催。如你能見到謝老時，請你告訴他，有一種有字有圖的銅象棋出土。他可能沒有見過，他如要這種不容易見到的象棋子，當代覓一兩（只）托人帶到上海送給他，作為他一生研究象棋的紀念物。幾個月前體委買到一副無圖有字的銅象棋，沒有相而有四個象，它和古代傳到朝鮮去的象棋相同。又最近買到一副有圖有字的象棋，只缺四個，不久想能補全。這些情況都可以告訴他，他聽了一定是興奮的。又參考資料共登三篇象棋稿子，請他指教。他對象棋及象棋史做過長期研究，指出這三篇稿子不對的地方，可供修改時參考。

　　我的哮喘好了，你卻受到感冒。年紀不讓人，是有點道理的。北京最近流行感冒，組織上特地送藥來要我預防。我常常要求自己不生病，可和年輕比比幹勁。

　　敬禮

弟　豪
1958年12月5日

附信兩件，有便請轉交。

豪兄：

　　12月5日覆信收到。蘇聯出版的《中國美術》經周元龍去書店查問，早已售缺，舊書店中也沒有。

　　我兼了運動技術研究室主任，體育宮的工作仍然擔

任，因之很忙亂，專搞研究室的工作對我較為合適，上級正在考慮我的意見。

謝俠遜老已約談過，來信已轉交。對參考資料上三篇象棋史稿，俟他看過後再提意見。

出土的古代象棋子，他未見到過。他認為將來可以送滬展覽。

出版社經你的介紹，來信要我協助王老寫「瘋魔棍」，王老很願意。

上海市武協委員名單仍在審查中，不久當可醞釀成立。

烏茲別克國際象棋運動員三人來滬作友誼比賽，全勝，今晨已送上火車去京，將訓練我國集訓象棋運動員一星期。我已學會了走法。

你給王老的信已轉交。陳氏太極拳練法要點我就要動筆寫，日後先寄你修訂一下。

弟　馨

1958年12月17日 上午

今又接中央電話，最近要我外出，可能來京。

12月18日　馨

留馨兄：

直到今天，下午把元旦獻禮的稿子（《中國球類運動史料》初考，16萬字左右）送到體委後，才能抽出時間覆你的來信。

出土的銅象棋，謝老俠遜既如此重視，又認為將來可

以送滬展覽，因此由我做主，請體委墊款買了一副有字有圖的（十元），一副兩面有字的（六元），以免將來要展覽時，郵寄往來，耗費時間，還有保管。如上海運動技術研究室可以開支，你來京時可以帶滬，作為研究資料，只需付還墊款即可。

子平兄的風魔棍，你沒有眼見過，在30年前我看他表演的時候，就認為是一絕，至今未再見有同樣的好套和好身手，因為殷同志問我明年武術書的出版計畫，所以推薦。

越南曲棍球的照片，已交王濤，囑妥為保存，用後寄回。

下放幹部，已調回，如元龍也能調回的話，我認為武協或你的主管室是可以吸收他工作的。

敬禮

唐豪

1959年12月30日

豪兄：

我從北京回上海僅兩個月，卻給感冒症糾纏了近50天，體力和工作都受損失，兼了運動技術研究室工作，還未摸出一套工作方法，陳氏太極拳練法要點沒有動筆，就為了體力不好，「力不從心」還是不善於安排工作和休息的結果，來信所說「年齡不讓人」當然也是原因。

上月28日應邀到廣州，除對療養人員教太極拳外，還教授保衛人員操拳和推手。每天單純搞武術，氣候好，食宿好，體力已完全恢復。預定教授一個月，趁這機會把陳

氏太極拳練法寫出來，限於科學知識水準，一定寫不深透，初稿寫出後先寄給你修訂。源流部分請你即動筆，二李擔任的動作說明不知完工否？戚氏三十二勢圖請你即核對古本，看周元龍所拓繪的姿勢是否正確。

老架和炮捶經和照奎研究兩週後，體會深刻些，可惜自己年已50，要加功夫總覺得吃力些。

見到毛伯浩同志，替我說一下，托編健將級棍術，我離滬前已集體編好，邵、胡、章都能練。照片我決定由王老拍，邵作騰翻的補充照片。說明周元龍寫，完工後上海會直接寄給武術科。軟片和放大費用由體育宮向武術科收回。

大約在一月底我可以回上海。

附函請轉交出版社尹維中同志。

王任山主任的病體如何？向王濤、蔭陶同志問好。

弟　留馨

1959年1月9日

通訊處：廣州市東山美華中路1號省委招待所轉交

這是唐豪最後的一封來信，據說一月份有覆信未發，王任山取去。

馨

1959年2月6日

（顧元莊　整理）

太極拳的起源

　　我國武術歷史悠久，由於地大人多，發展到明代已是拳種繁多，各有所長，也各有所偏。戚繼光（西元1528—1587年）為了訓練士兵活動身手，從民間著名的十六家拳法中吸取三十二個姿勢編成拳套，作為士兵練習刀槍劍棍等兵器的「武藝之源」，他所吸收的拳種遠及宋太祖（趙匡胤，西元927—976年）的三十二勢長拳。長拳短打，用剛用柔，兼收並蓄；技擊方法包括有踢法、打法、拿法和跌法，成為一種從群眾中來的新的武術學派。

　　就現有武術史料來看，戚繼光是研究整理民族武術的創始者。其目的是為當時的政治服務，訓練士卒「臨陣實用」的武藝成為勁旅，掃蕩倭寇，保衛國家。

　　在戚繼光後的一百年，研究整理當時各家拳法，創造一種武術新學派的，是明末清初太極拳的創始人陳王廷。陳王廷是河南溫縣陳溝人，明末為武庠生，清初為文庠生，是山東武術名手，曾帶兵在山東作戰。明亡後，他於

晚年隱居造拳。他研究拳術的有利條件是身為武將，接觸和收羅的武師較多，有利於彙集眾長，較其同異。

陳王廷所編拳套有長拳一百八勢，太極拳（十三勢）五套，炮捶一套。戚繼光的《拳經‧三十二勢》被吸收了二十九勢，還有太祖下隋唐的拳種也被吸收，其他拳種雖然無法考察，但從七套拳的勢名可以推想所採取的拳種是相當多的。太極拳結合導引吐納。結合經絡學說是陳王廷的創見，為後來發展為療病保健的拳套奠定基礎。雙人推手的競技運動也是獨創性的成就；根據推手時練習皮膚觸覺得聽勁方法而創造的雙人黏槍的方法，也為刺槍術開闢了另一條提高刺槍技術的道路。

太極拳採取放鬆全身，用意不用力的鍛鍊方法，由鬆入柔，運柔成剛，剛柔相濟，為提高武術技術水準開闢了一種新的鍛鍊方法。

根據陳氏舊抄本《陳氏拳械譜》所載，除了上述七套拳譜外，還有擒拿法、短打、散打等單行練法，可見當初在技擊方法上是很完備的。

陳氏世代傳習太極拳，出了不少名手，近代發展的太極拳架勢如楊架、吳架、武架、孫架，都從陳氏太極拳第一路演變而來。

太極拳今日風行國內外，為人民健康作出重要貢獻，推本溯源，這是陳王廷創造的功績，尤其他吸取了歷代勞動人民所創造的各家拳法和養生方法，為今天在醫療上、體育運動上、技擊方法上提供了豐富的素材。

盛傳太極拳為元末明初張三豐所創造，這是清末封建士大夫所偽造的，明史和「太和山志」（即武當山）都隻

字未提及張三豐會拳術，因此，把太極拳說成是武當派也是毫無根據的。

（1961年2月11日《文匯報》）

近百年來太極拳的演變

　　戚繼光創造拳經三十二勢，是為了訓練士卒，因此必須法簡用宏，從十六家拳法中只選定三十二個姿勢。陳王廷創造太極拳是為了「教下些弟子兒孫，成龍成虎任方便」（陳王廷遺詩中語），成為武術專家，因此博採眾長，編的拳套有七套之多。但是一切事物總是在變化發展的，跟著時代需要的不同，原來的太極拳既有繼承典型的一面，也有創造發展的一面。

　　陳王廷創造的拳套，經傳至陳長興（1771—1853年）、陳有本這一代，原來的一百八勢的長拳和太極拳二路至五路，陳溝已很少有人練習，陳氏拳家已經由博返約，專精於第一路太極拳和炮捶；並且從這一時期起，陳氏太極拳第一路開始有老架、新架之分。

　　太極拳家開始提出了鍛鍊太極拳的目的性：「詳推用意終何在？益壽延年不老春」的口號。

　　太極拳結合導引吐納，結合經絡學說，動作螺旋形地纏繞進退，呼吸與動作協調，原為加大爆發力量的作用，這種結合的本身就包含著療病保健的合理內核，這時就被強調、被提高到技擊作用之上。為了老架太極拳適宜於年

老體弱者的鍛鍊，陳有本開始創造新架，有本子青萍則創造了趙堡架；這是陳氏的新架系統。

老架陳工興的學生楊露禪，到北京教拳後，經其三子健侯、孫澄甫一再修訂定型為楊式大架太極拳，全佑學拳於楊露禪和露禪次子班侯，經全佑子吳鑑泉的傳習，現稱吳架（小架子）。這是直接從陳氏老架發展創造的架勢。

武禹襄初從楊露禪學老架，後改從陳清萍學新架，傳李亦畬，李再傳郝為貞（現稱武架，架勢緊湊）；郝傳孫祿堂，孫為八卦拳，形意拳專家，參合三派之長另創一套活步太極拳，現稱孫架。這是從陳氏新架發展創造的架勢，上述新創的架勢形式上雖有大小、繁簡的不同，其拳套的組織結構仍都根據陳氏老架太極拳第一路的程式，變而不離其宗。

各種新創架勢跟老架主要不同點是：老架有躥蹦跳躍，發勁，震足的動作，對年老體弱者較難適應；新創架勢都逐漸揚棄了跳躍、發勁、震足和難度較大的動作，既能適應年輕力壯者的鍛鍊，又能適應療病保健者的鍛鍊，因此，太極拳的傳習面才愈來愈廣，特別在解放後形成為群眾性的體育運動項目。

太極拳的推手方法，是我國武術中實習技擊方法的一種綜合性的成就。我國源遠流長的武術技擊方法，歷來就有踢、打、摔、拿、跌五種分部練習方法。

摔法講摔不講打，幾千年來就獨立發展，積累起來的摔跤法經驗和方式方法特別豐富。

踢、打、拿、跌四法由於實踐時傷害性較大，歷來就只能作假想性（拳套練習）或象徵性（對打套路練習）的

演練，因此容易流入花假的「玩意兒」，前人積累的點滴
經驗，由於實踐不足，也就很難提高技擊性品質，並且很
易失傳；這是我國古代許多著名拳種，數傳後往往「盡失
古人真意」，無人願意練習，倏起倏滅的原因所在。因
此，在技擊性效果上，武術家向來就有「練拳三年，不如
練摔一年」的說法。

　　陳王廷創造的推手方法，是綜合了拿法、跌法、擲打
法的競技運動，跟摔跤一樣，最能發展體力，鬥爭性也是
很強的。僅踢法由於傷害性較大，推手時不許施用，僅採
取跌法中的管腳方法。

　　陳氏原來的推手方法，上部兩臂互相粘貼纏繞而推，
下部雙方的前足也在粘貼而推，並且在引進消化的時候，
後腿屈膝下蹲，前腿足尖上蹺，腿肚著地，一揮一起一

　　太極拳的推手方法纏、拿、跌、放兼用。右圖，彼按
我掤式：上部兩臂纏繞互打擊，同時下部兩人前足互相黏
化。左圖，彼擠我擺式：甲方用擠勁時，乙用擺勁並下蹲
及地，彼此一進一退，粘、連、黏、隨，隨勢起落，腰腿
的運動量很大。

落，腰腿必須柔活有力，運動量極大，非一般人所能鍛鍊（參看上圖）。並且由於拿法、跌法的兼施並用，容易使人感到創痛，在普及推行上也受到了限制。

新創各種架勢的推手方法也逐漸改為不拿、不跌、不管住腳、不下蹲及地的推法，專門發展其中練習皮膚觸覺靈敏，控制對方重心，乘勢借力而擲放的一面，使在練習技擊時感到興味濃厚，分勝負而可以避免創痛，因此受到更多的人喜愛。

不許壓迫對方，不許搖動對方重心的推手方法，應用到醫療體操上，不但使病號興趣濃厚，也會提高療效。

太極拳推手方法的出現，使我國武術技擊方法從原來的踢、打、摔、拿、跌五種方法增多為踢、打、摔、拿、跌、推六種方法。

太極拳的推手方法，可以分別適應於醫療性、體育性、技擊性三種不同的對象和不同的要求。

從明末清初到百年前，太極拳的發展史著重技擊性的一面，近百年來，太極拳的技擊性、體育性、醫療性開始平行發展，成為年輕力壯者、年老體弱者以及病號都可因材施教的體育運動項目。前述陳氏老架和新架以及一脈相承的楊、吳、武、孫架勢，經過群眾的考驗和承認，目前都已成為傳統太極拳套路。

（1961年3月11日《文匯報》）

太極拳流派發展簡史

　　太極拳創造於17世紀中葉。明末戰將河南溫縣陳溝人陳王廷，於明亡後晚年隱居造拳，採取當時各家拳法，結合古代的導引吐納和經絡學說編成五套太極拳。一套包括一百八個不同姿勢的長拳，一套炮捶。它是來自群眾，有繼承有發展的民族武術的一種新學派。陳氏世代傳習，代有名手，一百年前開始轉向醫療體育，於是陸續創造了各種太極拳架勢，近五十年來都得到相應的發展。解放後，黨和政府重視民族武術遺產，加以研究整理推廣，太極拳並被醫學界列入醫療體育項目。

　　這裏，介紹一下各式太極拳的歷史和特點。

　　一百年前，由於火器的演進，拳技之勇在戰場上的作用逐漸縮小，促使武術家們考慮了練拳的目的性和發展方向問題。陳溝拳家陳有本首先創造了新架逐漸刪去原有的縱跳、發勁和震足的動作。與陳有本同時的陳溝著名拳師陳長興是老架系統。

　　但是，他的學生楊露禪到北京教授貴族時也逐漸改編了拳套，適應對象；三子健侯（1839—1917年）又加修改，又經健侯三子澄甫（1883—1936年）最後修訂定型，架勢舒展簡潔，剛柔內含，成為著名的楊架，流行最廣，「簡化太極拳」是根據楊架改編的。

　　楊露禪和次子班侯（1837—1892年）教了吳全佑，全佑子鑒泉（1870—1942年）傳授之廣，僅次於楊架，現稱吳架。吳架小巧緊湊，楊氏後來不教這套拳，因此楊式所

207

傳太極拳有楊、吳架勢之分。

陳有本子青萍也創造一套架勢，小巧緊湊，動作緩慢，練會後逐步加圈，以至極為複雜，在不改變套路的原則下，由簡入繁，逐步提高技巧。因為青萍遷居趙堡鎮教拳，因此稱作趙堡架。

永年人武禹襄（1812—1880年）初從同鄉楊露禪學老架，於1852年去陳溝擬訪陳長興，路過趙堡鎮，其時長興已老病，遂從陳青萍學習新創的套路研究月餘，回來揣摩研練廿多年，傳甥李亦畬（1832—1892年），李傳同鄉郝為楨（1849—1920年），由於強調一開一合，不逐步加圈，因此稱作武架（也因在近代是經郝為楨及其子孫傳習的，有人就稱作郝架）。

郝為楨在民國初年到北京，形意拳、八卦拳專家孫祿堂（1861—1932年）從學太極拳，並從而創造了一套架高步活的太極拳，姿勢參取楊架，理論兼採形意拳，今稱孫架。

各式新創的太極拳，各具特點和風格，雖然架勢有繁簡、大小的不同，但其鍛鍊原則由鬆入柔，運柔成剛，要求達到剛柔相濟則是一致的，都是經過前輩下過一番推陳出新的工夫，幾經修改而最後定型的。因此只要根據因材施教，循序漸進的原則，它們都能分別適應於療病保健，增強體質，練習技擊等不同的要求。這是太極拳體育運動的特點。

陳氏新架、趙堡架；楊架、吳架；武架、孫架都是根據陳氏老架太極拳第一路改編，形式雖有不同，可是套路的結構程式仍然按照老架第一路的結構程式，演變的痕跡

是很顯著的，這許多創新的套路，變而不離其宗，目前都已成為太極拳的傳統套路。

至於陳氏老架太極拳的傳習，自從陳長興的曾孫陳發科（1887—1957年）於1928年去北京教授，得到年輕力壯者的愛好鍛鍊，近年來也逐漸推行到國內各大城市。

太極拳器械，現僅傳習劍、刀、槍，各家套路也有繁間；雙人對練的四粘槍，纏繞進退，是陳廷的創造。雙人推手方法的原則是沾、連、黏、隨；不丟不頂，方法分掤、攦、擠、按；採、挒、肘、靠八法，是一種競技運動。如果不許壓迫對方，搖動對方重心，倒是一種很好的有趣味的醫療體操。推手方式各家不同，有定步，有活步，變化很多。

（1961年2月12日《新民晚報》）

太極拳源流小考

誰是太極拳的創始人？張三豐，還是陳王廷？作者根據較翔實的史料提出自己的看法。

從戚繼光談起

作為強身禦侮的武術運動，在我國確實有著悠久的歷史。但薈萃其精華，而使它得到進一步發展的，當推明朝的抗倭名將戚繼光。

為了訓練士兵，戚繼光從民間著名的十六家拳法中吸取了三十二個姿勢，編成拳套，來作士兵們練習刀、槍、

劍、棍等兵器的「武藝之源」。他所吸收的拳種，遠及宋太祖（趙匡胤）的三十二勢長拳。戚繼光認為，這十六家拳法「皆今之有名者，……兼而習之，正如常山蛇陣法，擊首則尾應，擊尾則首應，擊其身而首尾相應，此謂上下周全，無有不勝」。所以他集選的這三十二勢，是「勢勢相承，遇敵制勝，變化無窮」。

戚繼光留下來的這三十二勢「拳經」，今天雖然無人傳習，但從它的圖訣中，可以看出它兼收並蓄了長拳短打、剛柔相濟的妙處；擊技方法則包括了踢、打、拿、跌，也是比較全面的。因此，戚繼光的「拳經」三十二勢，可以說是薈萃前人的創作，是從群眾中來，有繼承、有創造的一種新的武術學派。

戚繼光之所以如此重視整理拳套，目的在於訓練士兵「臨陣實用」的武藝，同時也想力矯當時流行的「滿片花草」、供人觀賞的花法套路的弊害。他的這種主張，正和另外兩位抗倭名將——俞大猷和唐順之的抱負相同。因此，他不僅虛心學習、整理了各家拳法，還向俞大猷學過棍法，唐順之學習槍法。戚大將軍這種銳意進取，不拘泥於古人成法和大膽革新的精神，對後世繼承、研究、整理武術的套路工作，起了很大的作用。

約一百年以後，就出現了一個新的武術學派——太極拳；首創這種套路的，是河南溫縣陳溝陳王廷。

陳王廷其人其事

明末清初的陳王廷，是個文韜武略都比較有點根基的人物。他在明末是個武庠生，滿清入關以後，卻成了文庠

生，但使他成名的卻是精於武術。根據他「家譜」上的記載，陳王廷曾替風雨飄搖的明末統治者鎮壓過農民暴動（「掃蕩群千餘人」）。

　　他的好朋友李際遇，則是個擁有地主武裝反抗明朝逼糧逼稅的「土賊」首領。李在河南登封縣嵩山少林寺後面的禦寨紮營，陳王廷曾經銜命去勸說過李不要反叛，但李不加採納，只約定不侵犯陳的家鄉——河南溫縣。李際遇一方面反抗明朝的暴政，一方面又和農民起義軍的闖王部隊作戰；清軍入關，這個地主武裝的首領投降了異族，後來又被藉故族誅。

　　這個可恥的下場，大概給陳王廷以深刻的刺激，所以在明亡以後，他就隱居消極，接受道家思想，晚年以「黃庭一卷隨身伴」，編造拳套課子授徒。他在他自述式的長短句中說：「歎當年，披堅執銳，掃蕩群氛，幾次顛險！蒙恩賜，枉徒然；到而今，年老殘喘，只落得，黃庭一卷隨身伴。悶來時造拳，忙來時耕田，趁餘閒，教下些弟子兒孫，成龍成虎任方便。……」

　　陳王廷的家鄉是河南溫縣。這個地區是古代中原之地，由於兵戈時見，民間風尚習武，因此，流行的拳種也比較多，著名的嵩山少林寺，和溫縣僅一水之隔，而少林寺的武術遠溯隋唐即負盛名。這給陳王廷編製、創造太極拳路提供了極為有利的條件。

　　陳王廷既精於武術，又曾做過統兵的將領，所以接觸和收羅武師的機會就很多，加之他對整理武術又是個有心人，於是他利用這些有利條件，發揮自己的長才，彙集眾長，較其同異，創造出了這種新的套路。據說李際遇的部

將蔣發，武功很好，能在百步內追獲野兔，後來投奔陳王廷避禍，對陳王廷造拳可能有很大幫助。陳氏後裔保存的陳王廷遺像，旁立一人手執大刀，就是這個蔣發。

推陳出新的拳套

陳王廷所編拳套，據陳氏舊鈔本《陳氏拳械譜》所載，有太極拳（一名十三勢）五套，炮捶一套，和包括一百零八個不同勢法的「如長江大海，滔滔不絕」的長拳一套。繼往開來的戚繼光的《拳經》三十二勢，陳氏在編製這些套路時吸收了二十九勢；從其他拳種吸取了哪些勢法，現在雖然無法查考，但這七個拳套的勢名之多，可以想見他採集是很廣的。除此以外，陳王廷還創製了擒拿、短打、散打等單行練法，這正證明他在技擊方法上也是比較完備的。

綜觀陳王廷留傳下來的武術資料，他在研究整理過程中，有如下一些創造性的成就：

(一)把武術和導引吐納結合起來了

我國源遠流長的養生法：俯仰屈伸，運動肢體的「導引術」；「吐故納新」，攝取氧、排出二氧化碳的腹式呼吸運動的「吐納術」，在西元前四世紀就見於老子、莊子、孟子和屈原諸人的著作。陳王廷把手、目的，這的確是很有價值的創造。

(二)螺旋式的纏繞運動和弧形動作，極符合於經絡學說

以陰陽為理論基礎的我國經絡學說，遠在新石器時代就應用於針灸治療。經絡是指佈滿人體全身的通路。

太極拳動作採用螺旋形地伸縮進退，主張「以意導

氣，以氣運身」，以腰部為軸心微微轉動來帶動四肢進行有節奏的運動，暢通氣血，達到手足尖端，這正是以經絡學說為基礎。

(三)雙人推手競技運動的獨創性

推手（陳溝舊稱「擖手」或「打手」）是我國武術中實習技擊的一種綜合性方法。自古以來就有踢、打、摔、拿、跌五種分部練習法。唐代有「南拳北腿」的名稱，宋代有「踢拳」和「曳拳飛腳」的術語，摔法只講摔不講打，幾千年來就獨立發展。如戚繼光列舉的當時名手——山東李半天之腿和張伯敬之打，都各有一技之長。但由於踢、打、拿、跌四法在實踐時具有較大的傷害性，因此歷來只做假想性或象徵性的練習，這就為花假手法打開了方便之門。

而前人苦心積累的點滴經驗，也由於實踐不足，很難提高技擊性的品質，這就是我國古代一些拳種，在數傳後「失其真意」或竟無人傳習的原因之一。

陳王廷創造的推手方法，綜合了拿、跌、擲、打等競技技巧，而又有所發揮。比如拿法，他不限於專拿人的骨節，而是拿人的勁路，這就比一般拿法的技巧更高。陳氏的這種推手，對發展體力、耐力和技巧，具有相當大的價值。由於踢法的傷害性較大，他只採用跌法中的管腳法。推手方法的出現，解決了實習技擊時的場地、護具和特製服裝等問題，並在我國武術的技擊法（踢、打、摔、拿、跌）中，注入了一個新的內容：推。

(四)拳法理論上的發展和創造

陳王廷的《拳經總歌》（七言二十二句），是太極拳

的原始理論，是總結古代技擊術（踢、打、拿、跌）的一篇拳論，它包含了攻擊與防禦的戰略戰術思想，所以稱得上是他創造的七個拳套的概括性拳論。把《拳經總歌》和戚繼光的《拳經》三十二圖訣加以對照，就不難看出陳王廷在拳論方面怎樣吸取前人歸納、總結的精華。

在《拳經總歌》中：「閃驚巧取有誰知？佯輸詐走誰云敗？」「橫直劈砍奇更奇」，「上籠下提君須記，進攻退閃莫遲遲」等句，來自《拳經》的：「怎當我閃驚巧取」，「上驚下取一跌」，「倒騎龍佯詐走」，「一條鞭橫直披砍」，「挨步逼上下提籠」，「進攻退閃弱生強」。但陳王廷並不是一成不變地照搬前人和當時名家的拳法理論，而是在融會貫通以後，作了一些創造性的發揮。太極拳技擊性的精微巧妙，正是這種「創造性的發揮」的碩果。

而陳王廷在拳法理論上的獨創性成就，則表現在《拳經總歌》的開頭兩句：「縱放屈伸人莫曉，諸靠纏繞我皆依」。「諸靠」指的是推手八法。這是兩人手臂互靠，用推手八法粘貼纏繞練習懂勁和放勁的技巧，通過嚴格的、正確的鍛鍊方法，反覆練習，不斷提高技術水準，要求達到「人不知我，我獨知人」的推手高級技術。

陳氏舊傳的四句「打手歌」：「掤攦擠捺須認真，上下相隨人難進，任他巨力人來打，牽動四兩撥千斤。」這正好是《拳經總歌》開頭兩句的注解。而這種推手方法和「懂勁」的理論，是在繼承傳統武術的基礎上發展出來的，從外形的技擊術提高到「勁由內換」、「內氣潛轉」和「由著熟而漸悟懂勁，由懂勁而階及神明」的高級技

巧，標誌了我國武術史上具有時代意義的變化。同時，這還為後來王宗岳、武禹襄、李亦畬、陳鑫等太極拳名家，奠定了鍛鍊方法和進一步發揮技擊理論的基礎。

(五) 粘隨不脫的刺槍術基本練法的發明

根據推手時練習皮膚觸覺的「聽力」方法而創造的雙人粘槍法，也是陳王廷的獨創性成就之一。這種器械鍛鍊法，解決了不用護具也可以練習實刺的問題。練習太極粘槍時，纏繞進退，疾若風雲，封逼擲放，往復循環，為刺槍術開闢了另一條提高技擊術的途徑。

由於太極拳在鍛鍊原則和步驟上採取全身放鬆，用意不用力的鍛鍊方法，由鬆入柔，運柔成剛，剛柔相濟。拳套的練法要求先慢後快，快後變慢，有剛有柔，慢要慢到別人跟不上我，快也要快到別人跟不上我。這種既重外形，更重內蓄的觀點，還為提高武術技藝水準提供了極有價值的新的鍛鍊法。

陳王廷創造的太極拳，受到後世的熱愛，傳習者中出了不少名手，近代發展的太極拳架勢如楊架、吳架、武架、孫架，都是從陳氏太極拳第一路演變而來的。

張三豐和封建塵垢

今天，太極拳已成為我國流行的體育運動項目之一，它為增進人民健康作出了一定的貢獻，並逐步引起國際體育與醫療工作者的注意和重視。推本溯源，這是陳王廷發展、創造的功績。

但由於太極拳是在封建社會生長、發展起來的，所以它不可避免地會蒙上封建的塵垢。對它的源流，長期以來

就有張三豐是太極拳的創始人的臆說。張三豐是元末明初的道教首領，在湖北太和山（即武當山）結廬「修行」。根據《明史》和歷經修篡的《太和山志》，都隻字未提張三豐會拳術。因此，把太極拳始創榮譽放到張三豐的身上，是不符合歷史的真實的。

與此同時，還有人把太極拳附會為內家拳，這也是毫無根據的臆斷。在清初黃百家的《內家拳法》中，內家拳的拳勢名稱和練法，跟太極拳截然不同。這從《內家拳法》和太極拳譜的對比可以得出確定不移的答案。

太極拳注重意氣運動，採用腹式呼吸法，如果以此稱作內家拳，來區別於不採用腹式呼吸的拳種，那是合理的。但要是只根據這一點點相同，就硬說太極拳即是黃百家所記的內家拳，那未免太牽強附會了。

在封建社會，一種受到群眾歡迎的活動，常常會假託「神仙」或「聖賢」的創造，這和人們科學知識較差及富於羅曼蒂克的假想有很大的關係。封建士大夫階級和衛道的御用文人，就利用人們的這種缺點和氣質，把一些本來來自民間的東西，塗抹上一層幽玄的神秘色彩，使它們神化起來，逐漸和人民疏遠、隔絕，甚至隕滅。對太極拳的若干「玄之又玄」的解釋，的確需要科學的、求實的眼光來加以分剖。

在種種太極拳的源流臆說中，還有一種是始於唐代許宣平的假託，並以《八字歌》、《心會論》、《周身大用論》、《十六關要論》和《功用歌》等列為許的論著。

單從這幾篇文章的風格來判斷，就可以肯定它們絕非唐代文辭。再參閱宋代計有功的《唐詩記事本末》的許宣

平事蹟，僅記載許「辟穀不食，行如奔馬，唐時每負薪賣
於市中。李白訪之不迂，為題詩望仙橋」。根本沒說許宣
平善於武術。因此，這種揣度，也應該認為是封建文人所
弄的玄虛。

（1961年12月7日《體育報》）

217

太極拳各流派的共同理論

　　傳統太極拳的派別至今有七種，有古老的陳氏老架，
有從而創新的陳氏新架和趙堡架，有從老架創新的楊架、
吳架，有從趙堡架創新的武架，有從武架創新的孫架。陳
氏老架為祖型，其餘六種架勢是一脈相承的流派，都是直
接或間接從陳氏老架太極拳第一路演變而來。架勢的繁簡
大小，根據「由開展而漸趨緊湊」的原則而來，內勁的動
轉和手法、步法的變化，各自形成了不同的風格和特點，
可以適應不同對象和不同愛好者的鍛鍊。

　　儘管太極拳這一拳種的傳統套路有七種著名派別之
多，但它們在鍛鍊的原則、方法和步驟上則是一致的。太
極拳經過三百年來的傳習和演變，仍然能夠保持它的特點
和風格，不被其他拳種所同化或摻雜，不像許多古代著名
拳種，經數傳後往往面目全非，「盡失古人真意」，這全
靠有總結經驗的太極拳理論做指導，才不致於日久偏重於
剛，變成為專講勁力的硬拳，或者偏重於柔，變成為綿軟
無力的軟拳。因此，各派太極拳才能分別適應於醫療保健
性、體育性和技擊性三方面的要求。

太極拳各派共同性的理論包括下列十四個方面：

（1）心靜身正，以意運動。

（2）動作弧形，輕靈圓轉。

（3）開合虛實，呼吸自然。

（4）虛領頂勁，氣沉丹田。

（5）尾閭正中，不偏不倚。

（6）含胸拔背，沉肩墜肘。

（7）勁起腳跟，主宰於腰。

（8）通於脊背，形於手指。

（9）上下相隨，內外相合。

（10）一動俱動，一靜俱靜。

（11）節節貫串，周身一家。

（12）相連不斷，一氣呵成。

（13）蓄發相變，柔剛相濟。

（14）剛柔俱泯，一片神行。

創造時匯合眾長的老架太極拳以及由之演變的六個流派都是根據上述共同的理論（原則、方法與步驟）來進行鍛鍊的。

在太極拳為人民健康事業繼續作出貢獻的同時，太極拳各流派都有發展的必要，才能適應不同對象的不同需求。各流派的相應發展，可以起到相互吸收，取長補短的作用，促使提高技術，推動普及。

各流派的統一姿勢和動作，力求準確，提高鍛鍊效果，今天成為首要任務。上海市體育宮在體委的指示下，為了發掘傳統，繼承傳統，已經舉辦了傳統拳種學習班，吸收青年職工和學生學習傳統套路，今後準備輪流邀請各

拳種的專家傳授特長，繼承遺產，培養接班人。

（1961年8月6日《文匯報》）

楊架太極拳的形成和特點

太極拳創造人為明末清初河南溫縣陳溝人戰將陳王廷，他綜合了明代各家拳法，結合導引、吐納和經絡學說，創造了一種武術新學派——太極拳。後來由於火器的演進，拳技之勇在戰場上的作用逐漸縮小，太極拳家開始提出了「詳推用意終何在，益壽延年不老春」的口號。

河北永年人楊露禪在溫縣向陳長興學習老架太極拳約三十年，到北京傳習，逐漸拋棄了縱跳、發勁、震足等高難度動作和忽快忽慢的練法，改造成為動作均勻、柔和、連貫、圓活，不縱不跳的拳套，可以分別適應於療病保健、增強體質和提高技術的。經露禪三子健侯傳習的緊湊架子，教了吳全佑，經全佑子吳鑒泉傳習。

楊氏後來不教這套緊湊的架子，人們為了便於區別太極拳的流派，就稱作吳式小架子。

楊氏在陳氏老架太極拳的基礎上，根據由開展而漸趨緊湊的原則，適應時代需要，創造了大架子和小架子兩種太極拳套路，現在都得到廣泛的傳習。

太極拳發展到目前，經過群眾的考驗和承認，已有傳統套路陳氏老架、陳氏新架、陳氏趙堡架、楊氏大架、吳氏小架、武氏小架、孫架（孫祿堂）等七種。儘管它們在形式上和風格上有所不同，但是鍛鍊的原則和要領則基本

上是一致的。這些共同的鍛鍊原則和要領，可以歸納為下列方面：

（1）心靜身正，以意運動；（2）動作和順，輕靈圓活；（3）開合虛實，呼吸自然；（4）虛領頂勁，氣沉丹田；（5）尾閭正中，不偏不倚；（6）含胸拔背，鬆肩沉肘；（7）勁起腳跟，主宰於腰；（8）通於脊骨，形於手指；（9）上下相隨，內外相合；（10）一動俱動，一靜俱靜；（11）節節貫串，周身一家；（12）相連不斷，一氣

楊澄甫太極拳姿勢

1. 虛實分明（圖1左虛左實，圖2左虛右實）；2. 前弓後蹬（弓腿之膝不超過腳尖）；3. 調襠收臀；4. 鬆腰落胯；5. 氣沉丹田；6. 尾閭正中；7. 含胸拔背；8. 坐腕舒指；9. 沉肩垂肘；10. 虛領頂勁；11. 手眼相隨（定式時眼神通過手指向前平視）。通體輕靈沉著，立身中正，圓滿自然。

呵成；（13）蓄發相變，柔剛相濟。

　　那麼楊架的特點和風格是什麼呢？經過比較研究，楊架的特點和風格是：姿勢開展、大方、中正、圓滿；動作乾淨簡潔；拳套結構謹嚴，起承轉合，循規蹈矩。

　　練法上由鬆入柔，積柔成剛，剛柔內含，輕靈沉著，兼而有之，身法中正，動作和順，氣派大，形象美，練習者最易感到輕鬆舒暢。

　　架勢有高中低之分，可以按照學習者的年齡和體力條件適當調整運動量，因之它既能適應於療病保健者的需要，又能適應體力較好者要求增強體質，提高技術的需要，因此，它在各式太極拳中形成流行最為廣泛的拳種。

（1961年7月15日《新民晚報》）

吳式太極拳的形成和特點

　　太極拳發展到近代，有陳、楊、武、吳、孫五式套路。其中以楊、吳兩式流行較為廣泛。楊、吳兩式於三十多年前從北京傳來上海。楊式以楊澄甫學生陳微明於1925年來上海設立致柔拳社為起點，吳式以吳鑒泉的學生徐致一於1927年來上海教拳為起點。1928年太極拳名家楊少侯、楊澄甫、吳鑒泉、孫祿堂、郝月如等相繼到上海，培養了各式太極拳的接班人。從此，太極拳和其他拳種一樣，在上海打下了深厚的基礎。

　　吳式太極拳的發揚者、71歲的徐致一先生，自幼愛好武術活動，解放後擔任市體委委員、全國武術協會委員，

著有《太極拳（吳鑒泉式）》一書。兩年前退休後去北京居住，最近來滬探訪親友。上海市武術工作者為了表示歡迎，在市體育宮舉行太極拳觀摩表演會。茲將吳式太極拳的形成和特點簡介如後。

滿族人全佑（1834—1902年），河北大興人，初從楊露禪（1799—1872年）學太極拳於北京。後來拜露禪之子班侯為師。班侯幼年居永年，從武禹襄讀書習拳技。禹襄學於露禪者為陳氏老架，並得陳青萍新架之傳，從而創新（即今由郝氏傳習之武式）。班侯以家傳而又服膺禹襄之技，遂有楊式小架的創造。於是楊氏所傳有大架、小架之別。全佑所傳習者為楊氏小架。

全佑以善於柔化著名。當露禪充清代旗營教師時，得其傳者有萬春、凌山、全佑三人，一勁剛，一善發人，一善柔化。或謂三人各得露禪之一體，有筋、骨、皮之分。

全佑子鑒泉始從漢姓吳。民國初年，許禹生在北京設體育研究社，邀請楊少侯（1862—1930年）教授楊式大架子，吳鑒泉教授楊式小架子。

原來全佑所傳拳式，動作有起伏，每勢定式時有隱於內的發勁動作，也有跳躍動作，隨著楊氏大小架的逐步修訂，逐漸衍化為連綿均勻，不縱不跳的拳式，與楊式大架同一趨向，適應性逐漸廣泛，人們遂稱作吳式小架子，以區別於楊氏所傳的大架子。

1928年吳鑒泉到上海教拳，任當時國術館、精武會教員。1935年吳鑒泉設鑒泉太極拳社，傳習愈廣，因此，吳式太極拳在現代流行之廣，僅次於楊式。

吳鑒泉氏演拳，循規蹈矩，鬆靜自然，獨具靜態之

妙。動作和順細膩，圓轉自如，具有大架功底，由開展而緊湊，故緊湊中自具舒展，不顯拘束。吳式太極拳推手時端正嚴密，細膩熨帖，守靜而不妄動，亦以善化見特長。

（1962年6月6日《解放日報》）

223

武式太極拳的形成和特點

　　武式太極拳專家郝少如，前一時期曾在市體育宮講解拳術。大家知道，太極拳有陳、楊、武、吳、孫五式套路。武式太極拳是怎樣形成的？它有何特點？本文想就以上問題，做一簡單解答。

　　武式太極拳的創始人武河清。河北永年人，字禹襄，出生於小官僚地主的家庭。武家累代習武，因而禹襄兄弟三人都會武術。當著名太極拳師楊露禪於壯年自河南陳家溝返鄉後，禹襄兄弟就跟他學陳氏老架太極拳，得其大概。禹襄的哥哥澄清，於1852年中進士，當了河南舞陽縣的知縣，禹襄去舞陽找哥哥，路過溫縣陳家溝，打算訪露禪的老師陳長興（1771—1853年）求益。道經趙堡鎮，才知道長興已經老病。那時，陳青萍正在鎮上教授陳氏新架太極拳，禹襄便跟青萍學習新架，一個多月工夫，通曉了理論和方法。

　　他哥哥澄清在舞陽鹽店獲得王宗岳（乾隆年間人）所著的《太極拳譜》，禹襄得譜研究，更有啟發，於是就以自己練拳的心得，發揮王氏舊譜的理論，為《十三勢行功歌訣》作注解十條，名為《打手要言》；後來又發展為

《十三勢行功心解》四則；歸納鍛鍊要領為《身法十要》。他的著作都是根據本身的體驗和實驗，因而內容簡練精要，沒有浮詞。

禹襄的外甥李經綸，字亦畬，於1853年開始跟舅舅禹襄學拳。亦畬也喜歡研究太極拳，他仿效禹襄實驗的方法，召集一些會武術的人，透過練武來考驗拳技，然後著書立說。

亦畬的孫子槐蔭在《太極拳譜》序中說：「此譜係先祖晚年所集，中經多次修改，方克完成。每得一勢巧妙，一著竅要，即書一紙貼於座右，比試揣摩，有如科學家之實驗，逾數日覺有不妥應修改，即撕下，另易以他條，往復撕貼，必至神妙正確不可易始止。久則紙條遍貼滿牆，遂集成書。」亦畬的拳論有：《五字訣》、《撒放秘訣》、《走架打手行工要言》，闡發了走架即是打手，打手即是走架，練拳和推手相輔相成的道理。

在近代太極拳的傳佈上，以楊露禪祖孫三代誨人不倦，在教材教法上不斷創新為突出；而關於拳理的鑽研和總結，首推武、李，他們較之王宗岳《太極拳論》抽象性的概括，遠為具體切實，有繼承，有發展，乃能自成一家。

武禹襄的拳式既不同於陳式老架、新架，也不同於楊式大架、小架。他是學而後化，自成一派。其特點是：姿勢緊湊，動作舒緩；步法分清虛實，胸腹部分的進退旋轉始終保持中正，完全是用內動的虛實轉換和內氣旋轉來配合外形；左右手各管半個身體，不相逾越，出手不過足尖。原來也有跳躍動作，到三傳的郝月如（1877—1935

年)才改為不縱不跳,雙擺蓮也改為不排打腳面,這是為適應年老體弱者的需要而作的改革。

武禹襄以教讀自娛,李亦畬以行醫為業,都以儒生自居,在鄉授徒極少。李的傳人,以同鄉郝和(字為楨)的技術為最精。

武式太極拳在開始傳入北京時,有些人把他稱作李架。郝為楨的兒子月如、孫子少如於1928年間去南京、上海教拳時,也有人稱它為郝架。月如遺有太極拳著作多篇。武、李後輩多不專門研究太極拳,武式遂由郝氏傳習。郝少如已有多年不教拳了,上海市體育宮為了發掘傳統,於1961年開設了武式太極拳學習班,請郝少如為教授,廣泛傳播技藝。

(1962年8月12日《解放日報》)

試論陳式太極拳的特點

自清初(約在1670年之後)河南溫縣陳家溝陳王廷創陳式太極拳以來,陳家溝陳氏世代傳習,代有名手,並積累了一套鍛鍊方法,總結出一些鍛鍊要領。經五代傳至陳長興時,產生陳式新架,隨後又產生趙堡架。故陳式太極拳有老架、新架、趙堡架之分。直到近代,他們都曾產生過太極拳好手。

陳氏太極拳原有五路,至陳長興時,已僅傳一路和二路(炮捶)。這時陳氏拳家,已由博返約,專精於兩套拳和推手(原稱擖手、打手、扳跌)。傳至長興之曾孫發科

時，於1928年10月應邀去北京傳授陳式太極拳第一路及第二路（原稱炮捶一路）。

一、一、二路的特點及其異同

第一路特點是：

以柔為主，由鬆入柔，柔中寓剛；行氣運勁，以纏絲勁的鍛鍊為主，發勁為輔。品質唯柔是求，柔軟是化勁的基礎，動用柔軟以迎剛，可以化剛為烏有。初期動作力求緩徐，以揣摩行氣運勁，全身內外，一動全動，使能處處保持平衡而不失其勢，練成隨遇平衡的技能。纏絲勁是黏化、牽動、進逼的核心，纏繞圓轉，功深後能達到即化即打，依著何處便從何處擊去的技術。

發勁的運用，原則上是沒有牽動則不發。纏絲勁的鍛鍊，能逐漸產生一種似柔非柔，似鋼非鋼，極為沉穩而又靈活善變的內勁。

陳鑫曾說：「一舉動，輕重、剛柔俱發。」可以說，陳式太極拳特點是：以纏絲勁為靈魂，以內勁為統馭，這是太極拳術推手時具有威懾力量的基本條件。

第一路是以身領手的動作為主，足隨手運，動分（離心力）靜合（向心力），不斷變化，不斷調和。技擊性戰略原則，為以靜制動，以柔克剛，後發先至。練拳速度快慢相間，一般約為八分鐘練完一套拳。運動量可以調節，架子分高、中、低三種，可以分別適應於療病保健，增強體質，學習技擊的目的。

過去，陳發科個別教學時，一般教學方法是一開頭就要求動作與呼吸行氣結合。現在，在集體教學或看圖解自

學的情況下，應以先認真學會動作，明白其技擊作用，才不致隨便畫弧，練糊塗拳，俟動作熟練後，再一個式子、一個式子地逐漸結合呼吸運氣，以免顧此失彼，甚至練出偏差。

第二路（炮捶）的特點是：

227

從鬆柔入手，剛中寓柔，以剛發為主。行氣運勁，以纏絲勁鍛鍊為主，而剛發的動作較多。品質以剛強是求，剛強是克制柔弱之道，而至剛亦能克剛，故以剛中有柔、為克柔勝剛之道。剛遇剛則剛壞，柔遇剛則摺，隙區乃見，是為我順人背之關鍵。動作以迅速占勢、佔先。由迅速得以遇隙即擊而不失其機，所謂「知機其神」。技擊性戰略原則為隙開則迅速佔先，發則所當必靡、必摧。

第二路有「躍蹦跳躍，騰挪閃展」的動作，又多發勁、震足，故迅速疾快，一般約為三分鐘練完一套拳。由於速度快，爆發力強，原來不適宜年老病弱者練習。

近代經陳發科在北京授拳時，改進教學方法，對一般學習者，亦從鬆柔入手，以用意貫勁，代替發勁、震足，速度稍放慢而又快慢相間，故不獨青少年愛習其拳，即老年愛好武技者亦能適應。但陳發科沒有把老架動作任意修改，僅在運動量上做不同要求的調整，有人說陳老師所傳是新架，那是沒有道理的。

這兩套拳都是從鬆柔入手，積柔成剛，剛柔相濟。從慢到快，快後復慢，而又都是快慢相間。所以能適應推手時的急應緩隨。都以纏絲勁為核心，以內勁為統馭為其共同特點。但一路是在中氣貫足下的基礎上，體現出柔纏中顯柔、緩、穩的特點；而二路（炮捶）則在中氣貫足下的

基礎上，體現出柔纏中顯剛、快、脆的特點。躥蹦跳躍、騰挪閃展的動作比第一路為多，速度比第一路為快。因此，二路的剛、快、脆可與第一路的柔、緩、穩互為補充，相輔相成。

早先，河南溫縣陳家溝著名拳家，都是兼擅二路。據傳說，凡欲練二路者，必須先有練三年第一路太極拳的基礎，方許學它。當前，愛好學習陳式太極拳者，特別是青少年對第二路更為喜愛。我認為可以在開頭一、二年內，把二路的速度放慢些，待動作練正確，練得柔順以後，再逐漸加快速度，記住柔中寓剛，積柔成剛保持「柔中寓剛，剛中有柔」的特點。

二、鍛鍊原則及練法

練意（心靜用意）、練氣（腹式逆呼吸法，氣沉丹田與丹田內轉相結合）、練身（武術攻防性動作的拳勢）三者密切結合，是陳式太極拳的鍛鍊原則。即使降低其運動量，以適應年老、體弱、有病者的鍛鍊，但仍須保持練意、練氣、練身三結合的鍛鍊原則，以期能達到轉弱為強，提高鍛鍊效果的目的。

1. 腹式逆呼吸

陳式太極拳的拳勢呼吸用腹式逆呼吸法。吸氣時小腹內收，膈肌上升，丹田氣上行聚於胃部，胃部自然隆起，胸廓自然擴張，加大肺活量。

呼氣時小腹外突，膈肌下降，聚於胃部之內氣下沉至丹田，胃部與胸廓自然平復。由於腰腎的左旋右轉，因而，氣沉丹田與丹田內轉是結合的。

　　拳勢呼吸是指合、虛、蓄、收、化的動作為吸氣。開、實、發、放、打的動作為呼氣。這是在意識指導下，呼吸行氣與動作的協調配合，有著健強內臟器官和機能，以及增強抗擊能力和加強爆發力量的作用，可以說是以內壯為主的拳種。因此，陳式太極拳家一般都練成「虎背熊腰」，「膀闊腰圓」的健壯體格。以陳氏近代拳家為例，陳發科在 60 歲前，就有 100 公斤體重。

　　在推手互餵，試驗發勁時，通常採用哼、哈、咳三種發音。哼音是用螺旋勁向上打放，使對方騰空擲出。哈音是用螺旋勁向前遠打，意欲將對方拍透牆壁。咳音是用螺旋勁向下打，意欲將對方打入地中。這種發勁試驗都是用短促的一吸一呼來完成。

2. 纏絲勁（弧形螺旋勁）的練法

　　纏絲勁（弧形螺旋勁）是太極拳的主要特點，它是在意識指導下內勁作纏繞運動時，由意氣貫注而逐漸形成，並不斷提高其品質，纏綿曲折，大都在上、中、下（上肢、軀幹、下肢）三個橫向呈橢圓形的螺旋轉圈，兩個斜向（左手與右足，右手與左足）弧形螺旋轉圈，和一吸一呼時繞任、督二脈的立體圈，以及無數小螺旋的交織纏繞，進退屈伸，形成複雜而又和諧的弧形螺旋的圓形動作，這是太極拳練法特點的精華所在。

　　內勁運轉的主要方法是：內氣蓄於丹田，以意行氣，源動腰脊，旋腰轉脊，節節貫串地貫注於四梢（兩手兩足尖端）。上行為旋腕轉膀，形於手指；下行為旋踝轉腿，達於趾端。弧形螺旋式地纏繞絞轉，從而形成一系列無限延長的複雜的空間螺旋運動。

手臂的纏絲勁有順纏、逆纏兩種。順纏是手外旋（掌心由內向外翻，順著時鐘方向），意氣貫注指尖，先拇指，依次至小指。逆纏是手內旋（掌心由外向內翻，逆著時鐘方向），意氣貫注指尖，先小指，依次至拇指。順纏、逆纏，始終「繃勁」（似柔非柔，似剛非剛的勁）不丟。洪均生同學有句云：「太極是繃勁，動作走螺旋」，概括地突出了太極拳練法上、技術上的特點。

腿的順纏（由裏往外上而向下斜纏），以膝頭向襠外旋轉。丹田勁由腰隙經大腿根裏向上而外，經環跳穴，再往裏向下斜纏至足跟（大鐘穴），分注足五趾肚。

腿的逆纏，以膝頭向襠內旋轉，內勁從五趾肚向上經原路線斜纏至腰隙歸丹田。

凡攻擊的動作，不論順纏或逆纏，為動、為分、為離心力。丹田勁運至四梢，肩催肘，肘催手；胯催膝，膝催足，呼氣，發勁（重心下沉，勁往前發）。謂之「丹田勁走四梢」。

凡防禦的動作，不論順纏或逆纏，為靜、為合、為向心力。意氣從四梢回歸丹田，肩帶肘，肘帶手；胯帶膝，膝帶足，吸氣，蓄勁（氣聚胃部，蓄勢待發）。謂之「四梢勁歸丹田」。

纏絲勁練法能使全身內外「一動無有不動」，於同一時間內，綜合性地完成神經、呼吸、循環、經絡、骨骼、肌肉、消化、泌尿等系統的鍛鍊。一蓄一發，一吸一呼，通任、督，練帶、沖，內外兼練，以內壯為主。從運動醫學角度看，這種以意行氣的纏絲勁練法，是防病治病，延年益壽較好的運動方法。

　　太極拳纏絲勁的圓運動，是由曲線弧形螺旋式的動作組成的。在畫圓圈時意氣（內勁）的運轉，像螺旋式的纏繞伸縮，可以譬喻為像地球在公轉時不斷地自轉。因此，它是分陰分陽而又陰陽互轉的。如果圓形運動沒有螺旋式貫串其中，就等於通常所說的月球環繞地球運行，只有公轉而無自轉。

231

　　弧形螺旋的運動力學作用，能使對方直線來的勁力，成為我方動作弧線上的切線。如果對方繼續加力，其勁力就會離開著力點而繼續前進，影響其自身的平衡和穩定，而不影響我的平衡和穩定。亦即在我為引進（弧形螺旋走化），對方為落空（直線前進）。同時，我的弧形螺旋動作已避實就虛地越過對方防線而粘隨進逼或發勁。亦即在我為「屈中求直」，「蓄而後發」。我處處在螺旋，在變動力點、方向、角度，才能「不丟不頂」，不犯雙重之病，取得「引進落空合即出」的技巧。

　　功夫純粹者，小圈轉關，乾脆直射，微動即知、即變、即發，能一搭手即使對方輕飄飛出，輕鬆舒適，不感痛苦。推手是最能講友誼的競技運動。

　　纏絲勁的精煉與內勁品質的提高是成正比的。內勁越是充足，越能顯出輕靈的作用，加強了「忽隱忽現」的作用，以至達到「人不知我，我獨知人」的技巧，推手時才能使對方不能適應，處處被動，失去平衡。

3. 抖　勁

　　抖勁的基礎是纏絲勁和腰襠勁。抖勁是一種突如其來的爆發力。其特點是：快速、螺旋、氣足、力猛、勁長、動短、意遠。久練推手，對纏絲勁、腰襠勁的體會也愈來

愈深，「粘連黏隨不丟頂，引進落空合即出」的技巧會愈練愈精。

　　一個完善的發勁動作——抖勁，包括四個因素。一是落點的位置，二是發勁的速度，三是落點發勁的旋轉度，四是皮膚觸覺和內體感覺的靈敏度。一、二兩項為一般武術技擊方法所共有，而三、四兩項則為太極拳推手所特有。因為推手始終以纏繞粘隨為原則，能練出皮膚觸覺與內體感覺的高度靈敏度。

　　抖勁既需在推手中實踐，也須抽出拳套中幾個單式來反覆練習。在推手中可先互「餵」，即一人被動的聽憑對方試驗抖勁，並告知其不足之處。這樣互「餵」練習效果好，進步快。

　　太極拳的抖勁練習，要求在內外兼練，增加身體的抗擊力之後才練習抖勁，先練能化也能受擊，然後再練抖發。練拳和推手時「虛領頂勁，氣沉丹田」，主要是練任脈、督脈；塌腰落胯，氣向下沉，勁往前發，主要是練帶脈、沖脈。內勁充沛氣勢騰挪，皆由此練出，功愈深而技愈精。內外兼練，才能既增強身體的抗擊力，又能加強打擊性的爆發力。

　　前輩太極拳家散打發勁時，目光如電，變臉變色，哼哈作聲，氣勢逼人。其技術特點：以柔克剛，應用粘隨；出奇制勝，應用抖截。

　　手法有：碰啄劈拿，分筋錯骨，點穴閉產，按脈截脈。運勁有：粘隨抖截，犯者立仆。跌法有：手當足用，足當手用，一動即進，插襠管腳，擰腰變臉，橫直劈砍，應手而跌。拿法有：粘連黏隨，乘勢借力，變化輕柔，隨人

之動而制之。凡以硬力拿人、跌人者，都不符合陳王廷總結的「縱放屈伸人莫知」的高級技術。

三、其他特點和作用

1. 炮捶發勁與推手的關係

陳式太極拳的推手是拿、跌、擲、打兼施並用，上邊在推手，下邊在推腳，雖重「粘連黏隨」的「懂勁」，使拿、跌，擲打的技巧逐漸提高，但更重視速度快、爆發力強的發勁，使拿、跌、擲、打的技巧憑藉強大的發勁威力，愈顯示出靈巧。因此，炮捶的發勁，不僅為了增強體質，而且可以提高推手發勁的技巧。

練太極拳不練推手，只能是作為一種體育鍛鍊，不能真正體會到太極拳的精妙所在。但練推手而不重視發勁，就容易停留於知化而不知攻的階段。因此，練習炮捶，對提高推手技術是非常重要的。

2. 震腳與發勁時吐氣發聲對健身和技擊的作用

陳式太極拳有震腳、發勁動作，都結合腹式逆呼吸，當震腳、發勁時吐氣發聲，是為了增強體質和提高技擊能力。

震腳只要鬆勁下沉，由輕而逐漸加重，並無流弊。腹式逆呼吸法在震腳和發勁時吐氣發聲對健強內臟有益，是內功拳種心意、形意、八卦、太極、南拳、松溪派內家拳等的一致練法。任何運動項目，練之不得其法，運動量過大等，都容易受傷。

練太極拳，可以不發勁，不震腳，不結合腹式逆呼吸法，這是化武術而為醫療保健服務。而保持武術化、技擊性強的太極拳，發勁、震足、腹式逆呼吸是增強體質、提

高技擊作用的必要條件。從我的親身體會來說，震腳、吐氣發聲的拳種練了數十年。從來沒有發生過足痛之病。不料於1977年夏起忽患足疾，先從拇趾紅腫起，以至足掌不能踏地，又轉移至膝節，一足稍痊，又轉移至另一足，愈來愈嚴重，發病期也愈來愈短。有人說是我多年練拳引起的，我也將信將疑。後經上海華山醫院確診為「痛瘋症」，對症下藥，不久痊癒，從此未發。我又照舊震腳、發勁，吐氣發聲，練起拳來。

我今年已77歲，身體仍覺健壯，可見前患足疾，與震腳、發勁等無關。不過，人到老年，運動量自應降低，「順天應人」，適應自然規律，才是延年益壽之道。

（1985年第4期《中華武術》）

初練太極拳應該注意什麼

初練太極拳首先要注意姿勢和動作的正確，才能提高療病、保健的效果。初學時，第一，應該祛除貪多求快的想法。每一拳式練得大體上合乎規格要求以後，再學其他拳式，進度也就較快，這是似慢實快的學習方法。第二，要堅持日常鍛鍊，療病保健的效果才會顯著。第三，要適當控制運動量。運動量不夠，會削弱改善健康和增強體質的效果；運動量過度，也會影響療效，影響工作和學習。一般以微出汗為度，感到累乏即應稍事休息後再練。一般來說，一次練二十分鐘左右。

在初練時必須注意「心靜」、「用意」、「體鬆」、

「身正」、「柔和」、「圓活」、「連貫」、「協調」。

心靜：

「動中求靜」是太極拳特點之一。練拳時首要條件是要做到心理安靜，排除雜念，全副精神集中在練好拳套上面。眼神隨手轉動和注視前方，是「靜」形於外表的標誌。只有心靜才能「用意識引導動作」和「用意不用力」。

用意：

每一動作都要意識引導，意識不停，動作也不停，就能越練越靜，純靜專一，這對神經中樞提高抑制作用和降低興奮作用有極大幫助，並有利於全身放鬆從而達到「用意不用力」的要求。

體鬆：

體鬆指的是全身內外放鬆，從大腦到內臟器官、肌肉骨節都要求放鬆，有不鬆處就會影響氣血暢通和動作的柔和、圓活。初練時從心靜體鬆著想，處處用意不用力，先從肩關節和胸部放鬆入手，逐漸把全身內外各部分放鬆。

身正：

姿勢端正是提高練拳效果的重要條件。動作時頭頂與會陰（兩便之間稱作會陰）應該成一垂直線，不前俯後仰，不左歪右斜，以腰部為軸心，微微轉動來帶動四肢運動，始終保持「立身中正」，養成良好的姿態。切忌亂擺亂扭，搖搖晃晃，自以為靈活。

柔和：

太極拳始終以柔勁為主。動作弧形，輕輕運動，用意不用力，逐步祛除僵硬不和順之處，有利於暢通氣血，內臟和肌肉纖維得輕微的無微不至的按摩運動。

圓活：

由於動作柔和，手足伸展微曲而不直，弧形動作中腰在微微轉動，手足也在或明或暗地做大小不等的旋轉，因此動作成為圓運動，熟練後富於圓活的趣味。

連貫：

動作與動作之間要前後銜接，沒有停頓的現象，一個姿勢似停非停之際，下一個姿勢的動作已經接著引起，這樣才可能逐漸達到「綿綿不斷」，「一氣呵成」。

協調：

從頭到腳都要與手所指示的方向密切配合，要求「一動無有不動」，進退起落，上下左右，處處互相呼應，十分和諧。呼吸方面，初練時只須自然呼吸，只從「意存丹田（臍下小腹部分）」，腹實胸寬方面著想。等到動作熟練後再逐漸配合腹式呼吸，使動作與呼吸自然地結合，達到「氣宜鼓蕩」的作用。

初練時經教師的指導，並採取同學間相互糾正姿勢，對照鏡子作自我糾正，姿勢和動作較易正確，多參觀觀摩表演會也是一種很好的學習方法。有些人初練太極拳就想訪求名師，那是不切實際的想法。

（1961年11月12日《文匯報》）

介紹「簡化太極拳」

近五十年來在國內流行的太極拳，是一項歷史悠久、富於民族風格的武術體育運動。它已從三百年前創造時偏

重於技擊性的拳套，隨著時代需要的不同，逐漸轉化為以療病、保健、防止早衰和延年益壽為基本功能的拳套。

太極拳動作柔和舒適，愈練愈有興趣，運動量又可以隨著體質強弱加以適當的增減，來適應個人生理上不同的要求。如果按照鍛鍊的規則，循序漸進，可以療病，可以增強人們的力量、耐力、速度、靈敏等素質。因此，它適合於不同性別、不同年齡以及從事各種職業的人，特別是中老年人、婦女和不宜於做劇烈運動的、體弱或帶病的人們。

根據蘇聯醫學科學家的結論：保持工作能力和延長生命力的基本問題，在於神經系統的衛生和保護，由於練太極拳時以虛靜為原則，自始至終，用意識來指導動作，從而對中樞神經系統活動起著特殊的鍛鍊作用；同時能夠漸進地增強血液循環及心臟收縮機能，發展及調節呼吸運動，刺激消化器官正常工作，促進身體各部組織的新陳代謝，活動身體各個肌肉群和關節。

太極拳鍛鍊方法的整體性，內外統一性，完全符合於俄國生理學家謝切諾夫在《腦髓底反射作用》一書中宣佈的精神現象和肉體現象的統一，精神過程依賴於肉體過程的唯物論原理。

根據各地的鍛鍊效果，太極拳運動對各種慢性病如：神經衰弱、神經痛、高血壓、心臟病、腸胃炎、肺癆、乾血癆、風濕寒腿、關節炎、內痔等，都能起到一定的醫療作用。但是，病情較為嚴重的，必須在醫生的指導下進行鍛鍊，方能獲得較好的效果，並避免發生流弊。現在，醫藥界已公認在機能治療中，太極拳是一項必要的醫療體育

運動。

1956年8月中國國家體委研究整理編印的「簡化太極拳」，其架勢係採取民間流行較為廣泛的楊澄甫的大架子，從原來34個姿勢中採取了20個姿勢，刪去了繁難的重複的動作；原來楊架練完一套需20分鐘到30分鐘，簡化太極拳只需5分鐘到8分鐘就可練畢。這就為太極拳的普遍發展，為人民健康事業服務創造了條件。

現在學這套拳的人逐漸多起來了，我曾經業餘教過這套拳，願意提供一些個人在教學上的體會，並附若干圖解作為舉例，僅供教者、學者的參考。

教學這套拳的首先要明確教學這套拳的目的性是為了療病、保健，通過經常持久的鍛鍊，促進生理上的新陳代謝作用，治癒疾病，增進健康，提高工作和學習的耐久力，不要追求技擊上的作用。如果技擊性和醫療性、保健性混淆不清，兩者兼而有之，會帶給目的在療病保健者以不良的後果。在一百年前太極拳論的作者就指出了學太極拳的目的是：「延年益壽不老春」。

其次，要明確這套拳特別適宜於體弱有病者、腦力勞動者、中老年人和婦女的鍛鍊，因此教的人更需要因材施教，規定進度；學的人更需要量力而行，循序漸進。如果年輕力壯的喜愛武術運動，應該學習躦蹦跳躍的拳套。

其三，利用體育運動來治療疾病，增強體質，已成為太極拳的主要發展方向，這就要求教太極拳的多懂些運動生理學知識和病理學知識。

其四，初學太極拳的人要注意正確的鍛鍊方法，姿勢一定要求正確，寧可慢些，但要好些。

一、太極拳的鍛鍊要領

簡化太極拳是「拳術」（手法、眼法、身法、步法的協調運動）、「導引術」（俯仰屈伸，運動肢體）、「吐納術」（吐故納新的腹式深呼吸運動）結合起來加以創新的療病、保健、增進體力的武術體育運動。

我們說太極拳的鍛鍊方法是整體性的，內外統一性的，就是指鍛鍊太極拳時意識、動作、呼吸三者同時協調進行。太極拳理論說「一動無有不動，一靜無有不靜」，這和中國醫學在治療上的整體觀念是一致的。

《靈樞經·官能篇》：「理血氣而調諸逆順，察陰陽而兼諸方，緩節柔筋而心和調者，可使導引行氣。」太極拳運動是包含著這些條件的。

太極拳理論說：「心（指大腦中樞神經）為令，氣為旗，腰為纛。」是以古代統率軍隊作譬喻，意識（精神作用）是統帥；呼吸（氣）是傳令作戰行動的令旗；腰部是中軍大旗，是全軍核心的標誌。

概括地講是：以意運氣，以意運身，而關鍵在腰。「練意」、「練氣」、「練身」三者的結合，構成了太極拳的療病、保健、增進體力的優越性的鍛鍊方法。

1. 靜、鬆、圓、勻、穩

太極拳的鍛鍊要領有如下各點：

始終要保持心平氣和，掌握一個「靜」字；要放鬆周身肌肉；要用意識指導動作；呼吸要自然（練習拳套稍熟後可以逐漸配合腹式深呼吸運動）；動作要旋轉作環形，逐漸做到各個關節和肌肉群都能一動無有不動，動作協

調；要以腰部的軸心運動為綱，帶動四肢運動；動作要均勻連貫，綿綿不斷；軀幹要正直而不偏，頭頂同尾閭骨要始終保持一條直線，避免挺胸、腆肚、低頭、彎腰、弓背、露臀。

目光要隨著主要的手轉動而前視；頭要正直，虛靈上頂；頸要隨目光轉動，鬆豎而不僵硬，口唇要自然合閉，下顎微向裏收，舌尖上捲輕抵上顎，使唾液的分泌加強。肩要鬆垂，肘要鬆沉，步法要分虛實，輪換以一足支持重心，在不斷運轉過程中保持全身的平衡；呼吸以鼻，運用腹式自然呼吸，始終保持腹實胸寬狀態，使身體下穩重，上靈活；由腹式深呼吸時橫膈膜的不斷起伏運動和腰部的旋轉促進內臟運動。一個姿勢接著一個姿勢，愈練愈鬆愈慢，使呼吸逐漸加細、加深、加長，體力逐漸增強。

每勢定式似停非停的時候，腰要鬆沉下塌，胯根要鬆開；意思要上貫指尖，下貫足尖；目光經由中指前視，眼神要照顧上下兩旁；意思只能貫到九分，神氣要貫到十分。肩與胯成垂直線，肘與膝上下相應，手指尖與足尖上下相應，前手指尖與後手指尖遙相呼應，上下左右互相呼應合住。姿勢要圓滿，立身要中正，精神要流露。

整個練拳原則可以概括為：靜、鬆、圓、勻、穩五個字。

2. 架 子

架子的高、中、低，要根據練的人的體力條件和熟練程度來決定；運動量的大小，決定於架子的高、中、低和快、慢程度；高而快的運動量小，低而慢的運動量大。教員對於學員的運動量應該根據「因材施教」的原則作調整。

　　練整套拳時，在開頭確定了高、中、低的架子，要始終保持一個水準，不要忽高忽低。

　　以療病為目的的練法，要以輕鬆、舒服、自然為原則，以微出汗為度。開頭練習時，以高架子為適宜，練時如覺膝關節酸痛不易支持，應即休息後再練。要和練功夫的苦練苦熬，追求提高技術水準的練法區別開來。

二、太極拳腹式深呼吸運動的來源

　　太極拳的腹式深呼吸運動，來源於古代醫療體育運動的「導引術」和「吐納術」。

　　孟子（西元前372—289年）說：「氣……以直養而無害」，就是說呼吸要循乎自然。孟子不但說到呼吸運動，還說到按摩運動，《孟子・梁惠王》上：「為長者折枝」，長者就是老年人。《後漢》趙岐注釋「折枝」的內容是「按摩和屈伸手關節」，療效為「解除疲勞」。可見呼吸吐納和按摩類的醫療體育運動，早在西元前三四世紀廣泛流行於中國民間。

　　老子（西元前三百多年時人）說：「專氣致柔，能如嬰兒乎？」「虛其心，實其腹」，「綿綿若存，用之不勤」。就是說呼吸的一開一合要自然，氣息要由粗而細，由細而微，綿綿不斷，保持腹實胸寬狀態。做深呼吸運動和柔軟運動，使人精神和身體柔和，人就能變得類似無欲而又筋節柔軟的嬰孩。

　　蘇聯楊順興同志寫的《中國古代哲學家老子及其學說》（楊超譯本）中關於前引老子文句，沒有理解為導引、吐納的意義，可能是他沒有研究過中國式的養生法，

因此體會不到。

莊子（《史記》說莊子與孟子同時，范文瀾同志在《中國通史簡編》中認為莊子是西元前328年至286年時人）內篇大宗師說：「古之真人，……其息深深。」莊子把「真人」作為「眾人」的對稱，「眾人」是不練深呼吸運動的人們。「息」就是「氣」，就是「呼吸」，《莊子·人間世》說：「氣息茀然。」一呼一吸，稱作一息。

屈原（西元前343—278年），《楚辭·遠遊》述及呼吸運動：「保神明之清澄兮，精氣入而粗穢除。……玉色頹以晼顏兮，精醇粹而始壯。」用現代語來解釋：「用意識指導呼吸運動，攝取氧排出二氧化碳，能使容貌美好光澤，精力充足，身體強壯。」

史記留侯世家說張良：「性多疾病，即道引不食穀」，「乃學辟穀，道引輕身」。「道引」即「導引」，即結合呼吸運動的醫療體操。宋朝裴駰的《史記集解》注釋「道引」二字，認為就是「靜居行氣」。

《淮南子·精神訓》說：「吹呴呼吸，吐故納新，熊經鳥伸，鳧浴猿躍，鴟視虎顧，是養形之人。」這是呼吸運動結合仿效禽獸的動搖、屈伸、顧盼、跳躍動作的體育鍛鍊方法。

後漢獻帝時代（西元190—220年），偉大的醫學家華佗，根據淮南子的六禽戲，刪去鳧浴，改鴟為鹿，把六禽戲編成五禽戲（虎、鹿、熊、猿、鳥）。

《三國志·華佗傳》說五禽戲的功效：「亦以除疾，並利蹄足，以當導引。」華佗的弟子吳普練習了五禽戲，「年九十餘，耳目聰明，齒牙完堅」。華佗本人「曉養性之術，

時人以為年且百歲，而貌有壯容」。「養性」的「性」字，照現在的觀點來解釋，指的是鍛鍊「大腦皮層」。

晉代葛洪（西元317年時人）的《抱朴子》說：「導引秘經千有餘條，或以逆卻未生的眾病，或以攻治已結篤疾，行之有效，非空言也。」

隋代大業中（西元605—612年間）巢元方等所編的《諸病源候論》，所引醫療體育方法甚多。說明了我國古代的養生家、醫學家、儒家和道家，對於這種防病、治病、保健、延年的醫療體育運動，有繼承，也有創造，動作的方式方法是多種多樣的，其中有整體練法，也有局部練法。

到了明代後期，易筋經一類的結合導引術和吐納術的內外交修鍛鍊方法（術語所謂：內煉一口氣，外練筋骨皮），頗為流行。

由於統治階級貴族、地主、惡霸生活上的荒淫無恥，這種內壯、外壯功夫被利用來玩弄女性，《金瓶梅》小說裏面的惡霸西門慶便是典型例子。

清雍正朝因參加反清革命運動，被捕的甘鳳池，以「武藝高強，練氣粗勁」聞名，與甘鳳池同時同地的吳敬梓在《儒林外史》中說甘鳳池練過易筋經功夫。

太極拳的創始人陳王廷（明末清初人）有長短句一首，其前半首為：「歎當年，披堅執銳，掃蕩群氛，幾次顛險！蒙恩賜，枉徒然！到而今，年老殘喘，只落得，黃庭一卷隨身伴！閑來時造拳，忙來時耕田；趁予閑，教下些弟子兒孫，成龍成虎任方便。」黃庭經是道家的「吐納術」，從這首詞可以看出太極拳創始人採納了「吐納術」。

當時因為時代需要不同，拳術結合呼吸運動是為了

「意與氣合，氣與力合」的內三合，發揮更大的技擊性作用；而我們今天處於社會主義時代，掌握了原子能的時代，我們只能吸取太極拳鍛鍊方法的合理內核，用來防病、治病、保健、延年，為人民健康事業服務，為社會主義建設服務。

三、太極拳的深呼吸運動

太極拳的深呼吸運動既然是採自源遠流長的「導引術」和「吐納術」，因此它的呼吸法和近來採用為臨床診療的「氣功療法」的呼吸法是同出一源的。不過，太極拳是「動中求靜」，姿勢繁複；「氣功療法」是「靜中求動」，姿勢單純。

《太極拳論》關於呼吸法的主張是：「虛靈頂勁，氣沉丹田」，氣沉丹田的方法是，立身端正，用意識引導呼吸徐徐送入腹部臍下，不許使力硬壓。拳論說：「腹內鬆淨氣騰然」，「腹鬆淨」，「氣宜鼓蕩」，「氣以直養而無害」，「內固精神，外示安逸」，都是要求「以意運氣」，虛靈自然，要求「身動、心靜、氣斂、神舒」，十分自然，不用硬壓做作。

明代高濂所編《遵生八箋》引心書：「出息入息，長收緩放，使之綿綿，以養神氣」，「皆出於自然，不可……揠苗助長」。跟拳論引用孟子的話：「氣……以直養而無害」是一致的。

太極拳周身動作複雜，開始學時一般宜用自然呼吸，不宜配合深呼吸運動。如果在練拳前後就單獨練習深呼吸運動，等到拳套練熟，一經指點，就容易把呼吸和動作結

合起來。

練拳前後單練深呼吸法（練氣）介紹如下：

「正身直立，口唇輕閉，舌舐上顎，雙足分開，寬與肩齊，全身鬆開，雙手自然下垂，頭部虛靈頂勁，目光平視，屏除雜念，自覺心平氣和；姿勢穩當，然後用意識緩緩將雙手向前方舉起，肘腕微屈，手心向下，以中指領勁上提手，與肩平，同時用鼻緩緩吸氣送如腹部臍下；吸氣將盡，肛門括約肌既微微收縮，使氣聚於腹部，略停一停；隨即緩緩以鼻呼氣，肛門括約肌既行鬆開，雙手同時帶弧形屈肘內收緩緩下按於腹前，亦是以中指領勁往下輕按。動作與呼吸要均勻配合，逐步求得內外協調。這樣反覆練習數十下。」

這種「以意調息」的深呼吸法，是訓練高級神經中樞和呼吸中樞，大量攝取氧和排出二氧化碳的呼吸法。通過橫膈膜的不斷起伏，促進內臟運動，加強血液循環，能夠治療各種慢性病。在現代生理科學上，已經巴甫洛夫的高級神經活動學說和貝可夫院士的大腦皮層與內臟相關的學說所證明了的。

附帶要提出的，肛門括約肌的一緊一鬆（緊的時間短，鬆的時間長）可以治癒內痔並連帶地影響了泌尿系統而治癒遺精病。

拳套練熟後，可以按照落呼起吸，開呼合吸的原則，使呼吸與動作自然地結合起來。如果感覺胸間憋氣，必然是姿勢有不正確的地方，或是呼吸跟動作不能配合均勻，必須加以調節；如仍調節得不舒服，應恢復自然呼吸，切勿勉強。

四、簡化太極拳的基本步法

簡化太極拳的基本步法共有七種。整套拳路的轉換變化，離不開這七種基本步法。太極拳步法的特點是虛實分明，開始動作以後，始終僅以一足支持全身重心，不許犯雙重（開式的小馬步是雙足支持全身重心的，這是例外）。加上動作緩慢，因此腿部的負擔量很大，初練時應以40度的高架子為適宜，逐漸增加運動量為65度的中架子，以至90度的低架子（落胯高低的度數，可參閱「馬步側面圖」）。

1. 馬 步

起式的馬步，直立正身，全身鬆開，兩足分開，足尖向前，徐徐落胯下坐，約40度，膝蓋不得過足尖，膝蓋微向裏扣，鬆肩塌腰，肩與胯成一垂直線。眼平視。呼吸自然，腹部充實，胸部寬舒，胯根要鬆開撐圓。頭頂與尾閭骨成一垂直線。兩肩骨遙遙對準，中間似有一線貫通；雙手叉腰，兩肘尖亦遙遙對準。

（圖一　馬步圖）

  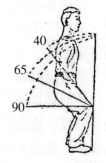

一、馬步圖　　一、甲　馬步圖　　一、乙　馬步側面圖

兩足分開幅度較大的馬步，容易蹲下，簡化太極拳中沒有這種固定的馬步，僅在雲手轉動過程中的一瞬間有此馬步。長拳和老架太極拳中有此馬步。

　　（圖一、甲　馬步圖）

　　（圖一、乙　馬步圖）

2. 丁子步

　　後足踏實，足尖向前斜角，落胯下坐；前足尖虛點地，足尖向前。

　　（圖二、丁字步圖）。

3. 弓步

　　前足踏實，落胯屈膝；後足虛踏地；前足尖微向前斜角，後足尖向前斜角。

　　（圖三、弓步圖）。

4. 虛步

　　由弓步上身不動，重心逐漸移至後腿，前足變為虛踏地，足尖蹺起或不蹺足尖。

　　（圖四、虛步圖）

二、丁字步圖　　三、弓步圖　　四、虛步圖　　四、甲　虛步圖

247

（圖四、甲、虛步圖）

5. 磨轉步

前足橫踏落實，屈膝落胯塌腰；後足掌虛點地，足跟提起，屈膝貼近前足腿彎下、腿肚上。

（圖五、磨轉步圖）

6. 仆腿步

後足踏實，屈膝落胯塌腰，胯高於膝（胯與膝平的運動量極大；胯低於膝的運動量極小）。膝蓋不得過足尖；前足掌側外緣徐徐向前橫伸，足掌全面虛貼地，足尖前向斜角，腿彎微挺直。

（圖六、仆腿步圖）

7. 獨步法

一足踏地，腿彎微屈，足尖前向斜角；一足提膝上頂，足尖微向前下方，不使足背部分緊張。初練者膝與臍齊。練習日久，要求提膝高與心口齊。獨立步式須頭部頂勁領起，氣沉腹部，足掌和足跟用力下蹬，就能夠站立穩當。

（圖七、獨立步圖）

五、磨轉步圖　　　　六、仆腿步圖　　　　七、獨立步圖

各種步法，實足要求踏穩，膝蓋不超過足尖，以免重心前傾，上身要求不彎腰，不前俯後仰，不左歪右斜，保持軀體正直。頭頂與尾閭骨成一垂直線，呼吸自然，腹部充實，胸部寬舒。腰要塌下去，胯根要鬆開撐圓，步法雖分虛實，但是應該虛中有實，實中有虛，拳論說：「虛非全然無力，實非全然占煞」太極拳步法要求輕靈穩固，虛實相互滲透，變化靈活。

249

五、簡化太極拳的連貫步法

太極拳理論講到步法的有：「邁步如貓行」，「步隨身換」（身法有變化，步法要跟著變化）。「由腳而腿而腰，總須完整一氣，向前退後，乃得機得勢；有不得機得勢處，身便散亂，必至偏倚，其病必於腰腿求之」，「虛實宜分清楚」，「虛非全然無力，實非全然占煞」，「立身須中正安舒，支撐八面」，「下部兩足立根基」，都說明了練拳要注重步法。步法踏出要像貓兒行路那樣既靈活，又穩當；兩足要一虛一實，虛實分明。

如果步法不正確，上身姿勢就會歪斜彆扭，失去平衡，引起局部的緊張，也必然會影響到呼吸的順遂。

怎樣教連貫步法？由於太極拳的動作圓轉，上下左右的動作隨時在變化，不易配合好，初學的人往往顧到步法就顧不到身法、手法、眼法；顧下則忘上，顧左則忘右，顧此則失彼，苦於記憶。

我認為教員在教拳式之前，應該先教步法，使學員先能站立穩當，弄清方向、路線和腰部的左旋右轉。因為一般學太極拳的在學了若干時間後，還不會正確的轉動腰

部,減弱了鍛鍊的效果。

因此,在教會步法的同時,要把腰部運動也使學員能夠掌握起來。然後接著教整體運動。這樣教法可以使學員容易領會,可以縮短教會拳套的時間。

教員可根據「簡化太極拳」的套路,按照每勢運動的繁簡,編成幾個動作的口令,然後抽出步法的連貫動作,用同樣的口令來教,便於學員在學會步法連貫動作後,接著學會上下配合的整體動作。教會一個勢的連貫步法,即可教上下配合的動作,增加學員練拳的興趣。

舉例介紹如下(附圖是「簡化太極拳」套路中的步法連貫動作,加注說明;「簡化太極拳」的原圖不另附,讀者可參照人民體育出版社印行的「簡化太極拳」圖解)。

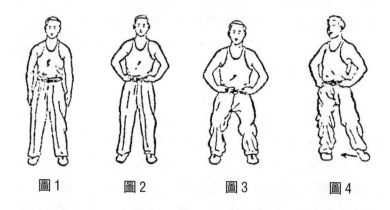

圖1　　　　圖2　　　　圖3　　　　圖4

圖1,口令一:正身直立,重心落在雙足間。目光向前平視,摒絕雜念,自覺周身鬆舒,呼吸和順,方才開始動作。開始動作以後,意識不斷地指導動作。

圖2,口令二:以意緩緩提起雙手,輕插腰部。

圖5　　　　　　圖6　　　　　　圖7

圖8　　　　　　圖9　　　　　　圖10

圖3，口令三：以意緩緩落胯，屈膝下蹲，成馬步式。

圖4，口令四：以意緩緩向右轉腰，重心逐漸移置右腿，頭頸隨著緩緩右轉，目光向前平視右斜角。

圖5，口令五：重心仍站穩右腿，左足緩緩收近右足前，左足斜踏，足掌虛點地，足尖與後足尖對齊；左足跟提起，與後足跟對齊，相距約半尺，成丁字步式。

圖6，口令一：腰部緩緩向左轉，頭頸隨著緩緩向左轉，目光轉向前方平視；同時，左足跟略提起向前方稍偏

左伸出，足跟虛點地，膝關節微屈，成虛步式。

圖7，口令二：重心緩緩移置左足，左足尖緩緩落地，前足踏實；後足虛撐著地。塌腰落胯。成弓步式。

圖8，口令三：重心緩緩移置右足，左足尖緩緩蹺起，成虛步式。

圖9，口令四：左前足足尖向外撇，重心緩緩移置左前足，橫踏落實；同時，腰緩緩向左轉；右足跟緩緩提起，足掌虛點地磨轉，成磨轉步式。

圖10，口令五：重心仍站穩左前足，右後足緩緩提起向前落於左足前，足掌虛點地，成丁字步式。

教連貫步法時，以自然呼吸為適宜。

初學拳的練習連貫步法，架勢必須高些，使腿部負擔力減勁，以免膝關節酸痛，不易支持。對病人要特別注意不使累乏。

全身各部分的規格要求，可參照前面的鍛鍊要領和基本步法的說明。根據學員的體力條件和領會程度，逐步增多要求，逐漸提高運動量。在教會上下配合的連貫動作後，如果學員的步法仍不明確，轉動時立身不穩，仍須反覆練習步法。

六、太極拳與經絡學說

我國古代哲學家認為世界上存在著兩種互不可分而又相對抗的力：陰和陽。二者是萬物變化和發展的根源。陰陽的和合是矛盾對立面的轉化和統一。我國醫學理論就是建立在陰陽學說的基礎上，認為陰陽二氣的兩種勢力在人的身體內，如能維持正常的對立平衡狀態，人就健康；失

去了對立平衡狀態，人就會生病。

　　中醫就以陰陽、虛實、表裏、寒熱為八大綱領，作為辨證施治的整體治療方法，從而產生了調整人體陰陽血氣的療效作用。

　　以陰陽學說為基礎理論的我國經絡學說，早在新石器時代應用於針灸治療方法。我國的經絡學說是指人體氣血運行的通路，「經」是比較大的線路，「絡」是支線。經絡學說的主張者認為：經絡是「人體的綜合發生系統」，解剖學上的骨骼、肌肉、循環、泌尿、生殖、神經等等一切系統，都以渾然一體的姿態，在營養生命、生活活動的。經絡就是綜合一切解剖系統來經營生活的綜合系統。

　　經絡學說是我國古代醫學家經過長期的觀察實踐，根據穴位的療效，逐步發展成為一種解釋生理和病理的學說，針灸學和氣功療法的理論就是建立在經絡學說的基礎上的。

　　太極拳顧名思義是以陰陽學說為理論基礎。《太極拳論》說：「太極者，無極而生，動靜之機，陰陽之母也。」它的動作柔和、圓活、連貫、均勻，有利於調和人體氣血。它的鍛鍊原則如：「以意運氣」，「運勁似抽絲」，「運氣如九曲珠，無微不到」；「立身須中正安舒」「不偏不倚，無過不及」，動作旋轉作環形，都跟經絡學說有關係。

　　河南溫縣陳家溝（太極拳發源地）陳氏第十六世陳鑫（字品三，西元1849—1929年）於1908年至1923年寫成《陳氏太極拳圖說》（1933年在開封印行），除了引用太極圖陰陽學說闡發太極拳的動靜、開合、虛實、剛柔等等對立、峙的拳理外，每勢以意運氣，以氣運身的螺旋形運

253

行內勁的纏絲勁練法，完全根據我國古代的經絡學說。

近年來經絡經穴測定器的製成，初步以科學方法證明「經絡」確實存在人體內，解決了醫學界爭論「經絡」是否存在的問題。目前已有醫生運用經穴測定器作為辨證的根據來進行針術和處方（藥物治療），治療的效果極好，應該首先歸功於通過科學儀器的測定保證了辨證的正確性，從而對症用針，對症下藥。

近幾十年來太極拳運動對療病保健作出了重要貢獻，因此太極拳得到廣大群眾的喜愛鍛鍊，得到黨和政府的支持和提倡，但是它對人體經絡上調和氣血功能的科學測驗，尚未見到文字報告。

筆者今夏因公到北戴河機關療養院，碰到機械科學研究院院長張協和同志和工程師譚書田同志，他們響應黨的多面手的號召，業餘研究經絡學說多年，試製成功了經穴探測儀器，並利用儀器測定來施針處方，這次應邀為病員辨證施針處方。

我為了要瞭解武術運動後經絡氣血的變化，請他們多次替我測驗楊架太極拳、陳架太極拳以及動作猛烈不配合呼吸運動的操拳（長拳的一種）。這次經穴測驗的結果，說明在體育運動後血液循環加速，生理機能亢進，數字普遍提高，練拳前不平衡的經穴得到平衡，或者改善了不平衡的程度。說明了體育運動有增強人體機能，調和氣血的效果。

從醫療體育的觀點來看，太極拳比較作劇烈運動的拳套較有優越性。我們準備多找幾個太極拳運動員多做幾次測驗以後，做出分析研究的初步報告。

七、太極拳的手法與眼法

太極拳的手法，手臂須鬆柔圓活，忌僵忌滯，動作旋轉作環形，橫直順逆，應走弧線，使關節圓轉如意，筋肉纖維得到鬆舒的運動。

太極拳術語中的「沉肩垂肘」，就是要求把肩關節、肘關節放鬆。沉肩垂肘，可以幫助胸部寬舒，氣不上浮，也有利於手臂引伸、回縮時力量加大。放鬆肩肘關節，不是短時間可以做到，必須在每次練拳時每一動作都用意識引導放鬆。練拳時用意不用力，用功日久，手臂逐漸會產生纏綿曲折的意趣，沉重中帶有輕靈，輕靈中帶有沉重，輕靈不流於飄浮，沉重而不犯僵滯，這就是拳論「勁似鬆非鬆」所要求達到的境界。

腕關節要圓活，手指宜鬆柔微屈，前推時掌根微微著力，手指仍宜前探，弗使直豎犯硬。意須貫到指尖，拳論說：「其根在腳，發於腿，主宰於腰，形於手指」，「勁貫四梢」，四梢指的是兩足足指尖，兩手手指尖，原為技擊家鍛鍊擊人方法使周身勁力集於手指尖，極符合於氣血周流全身達於尖端的運動生理。今天我們鍛鍊太極拳的目的是為了療病、保健、延年，在鍛鍊原則上仍然採用技擊家鍛鍊方法，不在於追求它的技擊作用，而是為了它的運動生理上的價值。

眼法要隨主要的手的動作而向前平視。凡動作變化，首先用意識指導內部（內臟）向預定前去的方向作好安排，眼神也接著向預定前去的方向前視，然後身法、步法、手法跟上去，這是「始而意動，繼而內動（內臟），

然後形動（外形）」的細緻的高級的鍛鍊方法。這樣逐漸細心體會地練去，可以逐漸做到：意到，眼到，手到，也就能達到練拳有精神的評語。

看人練拳時如何看出他的精神貫注，首先可以從眼法上來判斷。有些人在練太極拳時專將目光注視手掌，不隨動作的轉移將目光前視，對鍛鍊視力沒有幫助，眼神不靈動，定式時目光不嚴正地前視，必然使觀者感覺到練拳者毫無神氣。那種採用靜坐時「垂簾閉目」式的眼半開半閉以及專視手掌的練法，除了對養靜有益外，對鍛鍊視力是沒有好處的。練拳時目光隨動作轉移而向前方遠處平視，既能使眼球神經獲得訓練，也有助於視力的增強。

在花樹叢多的環境中練拳，既有利於呼吸新鮮空氣，也有利於目力的恢復和增強。每天上公園練拳者比在室內練拳者在療效上、健身上效果要更好的多，其道理就在這裏。

練拳時能夠宛曲勻稱，好像風中楊柳，搖曳生姿，富有節奏的情趣，是練功夫日久後，身手步協調，上下相隨，內外合一的表現，而「神氣活現」，主要從眼法上透露，這和畫家「畫龍點睛」的傳神一樣。

每勢定式時，手須上對鼻尖，下對足尖，即是術語「三尖相對」的要求；目光經由前手中指前視，意貫指尖，中指勁到，餘指勁也到；眼神須照顧上下兩旁，要表現出大方、舒展、嚴肅、沉靜的神氣。勁只能貫到九分，神氣要貫到十分，勁似乎貫足而尚未貫足的時候，下一勢的動作就接著變動，這樣就能達到「綿綿不斷」，「節節貫串」的要求。

八、太極拳的身法

太極拳的身法，主要為「立身須中正安舒，支撐八面」，「不偏不倚」，「無過不及」。四肢動作不論如何轉換，自頭頂、軀幹至尾閭骨，始終須保持一條垂直線，凡是身向前俯、後仰、左歪、右斜，都不符合「中正不偏」的要求，都是身法上的缺點。

太極拳身法的「中正不偏」，是和靜坐時的身法端正是一致的。保持軀幹正直，對老年人特別重要，上身前俯，頭向前傾，這是衰老的象徵。許多著名的老年書畫家，都是「正襟危坐」，軀幹筆挺的。從前太極拳名家楊露禪的老師陳長興就以身法中正不偏，當時人們稱他為「牌位先生」（立身如牌位的直豎）。

太極拳身法的輕靈圓活，全憑腰、胯、胸部的運轉，最忌頭、身前傾。練拳時如果刻刻留心「意守丹田」，腰部鬆沉，下部自然有穩重的感覺，胸、背部分的肌肉鬆舒下沉，自然就會有「含胸拔背」的姿勢；「鬆肩沉肘」可以幫助「含胸拔背」姿勢的形成。「含胸拔背」不同於弓背凹胸的病態姿勢。身法的輕靈圓活與沉著穩重相結合，這是太極拳身法的特點。

李亦畬手寫本《武禹襄太極拳譜》，論身法有「涵胸、拔背、裹襠、護肫、提頂、吊襠、騰挪、閃戰」八個條件，都是從太極拳的技擊方法特點出發而提出的八項身法上的要求。在鍛鍊簡化太極拳時可以不必照顧到「裹襠、護肫、騰挪、閃戰」等技擊性的要求，因為今天我們推行「簡化太極拳」是從療病保健的體育運動出發，而不

257

是從技擊性出發。

時代要求不同，對於古拳家的練法，我們不得不有所取捨，使古為今用，而今不泥古。至於少數練太極拳者對技擊性興趣較濃，盡可從原來舊拳套和推手方法中做專門性的研究和鍛鍊。那就不是本文所應涉及的範圍了。

九、太極拳的圈和內勁運轉

太極拳每一動作的開合虛實，起落旋轉，都是由一個圓圈構成。太極拳家陳鑫說：「妙手一著一太極」，指的是一有動作，就打一個圓圈；這一個圓圈當中，應該包含有陰和陽兩種力量，要有剛有柔，有虛有實，這才是太極拳的妙手。

這個圓圈運動，有全圈、半圈、順圈、逆圈、直圈、橫圈，在整個拳套內錯綜地交錯著，動作的前進，後退；上起，下落；左旋，右轉，都要帶有走弧形、畫圓圈的形象。這個圈的內包，有直線、平線、斜線、來福線、弧線等，跟力學、數學的原理有密切的關係；內勁的運轉，像螺絲形地纏繞進退，跟中醫的經絡學說有密切的關係。

初練太極拳時轉圈的幅度要大，練習日久後轉圈要逐漸收小，這是「先求開展，後求緊湊」的鍛鍊步驟。練到純熟後，能夠一動無有（內外、上下、左右）不動，一圈無有不圈（外形有：手圈、肩圈、胸圈、腹圈、膝圈、足圈；體內有：內臟做輕微的旋轉按摩，氣血按照經絡路線纏繞運轉。內外、上下、左右，同時協調動作）。

陳鑫說：「精煉已極，極小亦圈」，這是由大圈練至小圈，由小圈練至沒圈；由開展而漸至緊湊，由有形而歸

於無跡的最高級的技術成就。由極小的圈練到外形看不出有圈，是只有圈的意思而沒有圈的形式，這是只有功夫極深的專家們才能做到。

　　轉圈不論大圈、小圈、沒圈（有圈的意思但在外形上不容易看出來的稱為沒圈），都應該有內勁作為統帥。這種內勁是經過長期鍛鍊，用意識貫注而形成「似鬆非鬆」，「剛柔相濟」的一種內勁。

　　內勁的運轉，是帶有螺絲旋轉形狀的纏繞勁，只有像太極拳的圓運動才能鍛鍊這種內勁，其他直起直落的拳套不能有這種內勁的練法。

　　內勁發源於腹部（丹田），丹田勁如以十分計算，用意識將六分勁上行分達兩肩纏繞運轉至兩手指尖，以四分勁下行經胯分達兩腿纏繞運轉至兩足尖，這是隨著動作的開展、引伸、呼氣而纏繞運轉到四梢的。由內而外的順纏，稱為前進纏絲勁，內勁貫到九分，神氣貫到十分，姿勢似停非停的時候，動作的開展者轉化為合聚，引伸者轉化為回縮，呼氣將盡轉化為緩緩吸氣，這時內勁之上下行到達四梢者復由原路纏繞退行至腹部（復歸丹田），由外而內的逆纏，稱為後退纏絲勁。

　　這種纏繞進退的纏絲練法，是完全符合於中醫經絡學說的，對調和氣血，增強體質極有成效，應用於推手方法之上，過去太極拳家是當做不傳之秘的。

　　至於內勁運轉時的輕重、剛柔、虛實，應該是忽隱忽現的，這要靠鍛鍊者的細心體會，靈活運用。每勢的起承轉合，著著貫串，節節鬆開，處處合住的鍛鍊方法，不但要默志揣摩，並且要多作觀摩，多請有經驗者做指導和示

範，才能進步較快，而不致在鍛鍊中發生流弊。

簡化太極拳的結束語

簡化太極拳原為療病、保健的目的，根據楊架太極拳改編，比較原來拳套易學易練，有它時間上、經濟的特點。教者須根據不同性別、年齡和病情，增減它的運動量，採取多、快、好、省的教學方法，使學者在短時間內能夠掌握動作要領，從而獲得療病、保健的效果。

根據我個人在業餘教學中的經驗，教得最快的只需六次（每次一小時）就可以教會全套。

由於太極拳的練法細緻複雜，教者應在教會全套後引導學者逐步掌握好某一鍛鍊要領（譬如：腰部的旋轉，手法、步法的正確變換，左右的配合變換，上下的協調，目光的轉移方向，動作走弧形的變換過程，呼吸和動作的協調，等等）。等到學者對某一鍛鍊要領掌握好了，條件反射形成了，學者可以不假思索就能大體上動作合乎規矩，然後再教學者在練拳時重點地注意另一鍛鍊要領；如此有計畫地做下去，大約有三個月就可以使學者練正確這套拳。練法正確了，學者練拳的興趣就會濃厚，療病保健的效果也就更大。

開頭如果動作練的不正確，在大腦皮層中頑固地形成一種神經活動過程的結構即動力定型之後，以後要加以改正，就得花很長的時間。武術界有一句成語「學拳容易改拳難」。學者應該虛心地學習，認真地鍛鍊，視體力條件和情況許可，要多練、多想、多研究、多觀察，練出興味以後，太極拳一層深一層的意思，就能逐步體會出來，也

就會在不知不覺中消除疾病，增強體質，那麼，體育運動為生產、學習服務的目的就達到了。

有些人反映，練簡化太極拳有一年半載以後，覺得運動量太低，不出汗，不過癮。這是在鍛鍊方法上沒有根據熟練程度來及時提高運動量的緣故，更正確地說，這是在鍛鍊要領上沒有全部掌握好的緣故。

提高運動量方法：一方面可以把拳套接連練習二遍或三遍，並注意練法的正確性；另一方面主要把胯根的高度放低，運動時保持一個水平，不忽高忽低，速度要均勻，步法的虛實要分清，運動量就會增大。練完一套拳而不出汗的，練法上一定有不到家的地方，最好請有經驗的再作指導。

如仍感覺運動量不能滿足自己的要求，可以選擇一種老的太極拳架勢，如楊架（大架子）、吳架（小架子）、武架（較吳架更為緊湊）進行學習和鍛鍊。

幾年來太極拳在全國性武術運動大會上列為單項評比的項目，今後武術運動員也要實行等級制，太極拳對武術運動員就有更重要的意義，這就要求武術運動員對簡化太極拳更須細心學習，下一番工夫。武術運動員吸收了太極拳的鬆柔、細緻的鍛鍊方法，一定能夠提高他原來所擅長的拳械技術水準。

青壯年的武術運動員，如果喜愛運動量更高的太極拳，可以學習陳氏老架太極拳，這種架勢保持古拳法的特點，呼吸與動作協調，運動有快有慢，有竄奔跳躍，騰挪閃戰的動作，有蹬腳，有發勁，極適宜於年輕力壯者鍛鍊。

261

醫療體育運動是太極拳今後發展的主要方向，但對其推手競技運動的理論和技術鍛鍊，尚待分析總結。王宗岳（山西人西元1795年間在開封教書）、武禹襄、李亦畬、陳品三、陳復元對於太極拳理論已遠較陳氏原有拳經總歌為提高，它們涉及儒家哲學中陰陽、動靜、剛柔、虛實、粘隨走化、中正不偏、無過不及等變易、對待、和解的學說（在不斷運動著、發展著、矛盾著的對立兩方面的轉化和統一）。

需要運用辯證唯物論來提高它的哲學根據，從力學原理來分析太極拳的推手技術，從巴甫洛夫高級神經活動學說來說明它的療病價值，全面地對太極拳作科學性的說明，還有待於哲學家、物理學家、醫療體育專家以及太極拳專家們的共同努力。

對於太極拳的「以意運氣，以氣運身」的學說，現代解剖學家還不能做解釋，必須運用中醫的經絡學說來做學理說明，然後才能夠把古典太極拳論譯成語體文字。

太極拳的雙人推手方法，值得發展成為競技運動項目，它比拳擊、摔角更易獲得多數人的愛好，只要我們規定比賽規則，就很容易加以推廣。中國的武術體育運動，將在世界體育寶庫中放進一朵鮮豔的香花，這個日子也將不遠了。

這篇介紹文字，是在工作、學習頗為緊張的情況下陸續寫出的，不免粗糙，缺點和錯誤的地方，希讀者指正，以便做進一步的研究。

（1958年6月8日～1959年1月19日《文匯報》）

越南之行

　　1957年 1 至 4 月，我在越南教胡志明主席打太極拳。這次越南之行的起因是1956年10月周恩來總理、賀龍副總理訪問越南時，賀副總理向胡志明主席介紹中國太極拳在醫療、保健方面的價值對老年人來說更為適宜。胡主席聽了頗感興趣，表示要鍛鍊，希望能派教員去教。這個事情經國家體委研究就落實到我的身上。

　　1957年1月初，我到了北京，當天便去國家體委，在武術科見了毛伯浩、張雲驤二位正、副科長，毛伯浩很高興地說：建國以後，國家還是第一次派武術教練員出國教拳，而且還是教友好鄰邦越南的胡志明主席，更應祝賀。到了下午，我的老朋友唐豪也到了武術科，他趕寫《太極拳源流》給我參考，一口氣寫成，寫得胸口發痛，並為我出國教拳一事獻計獻策。關於時間，當時體委定了一個月，教簡化太極拳。

　　我原來在上海準備的是楊式太極拳。關於教授方法，在上海跟一些朋友也商量過，覺得胡主席年齡大，運動量也不宜過大。我抓緊時間重新準備簡化太極拳的教學計畫，跟簡化太極拳的主編李天驥一起研究。同時，李天驥向我學了楊式太極刀。我在北京十多天，一方面做好教學準備，另外去外交部，由亞洲司副司長謝爽秋交代出國注意事項：這次去越南涉及兩黨、兩國關係，必須慎重，在禮節方面多注意，到越南後多和大使館聯繫。

　　那時我還做的一件事，是跟陳發科老師繼續學習陳式

太極拳和推手。事先我請唐豪和陳老師打了個招呼。國家體委在崇文門外，而陳老師住在騾馬市大街，要轉三次車才能到。陳老師因我們是提倡武術，寫文章的，特別高興我們去學拳。

他知道我要出國，仔細地看我打了一套陳式拳，說我有很大進步，但又說：「你打得太費勁，太累，呼吸不太和順。」因為我練楊式太極拳是自然呼吸，而陳式拳是一呼一吸都要跟動作配合。因時間緊迫，我每天都要到陳老師家去，有時甚至一天去兩三次。我知道雖然這次去越南不教陳式拳，但從融會貫通，博採廣學的意義上來講，有此必要，所以我練得很辛苦。每次練拳、推手都是渾身大汗，也發現體力不支。那時我已49歲，有時練後腳抽筋。陳老師講話很少，但很扼要。他對我很愛護，在推手時輕推輕放，我沒有吃過苦頭。

在北京準備期間，國家體委黃中副主任和運動司朱德寶司長跟我談話，做了一番勉勵。我有些顧慮，向他們說道：「太極拳中有技擊性的東西，胡主席年齡大，又是國家領導人，我教起來是輕不得重不得。輕了沒效果，重了可能被認為是不尊重人家，所以輕重手法上很不好掌握。」兩位領導說：「你不要教技擊性的東西，著重從醫療保健體育方面考慮。」

1957年1月12日，我從北京坐中越國際聯運列車去河內，胡主席派辦公廳主任到車站接候。中國大使館辦公室主任張英把我接到使館住宿。胡主席正在開國民會議，但仍然抽暇在第二天接見了我。羅貴波大使說：「教太極拳也是外交關係。」所以他陪著我去。

　　胡主席住的是三開間的法式二層，客廳裏陳設僅為一套籐椅，並無沙發。胡主席穿著也十分簡樸，灰黃色的卡其布制服。他用廣東話跟我談話，說得很流利。他說賀龍副總理對武術很感興趣，常能津津有味地說上兩三個小時。又說到，1930年他在上海學過中國拳術，身體恢復了健康，當時曾看到一位長鬚老人在虹口區教太極拳。我將國家體委編印的簡化太極拳三份和楊澄甫先生全套太極拳照片圖送給他。胡主席對羅大使說：「你這樣的年齡，也可以練練太極拳，中老年人也應該有適當的體育運動。」最後，胡主席說他因國民會議尚未結束，又近春節，這幾天還不能鍛鍊，決定在2月5日開始鍛鍊。

　　剛到河內時，在大使館商量我的住宿，原先考慮和胡主席住一起，後來考慮到語言上的不便，還是定在大使館，這樣我也能一面教拳，一面安排時間研究些武術史料和太極拳的理論及醫療保健作用。關於教學方面恐怕越南同志對太極拳不理解，它不像其他體育運動那樣勇猛。太極拳動作緩慢，訓練效果如何對他們來說還是未知數。因此我寫了一些文字材料，後經大使館翻譯成越南文印發了一些。原來胡主席準備每天用汽車接送我，我說：「我是喜歡動的，不用汽車接送了，還是借輛自行車吧。」我騎自行車去教學，也便於在河內市自由遊覽。

　　在開始鍛鍊前，胡主席派秘書謝光健到大使館和我商量學習計畫，我向謝秘書瞭解胡主席的作息時間和健康狀況，以便安排進度和運動量。謝秘書說，胡主席很愛體育運動，飲食很有節制，以前愛騎馬，並且愛騎調皮的馬，認為調皮的馬才是好馬，只要駕馭得法，快步如飛。前一

時期又愛划船和爬山。1945年，他的保衛隊長也曾教過他少林拳。胡主席因為二十多年前坐牢受傷，近來工作繁重，從去年起睡眠不好，晚上11點上床，早上4點就醒了。

我提出：胡主席鍛鍊太極拳應以輕鬆舒服、幫助睡眠為原則。隔日，胡主席又親自寫信約我去談學習計畫，他同意分 40 次練完簡化太極拳。我建議胡主席和秘書二人與其他幹部分開單獨練，他認為和大家一起鍛鍊熱鬧些。他規定在早上 6 點至 6 點半，晚上 6 點半到 7 點練習。

我在胡主席約我參加的機關慶祝春節聚餐會上看到準備學拳的幹部都是年輕力壯，大多是部隊出身，恐怕他們對練太極拳的原則不易接受，影響學習情緒，因此向胡主席建議，先講太極拳的理論和練法，在思想認識上打一些基礎，胡主席很是贊同。

我分兩次、兩小時講了中國醫療體育史，太極拳的特點，太極拳與心理學、生理學、力學的關係等課題，學員30多人都參加了。翻譯對專門名詞和中國歷史翻譯有困難時，胡主席還親自作補充說明。胡主席還特地囑咐翻譯把三篇講稿譯成越文印發作參考。

在鍛鍊了一個月以後，我問謝光健秘書：「胡主席練拳後對睡眠有何幫助？」謝秘書說：「睡眠已有改善，但仍不如前年睡得酣暢。」在教完全套太極拳前的兩天，胡主席很高興地對我說：「太極拳的效果很好，對睡眠很有幫助。」我聽了甚感欣慰。謝秘書和警衛隊長王文章都說，主席早上4點多鐘起床後，就在室內燈光下獨自練太極拳。他們一方面笑老人這麼認真練拳，一方面為老人的健康日益增強高興。胡主席早上和秘書、警衛、廚師等十人

一起練上三四遍太極拳，晚上有時自己不練也坐著看我領著練，一邊自己比畫，一邊糾正其他人的姿勢。

　　胡主席有拳術基礎，姿勢比一般人好得多，進度本可快些，但他為了等待其他人練得更正確更熟練，總是希望教得慢一些，原來規定40天的教學計畫，只好延長了。從2月5日到4月16日，實足練了62天，胡主席認為大家已經會練，但呼吸跟動作還不協調，打得不夠好看，還希望我能再繼續教一段時間。

　　當時教了一個月後，胡主席還要體委、軍委各派10名青年跟我學太極拳，以便他們推廣。一班教簡化太極拳，一班教陳式簡化太極拳。這兩個班的學員後來都在機關內教太極拳。一個學員在體委專管武術工作，還出了太極拳書。

　　我因國家體委定了一個月的教學任務，現在已超出這麼長時間，國內還有許多事情要處理，七月份還有個全國武術會要參加，因此我將歸國之意向羅貴波大使講了。羅大使初時願向胡主席轉述，後來又說你和胡主席天天見面，可以婉轉些提出。於是我在一次練拳休息時跟胡主席說了我的意思，幾天後胡主席對我說：「既然這樣，我們不好再留你了，希望今後有機會再請你來教。」

　　當年據謝秘書說，范文同總理喜歡打球、跑步等運動，也想學拳，但由於擔任總理工作，在時間上很難約定，因此沒能如願，結果派他的秘書來學。後來在招待會上碰到范文同總理，他跟我說，實在是沒時間，以後有機會一定跟你學。

　　回憶當時跟胡主席一起練拳的情景，我覺得胡主席對

中國的感情很深，溢於言表。他談起20年代由於革命，遭受法國當局迫害，逃亡中國，但後來還是被當作中共黨員抓住坐牢，身上的傷就是當時在牢房裏被摧殘所致。他在中國結識了一大批中共黨員，和前副總理李富春的關係很密切，李富春副總理贈送過一只掛表給他，他一直在使用。胡主席非常平易近人，當時哈爾濱歌舞團在河內訪問演出，在歡迎晚會，胡主席向全體人員介紹，說我是他的太極拳老師，並讓我表演了陳式太極拳。在招待波蘭總理的酒會上，胡主席特讓秘書口頭邀請我赴宴，這是他考慮到如用請柬，我沒有任何外交職稱，這個請柬不好寫，所以用了口頭邀請的方式。還有一次電影晚會，我進場以後，譯員要我坐在前排一個空位，過了一會，范文同總理進場了，譯員又請我坐到其他位置上，因為這是范總理的座位。胡主席看在眼裏，後來批評那位譯員，指出這樣做是不禮貌的行為。

在越南期間，他送了三次零用錢給我，我拒不肯收，他總是用不同的理由使我接受他的情意。臨別時胡主席還贈送了一塊摩凡陀牌手錶給我留念，這些錢和禮品都是胡主席自己掏的腰包。有一次我在聊天時講到越南的香菸很貴，當時大多數菸都是中國製造的，如大前門、白金龍等，大使館已供給我香菸，但胡主席不久就送我一條白金龍菸，由此可見胡主席的細緻體貼。

在體委、軍委班的結業聯歡會上，許多學員向我贈送新攝的照片，有的將自己留作終生紀念的奠邊府戰役紀念章、抗戰紀念章送給我。胡主席那邊也安排了歡送晚會，胡主席在會上說道：「太極拳效果很好。希望大家堅持鍛

鍊，教授別人。」謝秘書、翻譯還陪我遊覽名勝兩天。4月17日我離開秀麗的河內，謝秘書和學員多人趕來大使館送行。大家都有依依惜別之情，登上火車，我用剛學會的越南語向大家告別，並祝願胡主席身體健康。

在越南體育運動會上，我見到了武元甲國防部長，他很客氣地打招呼，白白胖胖的矮個子，不到二十多年後變成這個樣子。當時據越南朋友講，越南本國的財政收入只夠養活他們的軍隊，其他的一大筆開支，全靠中國支持援助。越南人民對中國人民十分友好。我剛到河內，有時在咖啡館用咖啡和點心，一些越南人見我穿中山裝，便十分友善、熱情地同我打招呼。在其他所到之處，也都是一種友好鄰邦的氣氛。

1957年12月初，當時商業局領導讓我去上海公安局會見黃赤波，黃局長告訴我到廣州去教胡主席太極拳。我匆忙準備之後即上了火車，陪同人員說目的地是杭州。我笑說，你們公安人員處處搞保密。我住在西湖邊大華飯店，胡主席住在謝家花園，也在西湖邊，相距不遠。同胡主席重逢，雙方十分愉快。

胡主席告訴我他一直在堅持練拳，效果顯著，這次到中國來療養爭取再鞏固提高些。我還是不要汽車接送，借了一輛自行車，在教拳之餘，經常騎車遊西湖，下午到浙江省圖書館，主要是從《四庫全書》中翻閱戚繼光拳經史料，還查閱了甘鳳池史料，做我所喜愛的研究工作。教了半個月，分手時，胡主席贈送我一件象牙雕的越南河內劍湖的名勝獨木亭，十分玲瓏可愛。西湖的湖光山色，也算越南之行的一片餘波，一併記在這裏。

越南之行，對太極拳的推廣起了一定的作用。當時我國駐越南的專家局局長方毅也準備一起學。後來進中南海教拳等一系列活動，我現在回想起來，都與越南之行有關。我在越南邊說邊練，每次上課都累得滿頭大汗，體力消耗很大，回國後曾勸告不少同行，不要邊說邊練，要練時不說，說時不練，以免傷氣，以吸取我的教訓。

歸國後不久，我抄寫了曾贈胡主席的《太極拳頌》，是七言詩。請我國著名書法家沈尹默先生評正。沈老欣然命筆。當時沈老目疾已重，平素很少寫字，但他一下子為我寫了好幾百字的這篇《太極拳頌》，我十分感動。這篇墨寶我一直珍藏著。這裏敘及，以志文字因緣。

（1957年10月6日《新體育》）

顧留馨出國教拳日記
——在越南胡志明主席身邊的日子裏
（1957年1月—4月）

1956年12月31日（一）

5時起練老架、楊架各一遍，鬆而沉。抄馬同文譜，僅摘其中異字異句。午約吳雲倬便飯，談教拳經驗，校正架勢，吳稱：手法勿帶花，勿練實，活潑些才美觀，對老年人教法須分解動作細，勿勞累，複雜動作簡化或刪去。胡主席事理明白，當能相處好。

晚5時至新雅飯店應李伯龍約宴別。李希望我轉業武術界，發揮特長。李擬轉業到戲劇界辦公室，或編輯戲劇

刊物，在爭取中。9時妻與德兒送至車站，進車廂後二人即離去。

1957年1月1日（二）

未明即醒，於車廂內活動身手。工程師王某，留學生，對主觀主義作風頗不滿，不知為知，浪費大，車座常有空，但要買座的買不到，不可解。

1月2日（三）

7時到北京站，人力車去體育總會，練太極半趟。8時唐豪來，談武術，黃滔女同志在整理計畫。9時到武術科，毛伯浩、張雲驤、吳高明等4人在辦公室，握手道歡，張說我的意見書極有見解。向組織科報到，轉行政和黨的關係。國際司陳放領到招待所，再去武術科和唐、毛、張等談武術。見修劍癡的《通臂拳》整理稿，修為該拳的老前輩。午睡1小時甚酣，覺倦。3時去唐豪處，其工作已由王副主任等確定不去律師協會，仍在技術運動委員會，正在寫工作大綱，希將來得一能畫能抄的助手。毛伯誥以陳品三著三冊借閱，《拳經拳法備要》已在翻印20份云。晚去陳老（發科）處，練拳一遍，師娘說：好！說拳能渾身打人，肩、胯、膝都能打人，每手不空，陳老高興，和我推手說纏法3次，和朱某推手，平。朱瑞川，武術研究社副社長。11時歸。

1月3日（四）

5時起練老架、楊架各一遍，再睡。8時許進早點，看陳品三《太極拳講義》。9時至國際司，張司長指示出國注意事項。1時午睡至3時，到唐家開始學按摩法，手部。5時半陳照奎來，推手，學炮拳。唐使大勁推無效，

一擠即站不穩。唐咳嗽胸疼，乃趕寫《太極拳史考》之故，云係因我去京而趕寫。

1月4日（五）

4時半醒，露天練拳手足冷，輟練，比演四路查拳。8時於飯廳練楊架半套，炮拳數式。10時陳放來云，下周去外交部談情況。11時去武術科借閱《太極拳答問》，李天驥前天自天津回京。午睡至3時，疲勞稍恢復。去唐豪家學按摩，手部。7時半陳老家，朱來改架，與馬練架不同。購筆遇關思俊老人，今年72，習少林，日練八段錦功，店主李福壽，字星三，曾習太極於陳發科，兼好摔角云。

1月5日（六）

5時起在洗臉間內練老架、楊架各一，去體育館和山西王某打乒乓。抄《陳山太極拳講義》目錄、總編。午後李天驥來，北京體育館學院擬請武術教員，已約郝家俊來京。李預料蘇聯也會請太極教師，須培養專家。2時去陳發科處，朱瑞川在，改架子，與馬良玉不同。陳老說馬良玉太自大，陳曾將其發勁倒地。

4時至唐豪處，咳嗽未好，顯疲乏，學背部按摩手法。語豪：不提太極十三勢採自拳經為妥。推手須腕動沉得住，然後擒縱由我，四黏槍亦然，長槍法亦云，只用九寸長。豪說我推手有進步，沉勁大，敷字有體會。我說：尚有蓋字對字亦能，吞字尚須加功。

1月6日（日）

5時室內練老架、楊架各一遍，越見鬆淨，也越見沉著充實。8時到中山公園，早點，古松甚多，見武雲卿在

領一人練拳，提步甚多，識為武架。到東四六條胡同 32 號會沙千里，警衛通報後沙即起床，沙妻也見老。沙失眠，眼花，勸以練太極拳。沙因伯龍感情激動，李擬請調文藝界。主國為副處長（黨員）有事不和他商量。沙希我向蔡北華、王致中反映予以照顧，幫助他進步。

　　11 時，訪倪觀格，推手，沉貼即化不開，其自覺不行了，倪女說我見老了。午後倪陪遊景山，即崇禎自縊的煤山。3 時去唐家學按摩法，頭部。贈我納粹的《體育之基礎》，日文本。7 時至陳老師處，由朱改架，陳老和我推手多次，纏勁大而熟，化不開，搠不住。交唐 15 元托人抄拳譜和唐近著《太極拳史》。

　　1 月 7 日（一）

　　4 時半練老架、楊架各一，手溫太極刀。今日上午山西太原競技科李、王兩人返太原，我獨居一室，稍靜。10 時去武術科，毛、張、李、吳等在開會。毛伯浩希我研究去教的一個月計畫，掌握哪些要點，教後做記錄，以便今後接上去。張雲驥認為應另教一班年輕人，以免遺忘後無處可問。和李天驥推手，其落胯沉肘，不易推動，但多形意勁，演放勁時落襠彈性而放似有道理。張說郝家俊手柔，推上去似無物，放時極速，只有一點旋轉。借劍歸，擬溫習太極，白虹。午睡至 2 時半，去豪處，還《李廉讓堂本太極譜考》、《太極源流考》。陳照奎來，改架，落襠中正，不露肘，勁貫指掌，不陷。講雙蓮破後抱，彎其指節鬆，左右分腳後掃，摟腰摔其在前面，又說互拉手聽勁法。豪教按摩腿部。

　　1 月 8 日（二）

5時在洗臉室練老架、楊架各一遍。溫習刀、劍。稍睡，8時半去武術科，毛希我先準備簡化太極和楊架，回來時向領導上要求留京半月，專學陳架。知我在這方面花力不少，本錢下的不少，武術研究定將健全起來，希我幫助工作。因他們開會做小結，須明晚和李天驥研究簡化。歸室練老架。午睡仍覺累乏。

3時去陳老處，董大夫也在練，朱瑞川改架說明：單鞭前去後撐，鬆肩橫沉勁，左手沉勁則右腳發勁，處處取得平衡。雙按勿側身，微側即可，倒捲紅前手平去，後手撐勁。陳老教推手拿法、摔法、放法、不使氣，一碰即出。陳老說都說給你聽。陳師母說陳老被騙開礦，把幾萬丟了，為兒媳事引起大病。陳老僅說：吃虧很大。購《內科醫療體育》一冊、《體育譯叢》第12期。

1月9日（三）

未明醒，去洗臉室練老架、楊架各一遍，架低勁足。氣候零度，落雪成冰。看《內科醫療體育》。10時到國際司，陳放不在，由王海燕接洽布票，云15日坐火車去越南。去百貨公司買襯衫四件，已12時不及購其他，趕回午餐。午飯後甚倦，3時始起身，至陳老處，朱瑞川已回去。陳老看我練拳，說甚好，臂上還使勁，要鬆。他演練一下，鬆柔有勁，雖年老腿腰不下去，但老功夫可見。推手教拿法、跌法、放法，都以不使勁、不頂、聽勁為原則。詢我行期，告以15日即走，回國後再來學半月。陳老說馬良玉架子嫌硬，照奎不多練，今後要改好他。時已5時，不及去唐豪處。

7時去武術科，有場地司張方溪司長在從李天驥學簡化

太極，我也學。張很主張推廣武術，認為是價廉物美。我提出技擊性對健康、壽命有限的意見，李認為要考慮，提倡競技運動。教李太極刀，先表演，李認為我練習比傅鍾文漂亮。李要我比演孫祿堂的八卦掌，答以早已放棄不練，原因為孫未拆演用法。

李認為楊架與陳溝老架練法上大有區別，須研究其演變及各自特點。李說11月大會時高級黨校自行找王新午講太極拳的醫療價值，毛、張、李也去聽，部分講對，當聯繫到共產主義道德時三人退出。太極拳只適宜於老年、體弱、婦女的說法不完整，年輕也可以練，他自認簡化拳說明上有毛病。武術表演有戰鬥精神，比體操好。李在教首長如聶老總，希教出成績，對推行有利。夜發覺5日信尚夾在書內，未寄出給元昆、元德。還在等他們覆信呢，真是太不細心了。

1月10日（四）

6時起，天色未明，在洗臉室練老架一遍，較快，溫太極刀二遍，恢復三風動作，溫太極劍一遍。河內9日電，中國哈爾濱評劇團確定在春節前應邀到越南訪問演出，同時保加利亞藝術代表團也將訪問，今年還有崔承喜為首的朝鮮藝術團，立陶宛歌舞團，民主德國歌舞團，捷克歌舞團。早，發信給元昆、元德，附函蕭光澤、楊景楨告以15日出國，正在進一步研究按摩療法和陳溝太極拳。練楊架一遍，午睡不寐，去百貨公司買睡衣兩套，制服一套，便帽一頂，汗衫、襯衫、襯褲各一件。

4時乘人力車至唐家，學腿法按摩，唐施術後，甚累。陳照奎來數炮拳一節，說演手，三換掌，運轉法，下

褡，直身，兩手支撐之理。唐希我練腰腿，在唐處便飯。7時半返武術科學完簡太，李學太極刀，馬良玉函唐：途中患紅痢，日瀉 20 多次，現進醫院。

1月11日（五）

未明練太極刀二遍，老架一遍，簡化二遍，劍一遍，時 6 點 10分 矣。函毛伯浩，建議體委派員去山西學會長拳（行拳，纏拳，改名為通臂拳）。午睡至 3 時，左右腿先後抽筋甚疼。練老架一遍，炮拳一節已連貫不起來。晚去陳老處，照奎和某在下象棋，和陳老談楊小樓學拳事。楊有保鏢二人，一人和陳老比手，被打出。和陳老推手出汗。照奎改架，勁貫指尖。

1 月 12 日（六）

早在洗臉室練老架一遍。擬去公園會武雲卿，先和隔室劉姓談其神經痛問題。接電話去外交部。和王海燕同去。副司長謝爽秋談越南概況及胡主席為人。希我到越南時先到大使館。11 時歸，練老架一遍，簡化一遍。午睡左右腿抽筋。午睡至 3 時，去陳老處練架一遍，推手，陳老說用纏法放勁，我出了一身汗。4 時半到唐家，學腹部按摩。約定明日去試掛牌按摩醫師手法，然後紀錄唐的方法。贈舊著《少林拳術秘記考證》，並述寫作經過。7 時半和李天驥研究簡化太極姿勢，數完太極刀。李頗有意去山西學習長拳，我語以最好有對老架練過的同去，如照奎。談武術發展應以醫療體育為主。

1 月 13 日（日）

早，彎腰腿，演簡化，去中山公園見武雲卿，語以將出國，返京後再談。9 時半去陳老處，林老、韓某在。我

練一遍，照奎指出：（1）披身捶下襠沉肘。（2）手揮琵琶合掌須斜，分掌要平，沉肘。（3）分腳跟，手要平。（4）演手捶，拳置兩乳間發出。（5）前後招上手高於肘，手心向外，下手在腹前。（6）野馬分鬃，手腿齊進，沉襠勿前傾。（7）穿梭前沉肘手短。（8）擺蓮前步斜。（9）指襠下左肘多一肘。韓某改出勢，照奎分解甚詳明。陳老和我推手很久，化勁只一點，拿放都好，我渾身汗濕。12 時趕回午飯。倦極，躺床上休息。3 時去唐豪處，陪往觀音胡同張德祿處按摩。7 時趕回招待所進晚餐。鄭州體委武某來合住，在體育學院學習 4 個月云。

　　唐豪希我到越南順便瞭解中越武術交流的歷史材料，國內尚未發現這方面的材料。

　　1 月 14 日（一）

　　微明，於洗臉室練楊架、簡化各一，太極刀二遍。覆信給蕭光澤、楊景楨，先將車票款轉入我名下好出差暫支，告以 16 日乘車去河內。函吳雲倬，告以返京後擬將炮拳學好。國際司王海燕說，19 日下午 4 時可到河內，大使為羅貴波，已去電告知我的行程。使館地址為河內黃耀路 46 號。和毛伯浩談話，毛稱檢查工作對其幫助大，領導作風主觀使同志們有意見，政策未明確，但作風如好，可以避免關係不好云。

　　於練習館練老架，並洗澡。2 時去百貨公司取呢制服。4 時到唐家，馬熙春來談通臂練法及刀法。

　　照奎 6 時半來，校正演手捶、雙擺腳、閃通背勢，仍在直身、柔肩、沉肘、貫指掌、下襠。毛伯浩 7 時半來，知我在唐家。毛談檢查工作，得益甚多，將辦武術業餘學

校，訓練班每期3個月。希我除技術外，研究體育理論和組織大會方法。有希望應蘇聯邀請去教授太極拳。武術教授出國近代以我為第一人云。唐談到戚繼光練兵的五兵之制，古今異宜，在乎因時制宜，希我瞭解中越武術交流資料。

10 時許和毛離唐家，毛談楊吳二架需出書，擬在滬組織人力；查拳本擬也在滬搞，新舊人才較多，現擬結合武術訓練班來搞。唐豪談：陳品三病歿前以《太極拳圖說》、《引蒙入路》、《三三拳譜》交猶子春元，關百益時為河南博物館長，以七百元買圖書稿，春元以二百元料理喪葬，後二書未肯交出。

1月15日（二）

早，簡化、楊架各一遍，發勁數下，公務員說我功夫大，練上身。看《周子全書》有關太極理論部分。9時向王海燕取體育畫冊多種，向毛伯浩取《簡化太極拳》20本。3時領得護照、軟席車票。買手錶、日舊貨，27元。晚訪張雲驥未值，還劍一把，將《周子全書》托還唐豪。函奕秀全，語以行程，托向局長、范主任等問好。函陳照奎希其熟練太極刀、槍、劍、棍、十三槍，卅四槍我也擬學。

1 月 16 日（三）

5 時醒，覺倦，練簡化、老架各一遍。7 時 15 分催汽車來招待所，即去車站，不等王海燕來送了，好說 7 點 30 分來送，太遲了。8 點 05 分開車，11 點 21 分到保定站，停 16 分，買牛肉包 4 個，二角作午飯，晚沖服杏仁露，吃麵包、山楂糕。在車上 1 元 1 餐太貴也。越南同志 20 多人返越南，黎文定同室。

1月17日（四）

5時醒。7時3刻，列車進武勝關，入湖北省境，本應11時49分到漢口站，但列車誤點17分。雇人力車去12號碼頭，腳夫搬行李上輪船，到對岸由腳夫趕搬至武昌站，鈴已響，車旋開出，不許上車。只能回漢口找服務所覓旅社，解給去利濟路同和旅社，係二等二級，舊樓房一所，髒而冷。寫航空信與羅大使，告知遲一天，即20日16時到達。函元梅。

1月18日（五）

5時許醒，起練簡化一遍，發勁多手，彎腰腿。黃鶴樓已拆去。8時到12號碼頭，霜大，為30多年來未有，昨午後渡輪泊江中不敢開。旁人云可坐畫了渡江。乃即乘畫子，半小時靠岸在別處，步行至車站，才9時多，11時30分搬兩箱子進站，甚累，12時45分開車。

1月19日（六）

6時醒，霧裏看山色，明日當空。午後4時許到柳州站，同室部隊某某下車。一路兩旁山峰起伏。練拳半趟，不覺吃力。深夜將到南寧下車。晚11時餘到南寧下車，雇推車找旅館六七家，俱客滿。見南寧市人委招待所，入內留宿，慕同志囑明日向省體委聯繫，時已1時，付房租4角1天，住樓上10號房間。

「桂林山水甲天下，陽朔山水甲桂林」，返國途中擬在桂林遊山玩水一二天，機會難得。

1月20日（日）

早6時許，於樓下客廳練楊式半趟、簡化一趟，漸覺有勁。出購食早點。9時在中華電影院看德片「沒有留下

的地址」。電廣西省體委，派易同志來洽，遷去南寧飯店（招待所）。電話陸軍醫院，不知馬良玉在何部門、何院，只能不去訪談。晚看桂劇「好醜洞房」鬧劇，11時歸。

1月21日（一）

5時許於走廊練簡化、楊架各一遍。午後2時練老架一遍、簡化一遍。函蔡北華、王致中反映李伯龍擬調動崗位，並介紹吳雲倬為太極拳家。和黃守敬等談太極拳好處。晚10時雇車去車站，深夜車才到，無軟席，位有硬席，倒下即睡。

1月22日（二）

6時30分到憑祥，有專家局陳伯五招呼，另有交際處朱瑩亦在，經檢查護照後換越南車於8時許出發，換幣7元，每元換越幣1420元。沿途由朱瑩講解地名、戰史、中國支援建設鐵路橋梁和工廠。4時20分（越南時間）到河內站，洪河長橋達3公里直通市內。總理府辦公廳主任范美，使館辦公室主任張英，文化專員李某，三等秘書李某在站接候，云19日未接到，今午後總理府接到電話，宿在使館內，改日由胡主席接見云。使館人員60多人，多數為青年，業餘打球文娛甚為活躍，許多人擬練太極拳。李專員曾練過八段錦、太極拳。河北大名人，曾去永年訪問拳師。晚8時洗浴後，練簡化二遍。

1月23日（三）

早5時半醒，練簡化二遍。8時早膳後練老架二遍，勁見沉而有力，躺床上休息約1小時。午飯時和羅大使同桌，羅詢及練好一套需要多少日子，答以簡化的需1個

月，老架需 2 個月，羅本來以為只需二周便學好。羅大使夫人在京中山公園見許多人練太極拳。羅大使知胡主席於午後 2 時接見我時，主張陪我同去。

2 時羅大使陪同去胡主席私邸。胡主席面色紅潤，精神爽朗，握手問路上辛苦否，操粵音國語，云1930年在上海找不到黨的關係，在虹口的廣東人希他練拳，恢復健康，現已忘了。那時已見一老人教太極拳。我說那時上海或許還沒有教太極的，胡主席說有的，詢有幾派？胡主席擬於早上6時學拳20分鐘，另有幹部要學，另挑時間，二三天後希我過去。至2時半告別，將簡化圖說二份送胡主席，又一份送羅大使。羅大使說往年在京有友動員他學太極拳，但未學。抗戰期間有一國民黨官吏每天練太極拳，未從他練，今後也想練一練，對中老年人很合適。胡主席說賀龍將軍談拳術時津津有味，可以談上2小時，詢我賀將軍練過太極麼，答己未知。午後練楊架二遍，極為沉著有勁，手見沉重。

1 月 24 日（四）

5 時起，練簡化一遍、楊架二遍。午睡至 2 時起，練老架一遍、楊架一遍。去街道散步。晚張英主任說：胡主席秘書電告須過春節後練拳，越南國民大會 24 日進入結束階段，25 日閉幕。上午白樺、一鳴的夫人去吊奠兩人逝世一周年紀念。白樺的夫人名林立，子念華、少華、幼華。一鳴的夫人名XX，女巧巧、追追。據說係汽車觸地雷爆炸死亡。到國外無謂的犧牲，未亡人的悲痛可想而知的。

毛筆抄寫《拳經總歌》、《擠手歌訣》、《太極拳論》，擬呈胡主席參閱。《太極拳源流考》尚未寫成。晚

和張英等 5 人乘車去露天出席保加利亞歌舞團的演出，有鋼琴獨奏，男女獨唱，天鵝之死，芭蕾舞等，7 點半開始，9 時散。

1 月 25 日（五）

5 時半起身，練簡化、楊架、老架各一遍。8 時早點，向張英、李專員提出使館人員先走一步，學好簡化太極拳，有 10 多人定於今晚 6 時半開始學習。擬參考著作寫出一篇中國醫療體育概述，重點介紹太極拳內容和練法。1 時午睡。3 時，練老架、楊架各一遍，手沉步穩多了。比演簡化太極、分段落，以便教人宜學。6 時半於俱樂部教簡化太極，有 10 多人，羅夫人、李專員均在，先講太極拳源流、練法要領，即教開式和野馬分鬃。7 時結束。夜燈下看郭沫若《今昔蒲劍集》。

1 月 26 日（六）

早 5 時醒，倦，不想起床。6 時起練簡化二遍，楊架、老架各一遍。寫《王宗岳太極拳論考》。

1 月 27 日（日）

早簡化二遍、楊架一遍。寫太極拳的命名與取象。午後李處長皆同越人陪我遊市區。喝木瓜水等，看招待電影「秋翁遇仙記」。練老架一遍。續寫至午夜 1 時。

1 月 28 日（一）

早 6 時起，簡化、楊架、老架各一遍。改寫太極拳的特點，午交張英主任，請油印 30 份或投稿報刊作介紹。午後 2 時練老架一遍。6 時半教使館人員至摟膝拗步第一勢。大家覺得不宜練，膝節酸。張主任說應說明名稱，使易記。夜寫彙報與國際司張司長。

李專員送閱 1 月 18 日《人民日報》刊項淳一《談太極拳》，源流部分瞎說一通。

1 月 29 日（二）

5 時練簡化二遍、楊架一遍，勢勢勁貫九分。上午寫好給張司長的報告，送張主任閱後，云 1930 年與中國黨的關係可不寫，乃刪去，午後交發。續寫《命名與取象》。6 時半教簡化至第二、三拗步，手揮琵琶。李處長云將與羅大使商量我之零用錢問題。

1 月 30 日（三）

5 時起，練簡化二遍、楊架簡式一遍，演太極刀一遍。天又陰寒，穿上棉毛衫、絨線衫。8 時，教俱樂部主任李同志簡化拳。投籃球微出汗。李君通知 11 時總理府請我吃飯，即去理髮、換呢服，11 時乘汽車去。胡主席談在上海、廣州、香港工作情況，白色恐怖那時厲害。總理府工作人員 20 多人，席間祝我健康，幫助學好太極拳，我也祝胡主席健康，各同志健康。

12 時飯畢辭出，胡主席說夜間哈爾濱評劇團有表演，希我和使館人員一起去看，劇團有 50 多人，胡主席興致甚高。5 時使館人員聚餐，6 時半同去巴亭俱樂部看哈爾濱評劇團演出「小姑賢」婆媳鬧劇、「白蛇傳」一段，胡主席致開幕辭、閉幕詞。胡主席愛小孩，一群孩子圍著他。9 時許歸使館，放電影「庵堂認母」（錫劇），散已午夜。越俗除夕，市民多徹夜不寐，燈光輝煌，爆竹聲盈耳，還劍湖最為熱鬧。

1 月 31 日（四）

5 時許起練簡化二、老架一。10 時酒樓工會到使館舞

獅。午後趙同志陪遊還劍湖,越市民看手相,算命,求關聖籤甚多,尚有採祿習慣。3時歸使館休息。寫越中武術交流材料問題給總理府黃主任,交張主任譯成越文。7時使館俱樂部晚會,遊戲、摸彩。8時放電影「春天來了」,淮北合作社故事,小菡亦為演員,乃上海劇藝社時小演員也。10時散,地濕,不出遊,練老架半套。寫武禹襄《太極拳論・按語》兼及《太極拳源流》。越南人民對春節極重視,放假3天。

2月1日(五)

6時起,微覺倦,乃多寫少休息之故,練簡化二遍。打乒乓、投籃球。寫武禹襄拳論按語。3時騎車去西湖遊覽。自總理府騎車回使館僅5分鐘。7時到河內戲院(1911年建)觀看哈爾濱評劇團演出「白蛇傳」,今晚為使館招待華僑的預演,領事部主任伍治之及夫人蔡某,經介紹見面。11時散場。

2月2日(六)

6時起簡化二、老架一、簡化一。看《內科醫療體育》,非得多研究醫理不可。1時騎車經高堤至西河而歸,花1時。黨參贊約同騎車經還劍湖、廣東街、西湖、公園而歸。和黨同志、李秘書打乒乓,說我內家拳打法,看不出來。黨說我球輕、急、旋轉,難搞。晚7時,使館招待越南婦女、兒童聯歡。9時放電影。練楊架一遍,初覺手輕,練後覺有沉勁。可見功夫要抓緊多練。

2月3日(日)

早簡化二遍。10時胡主席派秘書謝光戰來洽,由文秘書翻譯,詢我教授計畫,胡主席年老體弱,須輕鬆地練,

范總理也要練，另有 8 人要練。胡主席比范總理體強些，胡主席近睡的少，會多，近三月失眠，只睡三四小時，以前睡得好，近採用捶背部法可以睡，天冷有咳嗽，肺無病，每晨做體操，以前做過划船運動，遊擊時患傷寒，後恢復。1950、1951 年發瘧疾，吃少睡少，解放後體重增 10 公斤。范總理體差，坐牢時受傷，骨節疼，睡須按時，否則睡不好，睡的少，運動比胡主席多。

8 人在早上 5 時半至 6 時學拳，胡主席、范總理在 6 時至 6 時半學拳。5 日晨開始，范的秘書為陳越方。語以我準備將中國按摩法全身按摩法和部下按摩者交流經驗，但我未作臨床試驗。語羅大使李夫人購閱《內科醫療體育》，建議種花槿菜的勞動，語以按摩和練拳結合，可治高血壓，中國按摩手、足並用，有便我可教其女為其按摩。午後張雲主任夫婦及李參贊邀打麻將四圈，甚覺累。7 時看電影「幸福的生活」。

2 月 4 日（一）

6 時起身，練簡化二遍。寫信給李伯龍，上午發航空信給元昆，附給李信。擬將分解動作逐勢編就。午前胡主席函約於 2 時半去談學習計畫，雲早上兩班，5 時半至 6 時幹部學拳，6 時至 6 時半胡主席、范總理學拳，下午 6 時半至 7 時幹部學拳。幹部有 20 多人要練，將來還要發展雲。明後日上午 6 時至 7 時向幹部講理論。

2 月 5 日（二）

早，5 時起，6 時到總理府，胡主席陪去禮堂，20 多人聽講中國醫療體育，有人做翻譯，胡主席偶補譯，7 時畢，胡主席希留稿譯越語。歸寫太極拳與心理學、力學的

關係。7時半看哈爾濱評劇團「秦香蓮」，女角唱的好，演包拯的也好。李參贊夫人囑乘車回，11時歸。

2月6日（三）

5時起，5時50分到總理府，講太極拳與力學、心理學之關係，並做簡化拳表演，以中越武術交流徵集材料函交謝光戰。昨今講稿交謝譯成越語。7時散，胡主席說部隊同志愛快有力，恐學太極拳初多後少，我說可以兼教推手，約定明晨6時至7時教兩班，晚班暫不舉行。早餐時文秘書談武術，索越法中會話一冊。上午去國際書店。午睡至3時，稍復疲勞，騎車遊市郊。6時半教太極，僅4人，逐溫習至倒捲肱，教步法。得一經驗，須步法先教，次教手法，然後連貫教授。

2月7日（四）

5時起，6時去胡主席處，先教第一班14人，教步法一立正開步，二雙手叉腰，三蹲身，四左轉腰，五右轉腰左足虛點。一足跟出步，二左前弓，三後坐蹺足尖，四左轉腰磨足，五右足前點。6時半至7時教第二班，人更多，胡主席看著練，並約定於下午6時半至7時去教，比演動作多，覺累，歸假寐。2時又睡至4時半起身，非好好休養不可。6時半至7時教胡主席，另有謝光戰、陳翻譯等5人陪練，胡主席預備他們為我助手。才吸菸，胡主席即退，我亦走，陳問步法有幾種。準時到，準時退，不影響人家工作為原則。

午前教李夫人至攬雀尾，語以晚去教胡主席，使館同志學拳時間須另行安排。今日練老架、簡化各一遍，準備步法、手法，11時睡。

2月8日（五）

5時起，6時教第一班溫習步法，胡主席說等練正確了，再教新的。第二班也溫習，講中正、虛實、轉腰，出步要慢，動作勻，高低平。1月30日《人民日報》有哲學史問題討論新聞及賀麟的文章。練老架二遍較快，上下午均睡，眼消除疲勞。晚教胡主席等手法，開式吸、呼法。

2月9日（六）

5時起身，6時微雨中到胡主席處，溫習步法，教手法，6時半教第二班，溫步法，教手法，比演一吸一呼法。8時接元梅1日航空信希我完成任務，並向胡主席問好。即覆，告以3月中下旬可回北京，將在桂林玩二天。將來或曾去蘇聯。囑兀昆、元德溫習數理，回信寄廣西省憑祥南字200信箱，只需8分郵票。午睡1時至2時半，去書店選購越南風景明信片。6時胡主席等溫習步法、手法，即連貫練至野馬式，開式教呼吸，轉腰運勁法。和謝光戰、陳翻譯討論教法。7時半，使館映歌唱短片，朝鮮宮廷武士戀愛片，美麗、雄壯，有鬥劍，有戰爭場面。

2月10日（日）

6時起，天覺寒，穿棉襖套，練老架一遍，舞腰腿，打乒乓1小時。《太極拳的特點》一文，昨天列印好20份，改錯字一處。看俞善行寫的《太極拳解釋》，頗有見解，仔細看了一遍。午後理髮。6時使館同志學拳，我誤為6時半，以致缺課，他們都去看「白蛇傳」了。9時半覺倦而睡。

2月11日（一）

6時微明，天陰寒，穿棉襖去胡主席處，教步法手法

合一至野馬式，以《太極拳的特點》4 份送給謝光戰、陳越芳、陳桂媛、劉光和。接教第二班。借閱《西遊記》看至第八回。晚，胡主席因飽食不練，教陳越芳等 6 人溫習至野馬式，仍覺教多了弄不清。李秘書說 14 日中蘇聯歡晚會希我表演太極拳。

2 月 12 日（二）

6 時教第一、二班至亮翅，並教習立正呼吸法，每勢要中正的要點，胡主席參加了第一班。9 時，劉光和到使館來質疑我稿中字句，他以為我已和越南接觸指導國防體育。昨晚陳越芳詢我留越日期，答以只有 1 個月多些，上海也有工作，他說日子太少了。編練老架，擬於後晚表演。晚飯前又給小紅講故事。6 時半，為謝光戰、陳越芳等 7 人改正動作姿勢。胡主席開會至 7 時，贈我葛瓜一個，極大，我轉贈給張英主任。胡主席說我較空，可教國防部同志云。張英說，方毅也想練太極拳，知我名字。

2 月 13 日（三）

5 時起。5 時半，白樺愛人林立、張一帆愛人乘飛機去南寧，經廣州後返北京。早班二班始未教呼吸法，使腹部充實，教先鬆開肩骨節，使勁力隨時能集中到一點，陳桂媛說胡主席在解釋陰陽虛實、剛柔輕重給學員聽。陳越芳以《偉大的藝術傳統圖錄》借閱，知我尚未看完。練老架、簡式二遍。教李夫人至攬雀尾、單鞭。6 時半，胡主席等學至摟膝拗步。7 時，胡主席約國防部、體委主任黃英來談教國防部 8 人至 10 人。胡主席說暫為 8 至 10 人，將來發展，越南體育才在開始，希我幫助云云。

歸與張英主任商量：本定 1 個月教好，今有拖長跡

象，希羅大使考慮。張英說：可能越方會津貼 20～25 萬，如有津貼，我們不拒絕接受；如沒有，伙食費由使館負擔，另用可借支。

2 月 14 日（四）

6 時至胡主席處，教第一班至摟膝，謝光戰說先多做幾遍，後講解，因冷也。第二班亦教至摟膝，說明呼吸運動即歌唱家也用丹田勁。練老架、簡化二遍，擬於晚會上做表演。1 時睡至 3 時，覺累。

5 時半參加蘇中友好條約七周年晚會，范文同總理亦到，蘇、中大使講話。6 時半至胡主席處，他希望我去參加晚會，乃辭。表演了簡化太極，沉不住氣，指微抖，快速練完，不表演老架，知氣沉不住，難於精彩。10 時半先歸，許多人在跳舞。過午夜始入睡。某女士說：不懂的人以為慢，懂的人說很費力，姿勢正確。李一帆專員說我何以練得快，我說氣沉不住。

2 月 15 日（五）

早細雨，還《偉大的藝術傳統圖錄》。胡主席在糾正姿勢，我接教。胡主席去口授列印公文。教第二班，步法不正確，乃復習步法。語陳越芳，星期日可來我處談拳術，擬再約陳桂媛、劉光和談拳並遊湖拍照。2 月 8 日蕭光譯、楊景楨來信，今晨收到。看《體育譯叢》12 期《醫務監督》。下午 3 時武鴻崗局長，人民軍陳志賢，體委阮伯慶來訪，由謝光戰陪來，李同志任翻譯。約定下周起上午 9 時至 10 時教二班，每班 10 人以內，越南體育以蘇聯、朝鮮方法為基礎，民族形式尚未整理好。

體委、人民軍、文工團、武功隊都要練太極拳，並約

談體育開展問題。擬先講二課，講稿明晨向劉光和取回交給他們翻譯先看一下。6時張英說勿談體委工作，以免涉及面廣，羅大使也如此說，可推給羅大使決定，留越日期當詢胡主席云。今晚胡主席開會未練，改正餘人姿勢。

2月16日（六）

早班復習至摟膝，對第二班講了取中勿過的技擊作用，興趣似見高。胡主席主張熟練後教新的。7時半請話務員阮同志教越文讀音。劉光和送來講稿，勿值。下午3時，阮伯慶來取講稿，贈以簡化二幅，說明不能談體育問題。覆蕭揚，勿扣伙食費（體委要自1日15日起每天扣七角），待回去結算，約在3月底可完成任務，如無特殊需要，即可返京述職。2月至6月須扣信貸每月30元，旅費150元，李處借50元，共拖空350元，經濟上成問題。今後要少管閒事，以免個人經濟成問題，影響家庭生活。武術專家得不到物質鼓勵，可為而不可為也，真是「一動不如一靜」。

晚胡主席等溫習，說柔話運氣如蛇，約3個月手指可發脹，如針刺。約陳桂媛、謝光戰明晨來談。胡主席說：星期天可休息，約我明晚去看電影。哈爾濱評劇團來使館聯歡，賽籃球、乒乓，放電影。

2月17日（日）

6時許起身，讀越文字母、會話，難記。練楊架一遍，鬆沉有味，簡化一遍，原地練。上午教李夫人至雙峰貫耳，下午再教至獨立，並練老架簡式給李夫人、李專員旁看，李專員還想練劍套。學越南會話11句。主席府通知晚上不放電影了，故未去。5時騎車至市街買香蕉，繞道

很久才循電車道回使館，已 7 時。改寫致蕭楊函，草報告給張司長。

2 月 18 日（一）

早班，教至手揮琵琶，注意腰運動。8 時半，國防部來接，9 時武鳳崗介紹，做講解，10 時畢。晚胡主席說改為胡、謝二人。這樣很好，便於專心教他。說了運勁法，取中的技擊作用。要圓要柔，要用腰勁。胡主席說對國防部人可考慮教少林拳，問我學過多少？答以形意、八卦及少林多種。

2 月 19 日（二）

5 時許起身，第一班今有 5 人練，胡主席、謝光戰旁觀。有 2 人在外看著練，教倒捲肱。第二次向張司長彙報，托毛伯浩轉，以便毛知我情況。希毛寄潭腿數份，「技術研究參考資料」2 份。附函唐豪，希多去陳老處推手。9 時至 10 時講太極拳與心理學、力學的關係。20 人各做記錄。據說參謀長等都想練拳，將來由學員教。講後與某學員試推手法，並表演簡化及老架簡式。

午睡 1 時至 3 時，「人面桃花」6 時半演出，因需上課未去看。晚胡主席看練拳，有 6 人練習，胡主席知我已教第二班推手，詢我何以出汗多，答以須姿勢正確，供觀摩，故出汗多。又詢我生活有何問題，答以無問題。午時，見了方毅、程恩樹，方也擬學拳。

2 月 20 日（三）

早，一班，胡主席已在向 6 人講解，據陳桂媛說 5 時半已練習過，教至倒捲肱，囑注意腰軸運動，快慢均勻，各部分配合。二班 20 多人溫習後教倒捲肱。試推手，隊長

力大，教以柔化法，另一人試抓腕，教以脫法，並囑勿試為妙。教會李夫人簡化太極。晚班教至倒捲肱，逐一糾正姿勢，胡主席旁觀，因剛教會之故。

　　7時，微雨，乘車至人民大劇院看「人面桃花」，前一幕為「打孟梁」，坐的遠，聽不見，看不清。看《體育譯叢》中蘇醫務監督制度。看向愷然、俞行善寫的推手與力學的關係。國體班第一班教簡化步法至野馬，國體班第二班教陳架至左弓雙分。

　　2月21日（四）

　　早，第一班，胡主席參加，溫習時囑注意靜、鬆、腰。說明動作要注意中線、弧形。第二班溫習至倒捲肱。9時至10時國體班，第一班教手法，接教拳至野馬左弓式，第二班教陳架至金剛搗碓。學員身體都很好，但硬而不鬆。晚班教攬雀尾。

　　2月22日（五）

　　早，第一班教攬雀尾，胡主席亦參加，說學員喜技術，第二班亦教至攬雀尾。9時至10時第一班教完野馬式，教呼吸法，鬆沉勁，第二班教陳架至六封四閉，說明鬆勁引進落空的作用，以學員做試驗。一班交學員名單、部隊、運動項目、目的、健康體重。午打乒乓後覺胃左部微疼，運動過度歟？心不舒歟？晚班，胡主席旁觀，糾正7人姿勢，略談推手引進法。午睡1至3時，看西遊記。

　　2月23日（六）

　　早，微雨，第一班教至攬雀尾畢，第二班亦同，陳桂媛說胡主席認為天下雨我可以不去教。9時至10時，先講練拳要鬆，以醫療體育為主，引用聲樂家蔣英認為太極拳

第二部分　文　章

值得歌唱家重視的。很多學員想知道動作的技擊作用。即
解釋太極拳重柔輕剛，動作不專主一次打法，而是因敵變
化。可以練重的，古拳家練鐵槍。用法俟推手時說明，主
要為學習懂勁，掌握總的鑰匙。晚不去胡主席處，以細雨
故，放映「劉巧兒」，匈牙利體育片。

　　2月24日（日）

　　6時起，整理答覆學員提出的問題。借《諸子集成》
第6冊、《孫子十家注》。和李參贊下象棋三盤，11時半
散。和李女傭打乒乓至12時半。6時40分和羅大使夫
婦、李翻譯去主席府看電影德片「痙瘲」。胡主席招待接
送，見羅夫人面上生癤，笑問是否夫婦打架？財經主委裴
公澄也握手招呼。

　　2月25日（一）

　　早，溫習至攬雀尾，胡主席說明天教新的，練立正呼
吸法，講吸短呼長，均勻，呼後停息一二秒鐘的道理。9
時至10時一班教至手揮琵琶，二班教至單鞭後三動作，兩
班合講拳理拳法和療病。午後函馬良玉。晚胡主席看練，
糾正謝光戰、陳越芳等姿勢，講倒捲肱前後用法。午，將
《太極拳的特點》稿給李一帆專員，托送《新越華報》做
宣傳。

　　2月26日（二）

　　早，一班教至單鞭，二班同。9時至10時，一班溫
習，二班教至白鶴亮翅，中間講：（1）營養服藥問題；
（2）太極的準備、輔助功夫問題；（3）太極拳用法問
題。陪李夫人練簡化三遍。晚，胡主席看練，糾正謝、陳
等姿勢。

293

2月27日（三）

早，4時醒，起看《陳氏太極圖說》。胡主席、謝光戰未到，教陳桂媛等至雲手、單鞭。9時至10時，一班教至倒捲肱，二班教至斜行單鞭。陳文憲不來，改由王乃榮翻譯，云拳論難譯。10時半講故事二，給王小鳳聽，至午。午後寫太極拳詩。晚，主席府來電不必去。

2月28日（四）

早，一班溫習至雲手、單鞭。胡主席說熟後教新。二班教至雲手、單鞭，囑勤練，胡主席可能要看。

9時至10時，一班教至攬雀尾，二班溫習至斜行單鞭，說明鬆圓柔話似蛇。王翻譯詢問掤捋擠按意義。午和李參贊下棋三局。手出黏如糊，倦覺大腿抽筋。晚，主席府無人練而歸。

3月1日（五）

早，胡主席等溫習，陳桂媛姿勢較好。二班溫習至雲手單鞭。9時至10時一班教畢攬雀尾，二班教至摟膝斜行，希我教新動作為主，並糾正各人姿勢，動作再分清。午後李夫人溫拳三遍，教7人至野馬式。張英說下周起一、三、五下午4時半至5時半教方毅太極拳。晚胡主席開會，未練而歸。

3月2日（六）

早，微雨，胡主席、陳桂媛等溫習，逐一糾正講解，指出胡主席姿勢比別人好。胡主席說他們硬力慣了，又指出陳軟，但不著實。二班，陳桂媛翻譯，陳越芳即去海防一星期。我表演後，大家認為柔話有神，問能打多少人？9時至10時一班教至雲手單鞭，講攬雀尾用法；二班教至演

手錘，領隊說越學越著力。晚，胡主席來電，因忙不練。改寫《詠太極拳》獻胡主席，將稿交李某翻譯。李一帆說考慮目前介紹太極拳無積極意義，故未發稿，尚未給羅大使看過。薛會計說，體委電匯我 30 萬元。照鏡見白髮更多了，苦熬苦練，生活艱苦，催生白髮，一動不如一靜。晚看「日蝕」、「狂歡之夜」、「打金枝」電影。

3 月 3 日（日）

11 時騎車去市街買越南故事書五本，看綢緞料子。接唐豪 2 月 21 日來信，接元梅 2 月 25 日來信。

3 月 4 日（一）

早，胡主席、陳仍溫習，隊長自鄉返，拳生了，二班也溫習，並溫習步法。9 時到 10 時，一班教單鞭、雲手、單鞭。二班教至抖衣雙叉手，講介劇烈運動後不宜即練太極拳。午後睡 2 小時，仍覺倦乏。晚，胡主席電不必去教。看《胡主席印象記》及故事。

3 月 5 日（二）

早，微雨，遲到一刻鐘，胡主席、謝、陳等仍溫習，二班教至雙峰貫耳。9 時至 10 時，一班教至雙峰貫耳，二班溫習，王譯員教我越文發音。午後4時陪李夫人練拳，教4 人至摟膝。晚，謝光戰、陳越芳等來溫習，胡主席看練。

3 月 6 日（三）

早，胡主席、陳等溫習，陳桂媛問幾時可學完。二班教至左蹬腳，說時間少。9 時至 10 時一班教至左蹬腳，獨立，講貫耳用法，試推手法。二班教至背折靠，講鬆柔有勁，似鬆非鬆。改寫《詠太極拳》，晚獻給胡主席。晚班教至高探馬，陳越芳、謝光戰學推手。胡主席詢國家體委

班學拳情況，語以都是運動員，進度很快。

3月7日（四）

早，胡主席、陳桂媛等學至高探叉手，二班亦同，9時至10時一班教至下勢左獨立，希我將手法與圖不同處說明。二班教至肘底捶。昨今午後練老架甚鬆柔沉著。晚，謝、陳等學至貫耳。胡主席又談其在1930年—1931年在上海青年會的事，曾在香港被捕釋出後至滬云。詢我生活上方便麼？答以香菸價貴，寫文章就抽得多，胡主席說可以供給菸。此間春季細雨多，夏間多大雨云。

3月8日（五）

鬧鐘前天由張英取回，今晨3時即醒。早，胡主席、陳等練至貫耳，二班練至獨立。9時至10時，一班教至穿梭，稍試推手，屢推我不成。二班教至閃通背，暫不想學推手。晚教謝等至左分腳獨立，試推手，矮胖力大。胡主席贈煙一條，越幣15萬作另用，我說不需錢，他說拿著作另用，就收下了。

3月9日（六）

早，胡主席、陳等學至足蹬獨立。二班教至左金雞獨立。9時至10時一班教至穿梭、披身捶。二班教至雲手、探馬、左右擦腳。晚，胡主席請蘇大使和夫人觀電影「撲不滅的火焰」，謝光戰陪我看，胡主席接見貴賓不招呼旁人。9時回使館看蘇片「潛艇捉特」。

3月10日（日）

早微雨，不和王譯員遊市場了。越南文化隊5女4男來使館，唱歌奏樂器，我表演老架，氣仍沉不住。拍照三幀。2時與王翻譯看足球賽。7時看拳擊賽，至10時散。

發信給元梅、馬良玉。

3 月 11 日（一）

　　早，胡主席等溫習，陳桂媛又說幾時可教完，答以要看主席意見。二班教至右穿梭。9 時至 10 時一班教畢簡化太極，談拳賽問題。二班溫習，因記不清，希分析動作。抄去年給體委的意見。午後買越英、越華字典二本。晚騎車至主席府前，太快，車跳人翻飛出，輕傷左掌，破右袋。胡主席、謝光戰未練而歸，餘人上文化課云。

3 月 12 日（二）

　　早，胡主席、謝、陳等人學至金雞獨立。二班教至閃通背。9 時至 10 時一班溫習，希我能多留日子，將來希通信。二班教至轉身蹬腳、斜行指襠。李伯龍覆信廠已改組，可能轉業，袁清偉在滬。希我找京友談話熱情些，詢家中需協助麼？午後診手傷，日貨表因跌跤停走，只好買新的。晚，胡主席旁觀，糾正謝、陳越芳等姿勢，教以水平線換勁法。我流汗甚多。談拳理，太極先慢後快，復慢，然後快慢隨心；先鬆、柔，後剛，如生鐵鑄鐵，有彈力。我認為部分同志不能一下子接受太極拳理，少見，故進步慢，有的因胡主席練拳，非出於自發的。陳談到教授日期問題，說明只準備一個半月即回北京。

3 月 13 日（三）

　　早，胡主席、謝、陳等學至獨立畢。二班學至搬攔捶。9 時至 10 時一班溫習，講用法要義。二班學至獸頭勢。王譯員、學員要我通訊處。3 時半，陪李夫人練簡化太極二遍。晚，謝光戰電告勿去上課，風稍大，有雨而寒。憑祥帶來牡丹菸一條。抄畢給體委的意見。晚練老架一遍。

3月14日（四）

陳桂媛說將於四月去北京工作云。晚向謝光戰提出再有三次可教畢，即可返北京。

3月15日（五）

午，王譯員陪去買拳書不成，買黑綢、南越綢需7萬元，可做兩條褲子，似漆而滑。3時，王譯員和某同志來，約總政治部副主任黎廉，宣訓局副局長武鳳崗6時去便飯。飯時談笑甚歡，菜有肉圓紅柿、鴿粉絲、雞什湯、燒雞、雞骨醬。7時，黎、武陪去大戲院文工隊為歡迎捷克代表團的預演。黎曾在北京療養，武也去過北京，各有5孩。武愛人在文工隊工作，三女孩同去看戲，一面目清秀，似廣東姑娘。黎很謙虛，稀有舞蹈專家能幫助提高。使館招待哈爾濱評劇團，9時回使館看電影「天仙配」，蘇片「戀人曲」，11時散。

3月16日（六）

早，胡主席、謝、陳等學至右穿梭，陳將於25日和婦女代表團去北京數月，贈我照片一張。二班溫習，問每勢用法，教以踢法、拿法、奪刀法。9時至10時一班溫習簡化，詢散打法、逐勢用法，教踢法、貼進法、下勢踢法、撩陰法。二班教至左野馬、雙起落。午後，王陪去退越華字典，買越文課本4冊。晚，胡主席、謝等來，未練。

3月17日（日）

7時，王譯員乃榮、黃珍、阮陪看二征王廟、忠烈祠、獨木亭、真武觀。11時於景美酒樓請吃飯，1時歸。晚，謝來約參加主席府宴捷克總理西基羅酒會，遇張雨帆、方毅。捷代表團1人由謝光戰介紹，自云曾在中國3年半。

於忠烈祠題詞云：「民族英雄的史跡，是各民族人民自豪感的源泉，一個國際主義者，必然是一個愛國主義者。我參觀了二征王廟、忠烈祠，本人景仰本國的民族英雄，也尊敬兄弟民族的民族英雄。聊書數語，表示敬意」。

3月18日（一）

早，胡主席仍練，謝、陳未見。二班停一課，大約乃捷總理現住大禮堂上之故。9時至10時半一班已學試推手，懂勁法，見心服。二班學至穿梭、擺腳、踢岔、獨立。講接手在臂部進門之法，詢雙抓肩破法，教以偏沉轉側，逢力大則點擊腋窩。今日起主動延長教授時間，便於講技術。王乃榮建議將老架每勢分動作口令，甚好。將勢名、源流、要義交王抄副本。飯後和李參贊下象棋二局，勝。編老架，每勢口令。晚，評劇團演出「小姑賢」、「打孟果」、「人面桃花」，未去。寫覆信給李伯龍，抄給《詠太極拳》詩。

3月19日（二）

6時至6時半，胡主席等練至海底針、扇通背，謝、陳仍未見來。語胡主席，軍委幹部學推手，並延長時間。9時至10時，一班試推手，提出打法甚多。二班學至朝天蹬、十字腳、鋪地雞、七星勢，某學員每天練10遍云。王乃榮說學員已感太極有特殊作用，原來懷疑是否能打架，開頭他也懷疑的。午，李參贊約下象棋三局，因累乏，負了。3時王乃榮來記錄老架勢名作用。主席府來電今晚不練。7時許王乃榮來陪參觀越南乒乓代表團和軍區代表團比賽。王說：將來團體照由領導安排作為我的工作紀念，如需另攝，也可商量云。

　　3月20日（三）

　　早，胡主席等溫習，糾正穿梭、通背姿勢。謝來，詢我是否在25日走，我說這要等主席決定，即對胡主席說我幾時可離開，請吩咐，胡主席說我們還未講話。我說本來對謝說陳桂媛25日去北京，誤會了我要在25日走了，胡主席說他不懂漢語。接馬良玉來信。9時至10時二班教完老架，一班推手。午後，修補《太極拳源流概述》，重編老架每勢動作口令。晚，使館招待哈爾濱評劇團，各國大使館參加，我去主席府看蘇聯片「青春之花」，歸看「怒海輕騎」，陳桂媛愛人胡堅替我譯解。

　　3月21日（四）

　　胡主席、謝、陳等溫習至閃通背。二班溫習，陳桂媛跟著學完，他們改在4月1日去北京。她在今年正月結婚的，我笑說你明年要做媽媽了。胡主席約我今晚參加招待哈爾濱評劇團的宴會。9時至10時一班推手四手仍未學會，講乘勢借力法。7時，胡主席宴別哈劇團，臨時叫我表演，介紹是我的老師，眾大鼓掌，練老架簡式，氣沉不住，初手顫。

　　3月22日（五）

　　早，胡主席、謝、陳等10多人學至搬攔捶，陳桂媛說昨夜9時去哈爾濱評劇團送行，聯歡至11時始散云。第二班溫習，仍未熟練，還不想學推手，陳桂媛做翻譯。9時至10時一班溫習簡化，糾正姿勢，講推手引進落空法，手硬鬆不開，故仍未學會四手推法，二班講老架逐勢用法，一班旁聽。先講明太極以無法為法，講懂勁，講虛實，練架講運勁，不想用法。

掌握總原則鑰匙，不求著法勝人，著法講不盡，得其要者能變化。（1）起式即為引進落空合即出，沾連黏隨不丟頂，利用對方力量來打對方。粗法為見手即踢，見空即踢，看耳踢腿。（2）金剛搗碓為護心護脇法，套步擊肚踩腳法，上提為崩擊肘節法。（3）攬擦衣為抓纏法、套腿貼跌法。（4）六封四閉為上下四面，四面八方封閉法。有撅肘法（上抬）、捋放法，外伴筋法（破抓肩）。（5）單鞭為如鞭之毒之痛。有撅肘法、勾挒撕打連環法。（6）白鶴亮翅為踢臁法、纏繞分勁法、挪移發腳法。

7時至主席府，胡主席與謝因事外出，糾正另2人姿勢。午後函家中，希元昆、元德來信，告以綢料已買，黃黑紅三種。函王子平告工作簡況，函馬良玉希和唐豪商量回京問題。晚函吳雲倬告簡況，希對毛伯浩、李天驥多提武術上意見。

3月23日（六）

早，胡主席、謝、陳學畢簡化太極拳。二班溫習，糾正姿勢，大部分不正確，不熟練，囑以多溫習。贈陳桂媛簡化太極拳1份。9時至10時一班溫習太極，教推手，他們以為會了，要學動步的，囑以還未學會定步，不宜多學複雜的。二班教逐勢用法，一班旁聽，先說引進落空使不穩，乘勢進擊的原理，復演昨講用法。

講介用法：（7）斜行為閃進拍肘節擊胸法，外拌筋法。（8）接打挒化擊胸法，接打撕拍擊胸法，套腿左旋跌法，以柔纏服人為主。（9）初收為剪肘節法，踢膝法，膝褙法。（10）演手紅捶：捋拍，進步套腿旋跌法，畫眉勾腿跌法，貼身靠打法。

學員們情緒興奮，聞所未聞，據反映但恐我即回國，技術上提不高。並說因準備軍區運動大會，少數學員不能到或遲到，但仍互相溫習云。將修補後的《太極拳源流概述》交王乃榮，王抄的太極拳要義（老架），改其錯字後退回。晚，胡主席、謝因事外出，糾正陳越芳等姿勢。主席府 8 時映蘇片，故回使館看電影。《人民日報》載張之江在政協發言主張設武術研究院。

3 月 24 日（日）

早，6 時起，練老架一遍，手見沉重，肌肉亦見豐滿，股、小腿、小臂筋微疼，乃運動量高之故。10 時王乃榮來看英文版《防身武術》，口頭譯解，代序稱由中國武術家林金田協助成書。

午睡後打網球半小時，臂掌累乏。4 時王乃榮又來，因無車，不同出，將日表托修。和李參贊下象棋一局勝。晚 9 時因倦即睡。

3 月 25 日（一）

早，胡主席、謝、陳等溫習，示範一節，囑轉彎處須圓轉，步法虛實要分清。陳桂媛說因需準備去北京，明日起不來練了。劉光和也要去北京。二班溫習，陳也跟著溫習，散課後輕握告別。9 時至 10 時，一班溫習，講推手，仍試我多次，二班講用法。

（11）中盤：護頭法，打膀胱法，捺胯跌法。（12）仙人抖衣為：震打小肚法，套腿橫打跌法，勾跌法。（13）底身捶：七寸靠跌法，切手法，護身法。（14）背折靠：採劈腕節法，挑打法，肘跌法。（15）肘底看捶：撕拍打法。晚去主席府，謝說不練。

3月26日（二）

　　早，胡主席、謝等9人溫習，講拿法10分鐘，破抓肩、腰、腹、胸。對手頂勁，不便重打。二班專講用法，野馬、摟膝。問破抓肩法，破被捉腿法，學員興致甚高，謝光戰來看。9時至10時一班改第一節姿勢，即講推手，逐漸任我打放，已服矣。二班囑以穩重下勢，鬆、圓、勻。溫習老架後，講剛柔，忽剛忽柔，不剛不柔，亦剛亦柔的道理。並須吸收各家拳法特點，明其優缺點來豐富太極拳套。晚，胡主席觀練，糾正謝等姿勢。

303

3月27日（三）

　　早，胡主席、謝等來溫習二遍，講野馬、摟膝用法，對手任意打，用不好，又不便重打。二班溫習，講下勢踢廉，撩陰乘勢擊頜法。9時至10時一班溫習校正姿勢，推拿放勁，屢試推我無效。教以鬆化之法。二班溫習老架，講倒捲紅、紅爐出鐵之狠，閃通背為抒拍後腦，抒戳咽喉，抓摔之法，老法為閃跌後抱者。雲手變化多，探對方虛實法，抓手進踢跌法，摔法腰要柔活，左右搖手套跌法。王乃榮說我打得甚好。越文學至第6課：兔與龜競賽。王乃榮說我行期有定，希先告知，因體委領導須先知道。答以須俟胡主席決定。

　　午後打乒乓，買《北京話單音詞辭彙》。函唐豪告以教學情況，歸期約在4月初，附去《頌太極拳》詩。晚主席府來電不去教。和李參贊下棋三局，俱勝，其屢悔著。蘇專家講西伯利亞開發的第六個五年計畫。學員黎全說：太極拳鬆的原則與他項運動原理相通，練了一月之後，他跳高的成績提高了，某學員認為腿部穩重對跳高有妨礙是

不對的，我解釋腿力大了，能高能遠。

3月28日（四）

早，陰、微寒，胡主席、謝等溫習三遍，胡主席笑說：熟練了些，進步了些。陪練末節動作。講金絲纏幾種變化，軟闖硬吊之法，胡主席細緻地譯解給部下聽。二班溫習，許多人姿勢不對，講金絲纏變化，外板筋柔進法，雲手左右搖打套跌法，有人說打法好，何不寫出來？答以國內不提倡傷殘別人肢體的方法。

9時至10時一班溫習簡化，講起式、野馬、摟膝，手揮的用法和變化，纏黏為主，震動力要大。二班講高探馬、擦腳用法，再說明腰力為上，左旋右轉，冷勁使受者驚心。午後遊西湖，吃點心。

3月29日（五）

4時半醒，溫習越文課本，練姿勢，鬆、圓、沉的意思。早，胡主席、謝等來溫習，披身捶最難學，胡主席問了好幾遍，糾正謝的姿勢，肘易突。二班溫習，面對著領練，隨時糾正講解，提起大家的興趣和注意力。囑空時多研究姿勢正確，才對健康有助，才有興趣，不致中途拋棄。9時至10時一班溫簡化，講倒捲紅、攬雀尾、單鞭、雲手、高探馬、用法，打、摔、跌、踢法，腿法前後左右中高低遠近之別，最後語以在推手懂勁，始能運用巧妙，身法不外左旋右轉，反側陰陽，其勁乃倍。

二班溫習老架簡式，教推手法，指出上中下九路來路，以圈防禦進擊。王乃榮一時無暇譯《太極拳精義及源流》，取回原稿擬請胡主席派員譯出。王稱昨天被我打疼右手雲。晚，糾正謝等姿勢。

3月30日（六）

早，胡主席、謝等溫習。二班面對領練，提起精神，講解糾正，練一遍。9時至10時一班講踢腳乃上驚下取法，高練低踢，磨轉步為接腿還腿斷膝節，套跌法，須看耳踢腿，糾正姿勢，注意眼神。二班講倒蹬手法係貼旋，接褶捶左手上憚，右手下擊膀胱，雙擦腳為高縱踢頦法，獸頭勢護身護心，擊腿踢法，左踢一腳手法為橫拍肘節進腿法，腿出被拍即旋轉後踢。囑以如欲用法好，進得進身，須多練推手。乃教推手，黎全屢試落空，封逼不能動，笑而示心服。

晚，去主席府糾正陳越芳架子。7時看平壤建設片，朝鮮大使夫婦率女孩觀劇，胡主席陪。又映康藏公路片。8時許回使館，看香港片「生之權利」，12時半始散。

3月31日（日）

5時即醒，雙足為蚊咬甚多。10時和李參贊夫婦陳萬寶、小紅去西湖划船1小時，12時歸睡至2時半。張主任對所寫老架太極拳精義，或注明摘錄，不是創作，對從師多、見聞多、涉及胡主席的可不寫，使成為純技術性的文字，其所見亦是。晚使館放映「天羅地網」和「春」，12時半散，1時餘始入睡。

4月1日（一）

5時即醒，右足又被蚊咬約百處，可憐！胡主席、謝等9人溫習，末了幾勢糾正，語胡主席溫習後，我能否即返國。胡主席說隨你意見，我說下周返國。胡主席說體委希你多留日子，學員興致甚高，可到4月底告一段落返國，6月份參加武術大會後再來，那時視你工作原崗位性質來

談。歸向張主任談，張說還要一個月？將向羅大使反映云。9時至10時一班校正姿勢，教推手，試發勁，更顯心服，因一封即不能動了。

二班溫老架後即教推手，囑體會我如何化、發。他們越學推手越覺妙處。2時候王承武少將至3時，黃珍來說王有特殊任務出去了，我也不想多教，累乏了自己。雲南商業廳劉儉同志也愛談拳技。知舊武術家保守，示以所寫老架要義，夜使館舞會，不跳，與劉某等人下象棋，俱勝，云我棋硬，看得遠。

4月2日（二）

5時醒，昨為行期問題，羅大使說如胡主席定要月底結束，不必堅持即回。今早胡主席說可以過了15日回國，我說主席說了，我照辦。將所寫《拳經總歌》、王宗岳、武禹襄拳論附考證，面呈胡主席作參考。又將老架太極要義交之。歸向羅大使、張主任談歸期已定。今日溫習三遍，講運用眼法。陳桂媛又來，云已改在6月隨團去中國，很好，多了一個翻譯。

對二班講打架方法，原則須黏隨借勁，練法與用法不同。9時至10時一班溫習，講搬攔捶，如封如閉，十字手用法。推手，多不敢被發勁撞牆，怕撞疼頭。二班溫習，練推手，某矮胖多力者屢試我，多發勁使其心服。2時半，王承武少將（河內軍政委員會主席）約溫習太極。云9歲去中國，20多年前在北京學少林拳、八卦拳。太極拳學了3年，勸以學簡化。約以每晚7時15分教授，上午9時也來參加。6時半至胡主席處，謝等練，胡主席旁觀。教謝等推四手法。

胡主席贈 15 萬元，婉拒，胡主席說飯鈔等需用，不必客氣。就受了 5 萬元。謝說波蘭總理來，約我 7 時半參加酒會，急去更衣會王承武，教至摟膝，即別，至總理府，謝已先行，找宴會處未得，乃歸。

4 月 3 日（三）

3 時半即醒，有雷雨，昨天熱，今忽寒。胡主席等溫習，指出停勢時須左右上下各自照顧合住。講磨轉步用法，後旋護襠後提陰襠法。對方兩次用力踢襠，乃語以講用法是假的，應該點到為止，不該用力真踢。二班今晨停練。9 時至 10 時一班溫習二遍，王承武來看，推手。

二班先講用法，小擒打至跌岔，以柔纏為原則，野馬有貼靠法，搖跌法，穿梭有破挑勾子法。

一班練摔跤的警衛推手硬頂動步；推之至牆，但不乾脆。1 時睡至 2 時半，稍消除疲勞，方擬函張司長，行政處趙同志來商量我遷回二樓大間，讓給黨委書記夫婦，即遷居。6 時半至軍人俱樂部教王承武至雙峰貫耳，7 時先行。7 時至胡主席處，謝光戰陪往歡宴波蘭總理。9 時 45 分我先走，喝了些酒，醉，有些耳鳴，太陽穴處緊張。

4 月 4 日（四）

早，胡主席、陳等溫習二遍，教推手法，仍有隊長試力。9 時至 10 時一班練二遍，教推手鬆化法，王承武也參加練習。二班講獨立，十字腳踩挑摔法、七重勢剪手擠放法、當頭炮斬手破抓腰法。黃珍說同學想多學但工作緊張，不能延長至 12 日結束，6 日即結束，如此更好，我可省力些，一天六課太累乏了。

午後寄信給家告知 17 日離此，月底可回家。函張司長

告歸期，交航郵。函王效榮、傅鍾文告歸期。7 時許，教王承武簡化太極，推手時好用蠻力攻，教以柔化法。

4 月 5 日（五）

早，胡主席、陳等溫習二遍，胡主席即退，教推手，二班仍不練。9 時至 10 時一班溫習簡化二遍，即講推手輕重、圓、鬆、勻的原則，不丟不頂、引進落空的原則。和矮胖好鬥力的多推多發，使其心服。和黎全推手，其頻點頭稱賞，以波浪式推手使之站立不穩。王承武也練，也推。二班溫習老架，領練一遍，糾正雲手動作，即講推手，希今天互相研究動作，教人以醫療體育為主，技術上尚不夠教人也。

晚胡主席處來電不練。7 時許，教王承武練簡化，教推手，拆用法和打法原則：陰陽反側，伸縮進退，竄奔跳躍，閃戰騰挪。王承武大為感動，說過去練拳時老師不講，因之不知所以然，現幸遇講明作用。

4 月 6 日（六）

3 時許即被鬧鐘鬧醒。胡主席、陳等溫習二遍，胡主席先退。陳桂媛說：胡主席說練時不知用法。我答以恐語言不通，交手時碰痛不好。國體班學員初不信，常試手，現打的不敢舉手了。乃教以柔纏黏隨散打之法，陰陽反側，震憚崩拍之法，動手即進，打進大門，縱橫由我，黏住一處對手即不能動。矮個子被擊幾倒地，眾大笑。陳桂媛說：你打大個子吧（指衛隊長），我大笑。

9 時至 10 時教王承武少將手法：柔纏崩掛，斬攔截抱，出手不見手，手到不能走，唯太極手能之。語以太極拳老師七人各有專長。王承武後天去海防，道再會而別。

　　8時王乃榮來邀參加結業聯歡會，學員大部到，武鳳崗副局長到，范伍堅副師長（軍區管理局長）問訊而來，云曾從中國同志學拳，今知結業，特來參加。黃珍主持會，武鳳崗發言致謝，學員代表也發言致謝。我致詞，王乃榮照稿翻譯，武鳳崗再發言表示提倡太極拳和越南拳術，希望我再來，范伍堅也發言。學員們贈照片，贈心愛的紀念章，情緒熱烈，合唱中國歌，杜孟欣還唱了「草原不落的太陽」（中國歌）。陳延松代表一班練簡化，黃珍代表二班練老架，我講了眼神和動作有節奏，步輕靈問題。拍集體照，散，握別。贈我紀念章三枚，有抗戰紀念章、奠邊府戰役紀念章、胡主席像紀念章。

　　4月7日（日）

　　6時起，出食點心，元德於3月30日來信，知妻於3月中旬患頭暈無力臥床，現恢復……房租水電自4月起自理，今後家庭開支又增加矣。10時和使館幹部去西湖划船1小時，午睡至3時起。今天未練拳，覺體重，倦乏，故不練。

　　4月8日（一）

　　早，胡主席、謝、陳等9人溫習二遍，即講用法，以陰陽反側，柔纏黏隨為原則，講野馬用法。二班溫習一遍，講用法，一引一側，把矮青年幾乎打翻在地。打防疫針時，有廣東人倒地，我未打針。午睡至三時外出購物。晚飯後打網球二局，汗出如雨，累乏而退。上午練老架一遍、楊架一遍。

　　4月9日（二）

　　早，胡主席、謝、陳等溫習二遍，講陰陽黏隨、交手

八字：柔纏崩掛，斬攔截抱。詢胡主席，要否教同志們推手，胡主席說隨你的便，後說問一問吧！胡主席問眾人，要學，乃定於明晨起教推手。陳桂媛說明晨她乘飛機去北京了！6月中旬再隨婦女代表團去北京云。語以6月中旬我可能在北京開武術大會，希通電話。胡主席、謝希我將護照送去，飛機票由他們買。

二班陳桂媛翻譯，講打字八法。謄寫《太極拳源流概述》，擬贈胡主席。羅大使說不需越方買票。8時洗澡。請阮女同志教越文，音念不準。

4月10日（三）

早，胡主席、謝等溫習二遍，教同志們推手，我大汗淋漓，不知究故，累得虛了？胡主席囑將護照送去，答以使館買票，胡主席說已訂座，還是送來。謝說胡主席要送我一隻表，答以我已買了一隻。二班今只有6人練。歸向羅大使、張主任講買票事，張說既如此，可送去，但不要主動要買飛機票，專家回去也坐火車，節約些錢。

學員越南中央體委陳庭松寄我照片三幀：（1）本人照片；（2）72歲武文章摔跤優勝；（3）越南水上滑板運動表演。午睡至2時起，寫完《太極拳源流概述》，又集推手、散打、跌法、拿法、要點，擬贈胡主席。

4月11日（四）

早，胡主席、謝等溫習二遍，即教推手，汗出甚多，真不懂！胡主席約我下午6時去，先退。謝光戰約我4月13日4時去喝酒。將護照交謝，語以可改坐火車，節約些。他不懂漢語，乃寫數語。二班今晨不練。「謹將舊藏陳微明先生（我學楊架的第一位先生，今年82歲，仍在上

海教國文和太極拳）所著《太極拳術》獻給胡主席，顧留馨 1957 年 4 月 11 日」。6 時即去胡主席處，謝說本約在下午 2 時來溫習，胡主席等至 3 時，我說聽錯為 6 時，胡主席說不要緊。將《太極拳術》及所寫源流交謝轉胡主席。謝說胡主席將贈我望遠鏡，語以不要花錢送東西，贈我照像好了。謝又語飛機票於 16 日交我。

4 月 12 日（五）

4 時許即醒，雨聲甚大。6 時冒雨騎車至主席府，謝等 4 人來練，胡主席未見。教推手試勁，矮而有力的始見服，糾正 2 人姿勢。發函給張司長告以 17 日乘飛機抵京，請派車由武術科同志接候。函蕭揚、蕭希匯 30 元至北京作另用，附函董慕韓告以工作情況，附《詠太極拳》詩一首，請代候陸、謝、張局長。自去買郵票投信。女售票員衣著入時，愛漂亮，為我貼郵票，講漢語。至同春市場看陳列的日用品……2 時至胡主席處，胡主席、謝溫習，領練二遍，說明須圓、鬆、勻，變轉虛實須留意，步法須畫圈，但老年人只求舒展輕鬆。

胡主席出示《太極拳術》，我指出陳、孫、楊、吳之功夫，我先從陳學，後從武學，陳不快。詢我何年練起，是否在 1928 前，答以 1927 年開始練太極拳。問我少林拳會否？答以練過多種，即練操拳半套給胡主席、謝看。胡主席鼓掌。2 時半胡主席去開會，與謝略談，語言不通，旋別。

4 月 13 日（六）

早，雨止，去主席府，胡主席、謝等練三遍，教推手，胡主席先退。謝囑 6 時再去，胡主席要茶敘，看電

影。8時，謝偕胡堅及練拳的 3 位陪我去富理省，離河內 50 公里，一條街，對河山高景佳，乃猛族森林區，抗戰時法軍司令即被炮轟死於山區。謝替我拍照 3 張，又折至河東省神廟山龍仙崗，採石作灰，有洞客數百人，有題詩、石刻佛像，有三孔通陽光，景極佳。謝說青年男女愛到山上談心，以雨大，不能登山，歸已 12 時半，拍照4幀。

6 時去主席府，謝陪至禮堂，學員近 30 人先在座，有茶點糖果，由隊長代表學員發言，表示惜別，云主席關懷大家健康囑練太極拳，今後決心經常練習，也不辜負教師的傳習。我先致謝這個聯歡會，就武術問題和太極拳對療病保健、延年的特點，希能得到越南人民的愛好。胡主席入，大家鼓掌。主席希望大家好好練拳，增進健康，說我已練了 30 多年，你們練了 30 多年，也能像他一樣練得好，拍了三張與主席同座的鏡頭。當場贈我馬凡陀手錶一隻，越幣一封，我謝辭越幣，胡主席說作為買東西用好了。

7 時看「劉巧兒」，德國大使夫婦到，范文同總理握手道好，說因事忙，不能從學太極拳，但今後要從其他同志處學習。因趙成功說羅大使、張主任不同意我乘飛機，故向謝提出改買火車票，謝說已付鈔，不能退，王文章也說不要客氣。

4 月 14 日（日）

早向張英說明我已提出 3 次改坐火車，但謝不同意，希其打電話去。張意下以為我有表示之故，豈有此理！7 時，王乃榮來陪去看河內軍區民兵體育大會，武元甲、陳維賢等均握手，坐司令台。摔跤法笨，刀槍棍亦花法而滯，搶球、曲棍球儀式甚有趣，長竿對刺尤佳。1 時半由

鄧同志陪歸。劈刺為日本護具。晚上休息。

4月15日（一）

早去胡主席處，胡主席、謝等7人溫習二遍，即個別糾正姿勢。囑注意轉腰，動作要上下配合，圓轉而勻，眼神須隨主要手而轉動前視，開展而不散漫，緊湊而不拘束。再向謝提出改買火車票，謝說已付鈔不能退。歸向張英說明，希其去電話改正。

上午去買了象牙鑲煙嘴3只，孫思宗也在購物，他約我後日同行，玩桂林山水。2時去胡主席處，他2時半須開會，故只溫習二遍，將練拳注意要點13則交之，是上午寫成的，胡主席表示謝意。詢我何以改變行程，答以按制度規定，還是坐火車為好，否則領導上會有意見。晚，體館和越青年聯歡會，未去。

4月16日（二）

6時去主席府，胡主席、謝等7人溫習二遍，即個別糾正姿勢三人，呼口令亂了三次，自己先做錯動作，胡主席笑說：今天你在想別的事情。11時未見謝光戰送護照來，不能送行李客運和去銀行換鈔。

2時去胡主席處，胡主席溫習二遍，邊陪練，邊提出注意轉腰、眼神，站穩後出步。胡主席說：還不會呼吸與動作配合，語以熟練後逐步配合呼吸，目前以自然呼吸為主。即表演動作與呼吸配合至手揮式，陪練了一遍，我出聲作呼吸。胡主席說：平時站練深呼吸，但呼吸不深長，即做站立深呼吸動作。胡主席又說：練拳後對身體有幫助。語以使館李參贊夫人練完拳套。即告別，胡主席祝我一路平安，表示感謝。

10 時約李華英溫習簡化拳二遍，其惋惜使館中年以上人不愛運動，如練太極拳對健康有幫助。

午睡 1 小時甚酣，但不暢。3 時外出寄航函與張司長告改坐火車，函家中告行期，生活有困難，我回去會安排，勿操心。希元梅今後節育，孩子們用功讀書。4 時謝光戰送來火車票，附餐票 3 天，每天 6 元。想得周到。將照片多幀送我，有謝本人照，胡主席與我合影。希將來能用漢文通信，趙成功做翻譯。明晨 9 時來車站送行云。

向羅大使辭行，7 時譯員王乃榮送來結業時照片及河東黃色綢，乃武鳳崗所贈，越搶球照及武術材料尚待收集，贈以《中國工人運動大會專刊》、簡化太極拳、《永年紀念刊》。8 時半洗澡。

4 月 17 日（三）

5 時醒，7 時半早膳，薛會計代去銀行換人民幣 131 元。將涼帽、雪花露、越南故事書 3 本贈給袁惠歡。王乃榮來云學員多人要去車站送行。9 時謝光戰、胡堅等 7 人來送行。孫思宗去北京，龐同志愛人來憑祥，故去憑祥，同車而行，李處長送至車站，軍委學員 4 人杜孟欣等從 8 時至車站候，語以勤練，將來能將我打出，我才高興。杜說不會有這種事，不可能的。

10 時開車離河內，與朝鮮駐越南大使許職及波蘭同志同室，許職大使能講漢語、俄語，許大使睡上鋪，我將下鋪與之對調，許大使甚為感謝。

4 月 18 日（四）

睡上鋪，不易成眠。下午4時孫思宗於桂林下車，我因臥鋪票如下車後另須購至漢口加 15 元多，故不隨去遊玩桂

林山水，早回家兩天也好。

4月19日（五）

1時即醒。下午4時半到武昌站，由國際旅行社搬行李，許職大使宿上鋪，囑列車員為之調整。晚，許大使請喝啤酒。6時半自漢口開出，自漢至京1220公里正在鋪雙軌，現每天來回49次車次云。與郵電部張守仁、波蘭裝船工程師同室。

4月20日（六）

早3時醒，午後到定州，送「簡化太極拳」及所寫《太極拳的特點》給許職大使，許大使說不知你在教胡主席，否則也想練。他知道靜坐對健康有益。夜10時半到北京，雇三輪車到體委招待所，住四號室。

4月21日（日）

5時半醒，7時半早餐後訪毛伯浩，其5歲女小英，3歲女錦錦，愛人在四川讀大學云。毛接我信後，張司長說召他回來吧！故不復我。對武術的起源、性質，他表示了意見。希我對項淳一文章作答辯，有稿費，其已收集材料，但不便寫。項為彭真的秘書，受老師之騙，貿然寫此文云。毛又說張司長要調我到體委工作，說此人來了有辦法。毛說：你不要回上海，就留此工作吧！對胡主席合攝的照片，希放大存體委，希我將報告寫好，其可建議作為內部通報。

唐豪和董守義去上海組織人力寫地方體育史，購文物史料，也是昨天返京的。和毛伯浩及其女訪唐豪於八面樟路宿舍。毛走後，唐豪談對答辯項淳一文以不寫為好。毛自知為難故不寫。張之江在政協發言願搞武術工作，唐語

毛伯浩為了照顧統戰，又能實際掌握，希調我協助張之江的工作。唐因遷居，故未收到我函（附《頌太極拳》）。4時半返招待所，躺床休息，8時去陳老師處，照奎在，云陳老已臥床月餘。

4月22日（一）

6時起身，和劉同志至龍潭湖散步，觀一婦女練小架子。準備彙報材料，先整理賬目，寫禮品及紀念品列單上交。程放來約定於10時半向張司長彙報。宣傳科程某。武術科張雲驤也來。張司長將手錶、衣料取去，云請領導考慮決定。回武術科和李天驥、吳高明等人握手。張希望國外推行武術影響國內的推進。1時至3時午睡甚酣，但仍覺前額沉重，開始寫赴越工作小結。

7時去陳老師處，陳老坐門外，其女史氏率二子一女也在。照奎教炮拳至金剛搗碓，說姿勢要下身法，勁分運至掌緣，垂肩沉肘甚詳，但我下襠勁後兩膝支持不了。

4月23日（二）

5時半起身，練老架半套，又至龍潭湖練半套，看《漢代對匈奴的防禦戰爭》。9時去體委國際司由程放陪往報賬，將餘款140元6角9分全部交公，胡主席贈作零用的45萬越幣（300元人民幣）也在內沖抵，程放說贈的零用費要考慮歸本人，會計員說全部收下，出國標準零用費為每月1萬5仟元越幣云。11時方在洗襯衫，《新體育》王秀英來電約談寫稿，關於太極拳的演變，各種架勢的特點及其在體育、醫療上的價值。希我在10月10日前寫寄。12時許，程放來電，告知午後4時蔡副主任約我去彙報工作。

　　午睡時，毛伯浩來談，擬約去吳圖南處，知我須彙報而罷。毛擬調吳圖南在武術科工作，吳高明將調去出版武術書云。希我也搞武術工作，全面地領導工作。答以行政工作不適宜，恐力不勝任。

　　4時前醒，急去體委，程放領去蔡副主任處，張司長也來，蔡副主任簡問胡主席學拳情況，多少人學了。張司長希我寫自我批評的小結。蔡後說你住幾天回去好了，即辭出。蔡問：大使館對你有何意見？答以僅回時為飛機票問題。並語以胡主席說了兩次要再請老師，希我再去。蔡說：胡主席練會了就好。

　　7時去陳老處，照奎教炮捶：庇身捶、沉壓進肘、回身閃通背、演手紅捶、大掉身拗鸞肘。朱師兄來云北京市將選拔，希照奎學刀法。韓大鈞學至高探馬。

　　4月24日（三）

　　昨夜又因心煩而少睡，6時醒後覺倦，起溫炮捶。上午寫赴越工作小結，很難寫。10時李夢華司長約彙報，毛伯浩陪往，李凱亭也在，云調京在體委工作。李司長極客氣，對余在越工作甚感興趣。李凱亭說我和唐豪極熟，刺槍劈劍擅長，李等希我到體委工作，毛說余願意幹體育工作的。李凱亭知我曾在工商局工作，第一、三商業局的辦公室主任。

　　7時去陳老處，照奎教炮捶左右雲手、上步雙按3次、回身獨立、戳硬3次、回身獨立、落步演手紅捶、裏邊炮、右轉獨立裏邊炮、震足裏邊炮、左轉裏邊炮、震足裏邊炮。韓大鈞陪杜正芳來，和杜推手，放勁不準，其散走故難打。杜說我瘦了，身子也差了些，大約我心煩而不

多練功夫之故。真是「一動不如一靜」，今後還是自己寄情於武術耳。

4月25日（四）

昨夜又未睡好，無欲則剛，勿以心為形役可耳。早，溫習炮拳。9時到故宮博物館遊覽，1時歸寐。同室張某今午後去重慶。4時許，詢程放，知火車票已購定27日下午5時的。吳高明來談《新體育》王秀英要我寫稿，但不限期。吳寫了少林拳與少林寺約1萬2千字，寫了21天云。云我6月中來開會或許有困難，調來也存些困難。語以我愛練、愛請益，對行政工作感煩厭，浪費時間在人事上。毛伯浩說將去訪問陳發科。科內擬先去漢口，後到上海。

7時到陳老處，照奎接教炮捶：獸頭勢、劈架子、演手紅捶、伏虎勢、黃龍三攪水、左右跳一根、演手紅捶、轉脛腿、演手紅捶。陳老女婿史某，在下水工程局工作，也來看練拳，過去他和照奎同練，每天練20套云。

4月26日（五）

6時起身，至龍潭湖練老架一遍，今後非多下些工夫不可，當自愛。多睡眠，頭覺沉沉然。9時半，程放同志來，交給我明晚軟席車票，並手錶、河東綢還我，說領導上給我作紀念。語以在火車上吹了風，頭沉沉然，不能寫，回滬當寫好小結。3時去體委，謝司長因我未寫好小結，甚不滿，云須向中央彙報的，寄來通過軍郵也不便，有些問題可能要當面問我，乃決定趕寫。

7時3刻去陳老處，陳老起視練拳，照奎教畢炮拳，練了老架一遍，照奎說我真肯下工夫，另二人說跟了老師年久，但不如他。說我體格好，看不出有50歲。5天趕學

炮拳，認為是第一次。10 時歸再寫小結，至深夜 1 時頭昏眼倦，不能寫而睡。

4 月 27 日（六）

6 時起溫習炮拳一遍，以免忘了。7 時半抄寫小結，至午始畢。程放送來轉關係書，托還夾大衣。2 時，張司長審閱小結，云太零碎，當另外整理，優缺點向市彙報云。後說：你幫助了我們的工作。我說，胡主席仍希我去教。張司長說：住在使館是一個問題，要體委支出生活費也是一個問題。

借唐豪書三本，托女收發員轉毛伯浩退還。3 時 3 刻雇車去車站，5 時開車，夜 10 時睡至 1 時即醒。

4 月 28 日（日）

同室為海軍人員，帶一警衛員，知我去越南，云方毅是他老同事。夜 9 時 19 分到上海北站，雇人力車歸家已 10 時許，妻、兒女已睡。

附　錄

1957 年 12 月 4 日（三）

5 時，楊、陳架、炮捶各一。8 時到局機關，9 時陸慕雲局長囑晤市公安局長黃赤波，黃局長希我即去杭州教胡主席太極拳，詢問交電公司龔科長的太極拳如何？答以同派，但他們另有神秘化傾向，並答以我練了 30 年太極拳，黃局長說柯慶施書記本欲約我面談云。

楊紹信陪往杭州 2 點 43 分開車，6 點 13 分到。辛同志接至大華飯店。晚 11 時已睡，張科長、伍一處長、辛秘書來談，以來杭聯繫商業工作，乘便為胡主席溫習太極

拳，使其易於接受，約定明晨 7 時來接。

12 月 5 日（四）

5 時醒，練簡化二遍，伍處長電告 8 時半來接，謁見胡主席，胡老顯累乏，不如今春精神，詢我是否專程來此，答已來 3 天，為了商業，約留 10 天。胡主席已忘了套路，總理府人員也忘了。語以上次見到陳桂媛，她 8 月份來上海，談及軍委、體委幹部還在練。我希騎車來回。胡啟同志進來，握手歡笑。

9 時辭出，遊岳王廟，午睡至 3 時甚累乏。晚練簡化、炮捶，頗覺結實，手有沉勁。5 時許，伍一處長來詢我生活有何困難，需否安排活動？答以生活上無問題，黨員為了任務，希勿關顧生活問題，也不需安排活動。詢以是否胡主席提出要溫習拳套，伍稱是胡主席提出的，並云胡主席不是休養，而是看書、考慮大事，勸他不要太累，但胡主席說：一生為了工作、學習，已成習慣。故擬安排消遣，使勿太勞乏。

上午楊紹信返滬，其本星期日尚需送食品給胡主席，那時來看我云。晚翻閱武術稿，擬乘暇作修補，並擬復南京顧畢泰上月來信問練拳方法。

12 月 6 日（五）

昨夜 12 時後始入睡，今晨 6 時起，洗臉刮鬚，練簡化拳二遍。山光朦朧，水色清麗，杜司機接去謝家花園。先練簡化給胡主席看，伍一、張科長、胡啟二女旁觀。胡主席說：你練使勁那套給大家看，即練第二套老架炮捶，因穿絨衫，滿頭是汗，蹬腳發勁甚有勁。領陪胡主席練簡化，餘人跟著練。又領練半套至雲手、單鞭，已 7 時半，

胡主席說時間真快，即辭出，車送回大華飯店。杜司機送來蘭令腳踏車，即去某公園，詢牛春明，工友說每晨 5 時至 7 時在教，學生很多，月費 1 元 5 角，擬明晨去訪。

在新華書店買《中國式摔跤》，溫敬銘、張文廣編；《中老年人體操》，伊林著。歸練白虹劍、松溪棍。午睡至 3 時，使覺充實。4 時騎車由南山路經蘇堤，遊淨慈寺，聽眾僧誦經，看佛像、碑刻，取道蘇堤而歸。8 時騎車至飯店，練楊架一遍，架低，沉著有勁，快練陳架高架子一遍。夜抄改老架要義，不覺已午夜。

12 月 7 日（六）

6 時起，練簡化一遍。7 時至胡主席處，胡老拱手為禮。即陪練一遍簡化，教餘人步法。再陪練一遍，已 8 時，辭行，騎車回。將給中央體委的草稿給伍一處長請指正。上午寫老架要義。

1 時半，冒微雨再騎車去九溪十八澗，路上化 1 小時，上九溪來回 12 里。有林海亭，澗水淙淙，群山環抱，景色清幽，返大路再登六和塔，步累，至第二層即下，歸，渾身汗濕。有晚會。練炮捶、楊架。

12 月 8 日（日）

5 時練簡化、楊架。7 時去謝家花園，先陪胡主席練簡化，教張科長、胡啟、陳女士練步法，再陪練一遍。復教張、胡、陳步法手法配合動作。擬教胡主席呼吸，示範至手揮式，腹鳴頻頻。胡主席問練多久可以腹鳴？答以我練了六個月即腹鳴。擬即教胡老，他說還是練平常的，乃再陪練一遍，告辭。以中老年人的體操法交陳女士轉給伍一處長作參考。去浙江圖書館借閱《雍正朱批諭旨》，翻閱

廖坤、李衛奏摺中甘鳳池案件。

午睡至 2 時半，再去圖書館閱李衛奏摺，並閱《紀效新書》，照曠閣本許刊（道光、光緒刊本），僅24圖。晚洗澡後，看唐豪武術著作。練簡化、查拳，抖勁。午遊照慶寺，冷落破舊，壁有名家集寫金剛經石刻。

12 月 9 日（一）

5 時醒，眼倦躺床休息。練簡化二遍，並整理單練步法預備教初學者。7 時去胡主席處，先教胡啟步法，陪胡主席練簡化一遍，教胡啟、張科長步法，拳套至摟膝拗步，胡啟體會出腿吃力。又陪胡主席練一遍，他能自溫一遍，僅身形微前俯。陳女士遲到未練，又陪胡主席練一遍。為胡啟說破抓法、小金絲手、破抓肩拿法，張科長也懂，說是張文廣教的。胡主席要散步，即辭行。

9 時半去虎跑寺看碑刻，未喝茶，折至石屋洞，上有小洞乾坤洞，住僧云傳係康王避難處。午睡 1 時至 3 時，體力甚壯，室內練簡化一遍，架低體充，勁沉細，頗得意，又去室外練一遍，劍一遍。5 時出購醫書 3 本，《力學運動定律》1 本。鐘錶店人說，牛春明功夫好，學的人很多。8 時練炮捶一遍，架低勁沉，頗有力量。

12 月 10 日（二）

5 時半起，於室外練簡化一遍，7 時陪胡主席練二遍，腹鳴多次，觀者謂氣運到了。下午 3 時半練老架、炮捶，柔順有勁，頗得意。晚 7 時半練老架一遍，體壯勁沉。今晨胡啟、張科長、伍一處長及周某練至摟膝拗步，張希我自行遊山水，托伍處長代領借書證。

9 時半去浙圖閱善本，《紀效新書》和《武備志》。

途遇孫光迪及某人，云住滄州飯店。6時訪牛春明，牛說曾於1953年和劉百川比試，頗想去上海教拳。有女生16歲，已學拳、劍3年，知我去越，文見《浙江日報》及《新體育》。

牛春明今年78歲，據說劉百川今年已82歲，業傷科甚好。胡海牙昔為道士，妻係尼姑，業針灸。胡海牙從稔文浦學拳，稔為楊澄甫學生，李雅軒教稔甚多，胡海牙現自稱從某老道學拳，牛在杭教拳，他家忌擠，現在學了幾個月就教人的不少。

12月11日（三）

5時起，室內練簡化一遍，室外練楊架一遍，鬆、沉、圓、順、勻。7時陪胡主席練一遍，周同志為攝影，胡主席說天晴在室外攝更好，教胡啟、張科長、周某及某簡化拳至倒輦猴。陪胡主席在園內散步15分鐘，胡啟為攝影多幀，胡主席囑同吃早飯，謝辭。

8時許於湖邊亭內練楊架半套、炮捶一遍，又練老架一遍，有汗，即洗澡。9時半至浙圖看善本，《武備志》中抄拳經八勢圖訣，看朝鮮話字本《兵將圖說》，《易筋經》抄本一卷，有跋。

午睡至3時，醒仍覺倦累。6時半訪牛春明，牛談澄甫好發勁，將他和武匯川發勁撞牆，牛屢試，被打多，不開講，只能逐漸體會用勁。約牛春明明晚請益推手，牛說後浪推前浪，可能你研究得好。

12月12日（四）

5時起，練簡化二遍。7時陪胡主席練二遍，胡主席自溫一遍。教胡啟、張科長、周某至按式，講解轉腰上下、

左右旋轉協調，眼光移轉法。401室為3人室，日租6元。上午函元昆、元德寄楊架拳照四張。下午航函唐豪，接元德轉來唐豪覆我11月24日去信，即希望取得發科老的太極拳譜，研究拳勢衍變。唐豪信中說曾向技委會建議調我去京工作，老友知我願望。

午睡至2時起，練炮捶一遍，簡化一遍。6時去牛春明處，買蛋糕送之。推手時其柔中有剛，拿住走不開，化勁使我不得力，果然有道理，足見技術尚須研究。人按我將至腹，始側身鬆肩以斜飛式跌之。

有女孩16歲，已從牛學拳三年，推手也善拿，也不易貼拿她。但不慎放她至門上。牛說我膀上有勁，黏得不好，腕骨掤勁不足，肘不鬆沉。演畫圈化法。云既說出是向武匯川遞帖，當儘量講心得。云非認為年齡大，練就長功夫，不練就不長功夫，談至9時始辭別。歸練老架一遍，以鬆勁沉勁練，特別注意鬆肩活腰。

12月13日（五）

6時起，練簡化一遍。7時陪胡主席練二遍，胡主席自練一遍。為胡啟、張科長、周某，講解中正、沉氣、頂勁、勁貫指尖、指勾縮屈等，實即讓胡主席領會。上午至浙圖查閱墨海金壺叢書：何良臣《陣記》四卷、戚氏實記、雜集，昭代叢書，黃百家《內家拳法》，檀幾叢書《劍氣》。午睡醒後練楊架一遍。

晚飯打乒乓，7時去牛春明處，其妻楊柳青為胖子，長子在空軍當中尉，次子在某處工作，為光榮家屬，認為我是一家人。有美術生產合作社商某先在，牛老說推手柔化用勁之法，說我肘高，有雙重使力，和商推手，牛老說

雙手不要使力，有走的意思即可，又和女孩推手，9時歸練簡化一遍。

12月14日（六）

6時起練簡化一遍。7時陪胡主席練二遍，胡主席自練一遍，教胡啟、張科長、周某至單鞭，講要點，教胡啟柔化法，右肩一卸即左手按其右肩，貼靠其至沙發上，又使分鬃式擲出二步，其大笑。身覺鬆沉充實，步穩。至浙圖，上午學習不開放，乃遊孤山，於蘇小小墓抄亭柱詩聯，遊花港觀荷。

飯前打乒乓，睡至3時，練楊架、炮捶。7時去牛老處，牛老詢武與楊有意見事，答以略知一二，並述武為積蓄被李德芳領去，教授過勞，楊死，致47歲突死。商某、齊某（為牛老寫拳書人）來，和商推手，以貼沉勁使知之。牛老說：抒勁擠放，只須腕骨一轉，用腰勁長出去。說我抒時有下壓意，長勁時指內屈把勁折回須改正。牛老托詢京出版其著作事，答以先看稿後當去信詢問。8時半辭歸。

12月15日（日）

6時練簡化一遍。7時陪胡主席練二遍，胡主席自練一遍。教胡啟、張科長、周某至雲手、單鞭。伍一處長來還稿子，說明午後請我吃飯。8點15分至公園，商世昌泡茶3杯，有公安廳黃澤民表示向牛老學拳，付學費2元，商要牛老和我推手，讓牛發勁，但不脆，但也不化，較武功力遜多矣。我和商推，仍擠貼其中心兩側，云我發勁只需一月練習，便可出來了，知我勁沉。牛老說我勁捆在裏邊，發出就好。

　　觀眾聚攏來，有的說是假的。同牛老去齊某處看拳稿，我述源流。請牛老午飯，牛謝。午睡至 2 時，打乒乓，以左右角忽長忽短輕柔法連勝 7 人。

　　12 月 16 日（一）

　　6 時練楊架一遍。7 時胡啟說胡主席明去滬，即返國，陪胡主席練簡化二遍，有人拍照 3 次，胡主席自練一遍。教胡啟、張科長、周某至高探馬，胡主席說勿多教，多了他們記不住，練不好。陪胡主席散步一圈，約我 5 時半去吃飯。午睡至 1 時許即醒，練炮捶一遍。

　　5 時半至胡主席處便飯，胡主席興致甚高，講述滬扒手、綁票、叫賣衣服等故事，他們去看清宮外史，胡啟持贈胡老禮物象牙獨木亭。6 時半去牛老處，和陳招弟推手，牛老講演捋後即以腕前鬆長，後手貼腕使勁。腕引進即前沉按出。

　　牛老說：楊凱如後來吃紅朱子毒品，連父親的照相鏡框都出售給地攤，經熟人收買下來，澄甫老本說南下不收徒，由徒們收徒，但後來介紹李雅軒給牛時說這是你的師弟，牛當時說老師說過不收了，現在又收了。李聽了受不了，因此對牛有意見。

　　牛老說最好我們走在一塊，我說今後想辦法。其頗想去滬教拳，收入較好也。此間體委請去月 30 元，乃中央體委指示照顧性質，其公園收入僅月 20 元。

　　12 月 17 日（二）

　　5 時許醒，聞汽車聲，乃少數民族代表團來杭。練楊架一遍，7 時陪胡主席練二遍，胡主席自練一遍後說：這樣不會忘掉了。教胡啟、張文健科長、周醫生至高探馬合

手，語周醫生希將我和胡主席練拳照片寄上海。胡主席拱手示意作別。

上午去浙圖看《陰陽古義鉤沉》、《射義》新書，午後去查朱批諭旨甘鳳池材料，未及全錄，看《越南史略》，查地名大字典石門、海昌條。3時騎車經蘇堤，二汽車疾駛來，見胡主席在內。4時30分，伍一處長語我明晨即返滬，其今晚送胡主席至滬云。

6時許至牛老處，談及浙省去京學習武術二人已返杭，白振浦說：毛科長托帶信向牛老問好。牛老應邀將去溫州、寧波、金華表演武術，帶陳招弟同去。牛老講演：彼雙按，我右掤走腰腿左手将，翻掌（向內）長出時沉前貼，使其不能活變體不穩，我右手補擠，彼欲鬆沉，我左立掌上打，目視彼左肩，彼欲前擠頂，我右手黏，左手将，向右後上方，彼腳跟被提起，我隨即右掌腕轉側打之。彼以前法打我，我肘鬆沉使落空，隨即接定彼勁，滾肘使動步跌出。彼掤将我，我垂肩垂手，足前進長勁靠之，如我左足在前，應稍退左足，進右足插其襠，手向下前方長出靠之。

搭手即打放法：我将彼手，畫圈後側化，貼其腕轉腰手前打之（動其步黏打），雙按下沉前放。左掤右黏長，俱用腰力旋轉，手也旋轉。打人在腕轉陰陽，滾肘。截勁法：（1）彼方掤将，即滾肘貼打；（2）彼雙按我掤将鬆沉，彼不進，即接定彼勁，翻掌斜上打。黏、貼、滾、長、震，不失中正，腰力為上，眼神。

8時半別牛老夫婦，歸大華飯店，練楊架一遍，腰胯運轉，手臂圓順鬆活，整理行裝後即睡。

在越南太極拳訓練班演講稿

一、太極拳的特點

在中國流行的太極拳，以健身療病，延長壽命為基本功能，它是按照拳術套路的形式，用輕鬆連貫的全面動作，從經常不斷的練習中來求得「身體健康」和「感覺靈敏」的一項民族武術。

在療病和促進健康的作用上，太極拳特別具有的優點是：動作柔和舒適，愈練愈有興趣，運動量又可以隨著體質強弱加以適當的增減，來適應各人生理上不同的要求。如果按照鍛鍊的規則，循序漸進，可以療病，可以增強人們的力量、耐力、速度、靈敏度等素質。因此，它適合於不同性別不同年齡以及從事各種職業的人，特別是中老年人、婦女和不宜於做劇烈運動的體弱或帶病的人們。

根據蘇聯醫學科學家的結論：保持工作能力和延長生命力的基本問題，在於神經系統的衛生保護，由於練太極拳時以虛靜為原則，自始至終，用意識來指導動作（《行工歌訣》：「勢勢存心揆用意」，「意氣君來骨肉臣」；《行工心解》：「心為令，氣為旗，腰為纛」，「先在心後在身」，「神舒體靜，刻刻在心」），從而對中樞神經系統活動起著特殊的鍛鍊作用；同時能夠漸進地增強血液循環及心臟收縮機能，發展及調節呼吸運動，刺激消化器管正常工作，促進身體各部組織的新陳代謝，活動身體各個肌肉群和關節，因此，在和疾病、衰老現象作鬥爭中，

練太極拳已成為一種行之有效的體育活動。

　　根據各地的鍛鍊效果，證明太極拳對於慢性病如：神經衰弱、神經痛、高血壓、心臟病、腸胃炎、肺癆、乾血癆、風濕寒腿，痔瘡等等，都能起到一定的醫療作用。在《行工歌訣》中明確指出了：「詳推用意終何在？益壽延年不老春。」目前中國許多醫院和療養所已把太極拳作為醫療體育來推行，中國醫學院在蘇聯專家指導下正在做專門性的研究其療效。

329

　　在藝術性的形象優美上，太極拳由於動作的柔和性、完整性、連貫性、圓活性，因此形象優美，剛柔相濟，富有韻律性，練得純熟後，渾圓綿柔，活潑輕靈，柔中寓剛，恰似風中楊柳，行雲流水般地使人感到輕鬆愉快。有些國際友人體操家看到太極拳表演後，認為是一種優美的舞蹈藝術。

　　在技擊方法上，太極拳具有豐富奧妙而絕不玄虛的學理，運動忽隱忽現，動作剛柔相濟。因為它從基本練法上掌握了慢和鬆兩個原則，逐漸能夠訓練到「心身合一」，在各種不同姿勢和在變換過程中保持身體的平衡，並且能夠真實地達到重而快的境界，因為練得慢是為了求得沉重，練得鬆是為了求得快速，而重和快正是克敵制勝的主要條件。當發展到活步推手和散手的階段時，肌體感覺靈敏，動作絲絲入扣，能制人而不制於人，充分發展乘勢借力，因敵變化的巧妙，可以發揮積極的競技作用，因此，太極拳是充滿著鬥爭精神的機動、靈活的剛柔互用的高級拳術。

　　由於太極拳包含以上三方面的優點，因此，它成為廣

大人民所喜愛的一項民族體育活動。

從太極拳的廣泛流行和很多操練它的人獲得增進健康，治癒疾病，學會技擊等效果，證明了它是合乎科學的，也證明了它在體育運動中在醫療體育上有很高的價值。

解放以來，由於中國共產黨、中央人民政府和毛主席對體育運動的重視和關懷；由於人民的物質生活水準及文化水準的不斷提高，太極拳也和其他體育運動項目一樣，更比以前有了發展。

1956 年 11 月在北京召開的全國 12 省市武術觀摩表演大會上，把當前廣大人民所喜愛鍛鍊的長拳（舊稱少林拳的一種）和太極拳（舊稱內家拳的一種）列為表演項目，作為在「百家爭鳴，百花齊放」的號召中首先研究、整理推行的武術項目。根據國家體委初步調查全國的武術種類，拳術就有 200 種，器械有 400 種。太極拳在中國武術界日益佔據重要地位，並由醫學界公認為是在機能治療中一項必要的醫療體育運動。

利用體育運動來治療疾病，增強體質，已成為太極拳的主要發展方向，這就要求研究太極拳的專家們首先要具有豐富的運動生理學的知識、病理學知識；並且由於太極拳是和導引術、靜坐功相結合的拳套，運動時須「以意運氣，以氣運身」，這是現代解剖學家目前還不能做解釋的問題，必須研究中醫的經絡學說來做學理上的說明，才能論證「氣遍身軀不稍滯」的學說。

在 300 多年以前（明末清初）中國河南省溫縣陳家溝有名叫陳王廷的，初為戰將，晚年隱居，他採取古代各家

拳法而創造了太極拳，流傳至今，已有 7 種以上不同的架勢，有開展的，有緊湊的；有的注重技擊，有的注重療病保健，前者複雜難練，後者平正易練，但練拳的原則：虛靜、輕鬆、圓活、連貫、中正不偏則是一致的。

1956 年 8 月中國國家體委整理研究編印的「簡化太極拳」架勢採取民間流行較為廣泛的楊澄甫的大架子，從原來34個姿勢中採取了 20 個姿勢，刪去了繁難的重複的動作，原來楊架練完一套需 20 分鐘到 30 分鐘，簡化太極拳只需5分鐘到8分鐘就可練完。這就為太極拳的普遍發展，為人民健康事業服務創造了條件。

「簡化太極拳」有圖有解，有「鍛鍊方法」的說明，有「各個動作練習要領」的說明。另有《太極拳的生理保健基礎》一文，是經由蘇聯醫療體育專家，醫學博士克拉斯諾賽爾斯基教授指導下，由曲綿域醫師完成的，為太極拳發展運動提供了科學根據。

二、中國的醫療體育

中國的醫療體育，大體上可分為按摩類、體操類和拳套類三種，這三種醫療體育和其他各門類醫科一樣，由於歷史條件的限制，還未獲得現代科學水準的理論和概括，但它們的療效是已經為實踐證明了的，我們首先應當肯定它們的療效，然後再用現代科學知識加以整理和提高，更好地運用千百年來積累下來的經驗來為人民的健康事業服務。

按摩類的醫療體育，不限於對皮肉經絡抑、按、推、拿、扣、打等等動作，還包含著對身體四肢的屈伸、開

合、旋轉那類的運動。

這些動作屬於被動性質的，應歸入按摩類；屬於自動性質的，應歸入體操類。

體操類的醫療體育內容，除按摩類自動性質的運動外，還包含著深呼吸運動和對抗運動，等等。

按摩的另一名稱為「折技」，見《孟子‧梁惠王》（上）「為長者折枝」句，「長者」，指老年人，「折枝」為按摩和屈伸手關節，療效為「解除疲勞」。《孟子》作者孟軻，生於西元前 372 年，死於西元前 289 年，可見早在西元前三四世紀按摩已流行於家庭之間。

推拿的名稱為 16 世紀後起的名稱，實際上即是按摩。

按摩二字最早見於《韓詩外傳》，作者是漢文帝時代人（西元前179—157年）《史記‧扁鵲列傳》的「橋引」和「案杬」和按摩內容相同。

體操類的醫療體育散見於古代書籍，《莊子‧內篇》大宗師記載古人實行的深呼吸運動：「古之真人，其息深深」；《楚辭‧遠遊》說明呼吸運動它的效果能使「精氣入而粗穢除」，達到「精純粹而始壯」，以現代語解釋，即攝取氧，排出二氧化碳的呼吸運動，能使身體強壯。漢獻帝時代（西元190—220年）的名醫華佗，編五禽戲，熊經、鳥伸、猿躍、鹿視、虎顧，仿效鳥獸的動作，說能使人「難老」，能使人「除疾」。

中國醫療體育的積極作用：

1. 為壽，即延年益壽。

2. 逆卻眾病，即預防治病。

3. 攻治篤疾，即醫療疾病。

換言之，即是長壽法、卻病法和療病法的綜合。

蘇聯醫療體育專家西帕依夫博士，在 1954 年編的書中說：「古代名民族，特別是東方民族都利用體操來醫療各種疾病和增強體質」，他並指出西元前 600 年，中國已運用對身體發生積極作用這一原則的醫療體操，並指出「古代的中國有醫療體育學校」。這材料在隋唐的史書中（7世紀到 8 世紀）。

333

在隋唐朝代，按摩法、體操法傳到日本；瑞典式醫療體操大部分採用 16 世紀譯成拉丁文的中國體操法。在7世紀中國還吸收了印度的按摩法。

在中國的很多醫書、道家書、佛教經典中醫療體育方法很多，約有千多種不同方式治療各種疾病，還未加以整理。

拳術類的醫療體育，不限於太極拳一種，因為四五十年來太極拳廣泛地被人們利用為療治疾病，所以國家體委在去年首先整理介紹了太極拳，編印了「簡化太極拳」。

太極拳為拳術與導引術、靜坐功相結合的拳套，一般拳術只著重於攻擊和防禦的排他性的技擊術，不注重本身力量的能否負擔，太極拳兼顧到「身心合修」；導引術專重呼吸吐納之術，肢體動作是粗線條的，太極拳呼吸自然細緻地配合著復雜的動作，是內外兼練的；靜坐功只顧內照，收視返聽的靜中求靜，忽視了肢體的運動，太極拳是凝神一志，呼吸和動作均勻配合的動中求靜。

換句話說，太極拳包含了拳術、導引術、靜坐功的好處，而祛除了它們的偏向和流弊，這是集中群眾智慧的群眾性的創造，在一次的鍛鍊中，可以起到療病、保健、技

擊的三種好處；時間上極為經濟，不需要大的場地，不需要設備，旅行時也可以練習不輟；鍛鍊時沒有聲音，不會妨礙別人的工作和睡眠。因此，太極拳已被公認為具有體育運動價值的高級拳術，在城市的公園裏、農村中練的人越來越多，並且已被許多醫院、療養院採用為醫療體育中一項必要的運動項目，許多醫生都介紹慢性病人練太極拳來恢復健康。

蘇聯醫療體育專家很注意太極拳的特點和組織形式，正在幫助我們醫院進行科學研究，並要求中國把太極拳攝成電影介紹到蘇聯去。法國最近有代表團到中國，也希望介紹中國武術形式給法國人民，並說中國醫療體育早已傳到法國。

目前中國政府的許多首長都在練太極拳，軍委的軍官們也練太極拳。許多人喜愛它並不是學時髦，太極拳動作沒有什麼驚奇好看，而是在人民中間長時期證明它有療病、保健、增強工作能力和延長壽命的作用。目前有許多醫生在練太極拳，將對病家更有幫助，更將能發揮太極拳在醫療上的價值。我們要工作好，學習好，必須要有好的身體，更須要延長壽命，因為工作經驗越豐富，能多活幾年對國家對人民的貢獻是不可限量的。

太極拳的功效能療病，能增強體質，能使人長壽，這是數百年來的實踐可證明的。太極拳家長壽的多，八九十歲的老年人還能繼續練太極拳，只有專門著重打架的太極拳家有部分人壽命是不長的，這就值得我們吸取教訓，要明確練拳的目的性，時代的要求是什麼？要有正確的對健康有益無害的鍛鍊方法。

　　我們研究一種學術，總想瞭解它的歷史、來源和發展過程。

　　我先簡單介紹太極拳的發展史。

　　太極拳是明末清初（1644 年前後）戰將河南溫縣陳家溝陳王廷創造的，取材自明代平倭大將戚繼光（1528－1587年）《拳經・三十二勢》和當時各家拳法，而戚繼光的三十二勢採自當時十六家著名拳法，遠及宋代宋太祖長拳三十二勢，因此，太極拳是來自群眾的拳套。陳王廷創造的拳原名十三勢，共有五套，另有長拳 108 勢和炮捶一路，今傳太極拳為十三勢的頭套。拳以太極命名，始於乾隆嘉慶年間。

　　山西省人王宗岳（1795 年在河南開封教書）著有《太極拳論》，它的哲學理論基礎採自闡明易經道理的《周子全書》中解釋太極的陰陽、動靜、剛柔、黏隨、走化、中正不偏、無過不及、隨屈就伸、忽隱忽現等學說，是正統的儒家哲學。後來解釋和發展王宗岳拳論的有好幾位拳家，他們都著重在鍛鍊技擊的方法，向醫療體育發展還是近五十年來的事情。

　　太極拳發展至今有八種大小、繁簡不同形式的拳套，但練法都根據《太極拳論》。

　　目前以從學於陳家溝陳氏的楊氏之孫澄甫所修改的拳套最為流行，因為姿勢大方、中正、簡潔，容易長工夫，也適宜於作醫療體育。

　　簡化太極拳是根據楊澄甫的大架子三十四勢中的二十勢而編成，楊架三十四勢重複有 107 個動作，全套需練 20 分鐘到 30 分鐘，簡化的只需 5 分到 8 分鐘可以練畢。

今後我們要練習的就是簡化太極拳。

三、中國拳術的種類

中國拳術種類據國家體委初步瞭解，拳術套路有 200 種，器械有 400 種，絕大多數以技擊為目的，但是絕大多數又是戚繼光所痛斥的花法套數。

凡拳術都有優點，也都有缺點，因為有所專，就有所偏，各有其特性所形成的。太極拳以虛靜為主，一切動作出乎自然，重柔輕剛，以修養精神為主，在古代應用在技擊上，雖要剛柔並用，但主張以靜制動，以柔克剛，以小力勝大力，以技巧為主，不以力勝，剛勁只用在發勁的一瞬間。

1.與心理學的關係

太極拳以身心合修為原則，練時須「以意運氣，以氣運身」，完全以心理作用為根據，一切動作，須由意識來指導，如意欲運氣，則應作運氣想；如意欲沉重，則是應作沉重想；如意欲沉氣，則應作氣沉丹田想，久而久之，由習慣成自然，則一切想像力，能支配生理作用。《太極拳論》：「默識揣摩，漸至從心所欲」，即是說明經過鍛鍊時的想像能達到隨意支配周身各部分的活動。

這就符合了蘇聯巴甫洛夫創立的高級神經活動的唯物論學說：大腦兩半球底皮質在極其複雜的動物機體的一切機能上的表現中都起著主導作用，它調節著動物機體的一切感覺器官的活動。

蘇聯貝可夫院士確定了不僅外部器官依賴於大腦皮質，而且內部器官也依賴於大腦皮質；並且確定了一切感覺器官的工作都是由大腦皮質而活動起來的。它的公式

是：腦皮質—內臟—肌肉與肌肉—內臟—腦皮質。《太極拳論》：「先在心，後在身」「刻刻留心」都是訓練中樞神經，以中樞神經來支配肢體和內臟運動。因此它能治療神經衰弱和其他內臟病，同時它也能成為高級的拳術。

2. 太極拳與生理學的關係

簡化太極拳已有科學的說明，我不重複。

3. 太極拳與力學之關係

從技擊方面說，力學與拳術最有密切的關係，太極拳以小力勝大力，與力學原理更為符合。創造太極拳的人，懂得圓的運用最為靈活，最不易受力，圓轉的力量也最大，這是物理學和機械學得出的結論。練太極拳時以腰為軸心，運用腹式呼吸來穩定下部，運用腰的旋轉兩腿的變換虛實來變換重心，不使對方找到受力點。

推手方法是太極拳家的創造，推手方法應用沾、連、黏、隨，不丟不頂的原則，來鍛鍊皮膚上觸覺敏銳；黏隨好比膠水黏住對方，密貼不離，隨對方的伸縮而伸縮；不頂即是毫不與對方鬥力；不丟即是毫不與對方離開。練習時無論對方來勁大小、長短，都用黏、化、打的方法移動對方的力量，使之落空不穩，從而擊之，完全合乎力學原理。因為人受擊，或自己發勁擊人，如無反力以止其身體的傾斜，那麼重心垂線必然會越出基點。

太極拳用不頂的走勁，就是不給對方以絲毫反力，而使之不穩；用不丟的黏勁，就是不許對方由不穩而復歸於穩，拳論所謂：「人不知我，我獨知人」「引進落空合即出」都是力學上原理的應用。

初學推手時，往往怕吃虧，心一急就使蠻力蠻幹，推

337

手技術是學不好的，黏、化、打三字須經耐性練習才能掌握得好，才能使對方有力無用處，越性急動作越亂，越亂越是好打。戚繼光在《拳經》中說：「彼忙我靜待，知拍任君鬥。」就是這個意思，推手原理是合乎兵法的。

《太極拳論》「發勁」須沉著鬆淨，專主一方，這是時間、地位找好以後，集中力量，「由中求直」的發勁，一發之後，又要鬆淨柔活，這樣既不浪費力量，又善於變化。推手方法可以作為醫療體育，但絕對不許有勝負觀念，以免妄用力量，與療病無益。

作為競技性運動，可以增加體力，掌握技巧，但不會傷殘對方。練習摔角的如果學習推手作為輔助工夫，對摔角技巧會有極大幫助。

太極拳鍛鍊方法的幾個基本原則，在簡化太極拳上有說明，我也不重複講，今後在學習中結合起來講。

我想解釋一下練太極拳為什麼初步著重慢。慢的好處很多：

第一，容易靜下來，全身容易放鬆，容易以意識指導各部分協調動作，不使滑過哪一部分，可以做到全面照顧。

第二，呼吸不會迫促，將來配合運氣時，內勁能夠隨著意識指導運到任何一部分。

第三，慢能夠逐漸長內勁，周身逐漸充實起來。

第四，慢能鬆，練慢日子久了，體重會增加，手會沉重，是非常輕靈的沉重；越鬆速度越快，因為僵硬的動作速度不會快。

因此，慢是求得沉重，鬆是求得快速。重和快在技擊

上講也是克敵制勝的重要條件。

　　穩重、輕快在我們日常處理任何事情上都是必要的條件，各人的性情跟體質有關，精神能變化體質，這是心理學上的結論。練太極拳以虛、靜、鬆、慢為主，可於不知不覺中養成一種優美的習慣，對急躁性的同志很有幫助。

四、陳氏老架太極拳要義

　　我幼愛武術，壯而不倦，博習諸家拳法，愧未專精，於太極拳曾學楊架、吳架、陳氏老架，所從老師皆一時名師，理法各有專長，肄習之餘，輒筆記要義，較其同異，明其源流。今太極拳已因醫療體育上之價值，盛行於中國，國家體委又編印「簡化太極拳」，以期普及，對其技術上的理論，亦正進行研究整理，專書之成，尚待異日。

　　茲將往年摘錄老架文獻與筆記師說，擇要錄出，以供揣摩，可以略窺古拳法之特點，並以留當年之鴻爪。楊架從老架演化，暇當述其要義。太極拳理法高深，貴乎口授心傳，一落文字，易成糟粕，但若緣此要義，身作心工，升堂入室不難矣。筆記時用文言文，今不遑改為語體文。此是終身學之不盡之藝，其中倘有不能理解處，用功日久自明。

　　1. 太極拳是動作與呼吸協調，內外交修的開合拳；太極者，陰陽已具而未形者也；陰陽者太極既分之名也，動而生陽則為開，靜而生陽則為合。開則俱開，合則俱合；開中有合，合中有開。又是實中求虛，虛中求實的拳，虛實交替，潛移默化，悉本「陰陽互為其根」之理。

　　2. 初學用功，先求伏應，起承轉合，來脈轉關，細心

體會，著著貫串，節節鬆開，處處合住。敬謹將事，不能怠慢，氣宜鼓盈，神宜內斂。移步換形，不離中正；一志凝神，動而不渝；明規矩而守規矩，忘規矩而合規矩。

3. 渾身要鬆，不妄用力，以意運氣，以意運身。勁發自丹田，丹田勁六分上運兩臂，貫於指尖；四分下運經胯分運至足。開時由丹田向上下分運；合時由手尖、足尖還歸丹田。開為呼、為放、為伸、為舒、為陽；合為吸、為收、為縮、為捲、為陰。開為前進纏是勁，合為後退纏絲勁。纏繞進退，悉本中醫經絡學說以運行內勁。胡熙《周易函書》有云：「陰陽兩不相離，又有相須互用之妙。」懂得纏絲勁練法，始可言陰陽相濟，方為懂勁。此乃老架之秘傳，習是拳者不可忽視。

4. 精神內斂，以我丹田浩然之氣，運於周身骨髓之中，由骨髓運於肌膚毫末，方為內勁充足。手似生於丹田內，從丹田發則氣有本。內勁須研練，才能久練成功，神乎其技。拳諺云：「拳不敵力，力不敵功」，功夫在於久練。每勢勁貫九分，神氣須貫到十分，轉變處要運得圓。由完整一氣，以至一氣流行，如蛇之纏繞，活活潑潑，氣勢雄厚。又似百煉之鋼，成繞指之柔。夫然後氣之所至，無堅不摧。

5. 太極拳動作即圈，乃半陰半陽之渾圓體也。任道遜詩曰：「太極中分一氣旋，……萬物何嘗出此圓。」妙手一著一太極，即一動一圈，一圈之中有陰有陽也。圈有全圈、半圈，有順圈、逆圈、直圈、橫圈。一動無有不動，一圈無有不圈（手圈、肩圈、胸圈、腹圈、胯圈、膝圈、足圈，上下左右同時協調動作）。初練精圈稍寬大，功久

轉圈漸收小，精煉已極，極小亦圈，由小圈練至沒圈，由開展而漸臻緊湊，由有形而歸於無跡（功夫到此地步，圈不在外，乃隱於內，有圈之意，無圈之形）。其為圈也，橫直順逆，參綜互用，順其氣勢，息息變動。環形走化，直線發勁；圓者其體，直者其用，故曰：「曲中求直」。王船山曰：「太極者，混淪皆備，不可柝也，不可聚也。」（《周易外傳》卷五）又曰：「太極……從來說者，竟作一圓圈，悖矣！此理氣遇方而方，遇圓而圓，或大或小，氤氳變化，初無實質。」（《思問錄》外篇）習太極拳者，若知圓而不知方，對有體無用，猶之能柔而不能剛，僅得其偏而已。王船山又曰：「陰得陽，陽得陰，乃遂其化。」（《正蒙注》卷一）方圓備，陰陽兼，始能有體有用，能化能發。

341

6. 先求鬆淨，後求似鬆非鬆，則虛中有實；又須實中求虛，則虛靈而不致流於輕浮。中氣要足（中氣者，中和之內勁也。老子曰：「百物負陰而抱陽，沖氣以為和」）。不可有浮氣橫氣，則外柔順而內極堅剛，如虞世南書法之剛柔內含，始能搭手時意想力到，我未用力，對方已覺沉重不易抬起，此乃棉花裏鐵之理。

7. 頂勁領起，腰勁下去，則下盤穩當，上盤靈動。關鍵在於腰襠；腰要鬆、活、擰、塌；襠要開、合、扣、圓。

8. 能慢到十分，又能快到十分，能人所不能，自然交手如練拳，行所無事。練架能慢儘管慢，能慢到十分，火候即到十分，別人跟不上我，反以我術為神奇。

9. 渾身鬆柔充實，勁貫指尖，足趾著地如錐紮地，才

能穩重如山嶽；實處運以虛意，才能靈動如江河。勁貫手指尖、足趾尖，須透出如入木三分，始為刻入。

10. 動作時目隨手轉，耳聽八方；停勢時目視前方，耳聽身後。練拳亦如立身處世，當瞻前顧後，居安思危。凡手向前伸，當以中指領勁，中指勁到，餘指勁亦到，故目光以視中指為準，而眼神則須照顧上下左右。

11. 步分虛實，但實中須寓虛意，才能變動迅速；虛中須運以實意，才不致流於輕浮。虛非全然無力，實非全然占煞。虛足挪動，須貼地運行；舉足起點，落足之前，俱須走弧形、畫圓圈；即使無圈之形，必須有圈之意。拳諺云：「手進三分，足進七分。」勝在進步，不敗在退步。練快時要步動如飛，氣勢活潑，形如虎相。但仍以剛柔內含，輕靈穩健為原則。

12. 身形要正直，即斜勢亦須寓中正，身跟手足一起進退；完整不散，太和元氣運四肢，手足伸縮有界限，不至於大失敗。易理：「時中」之義，拳家應奉為圭臬。

13. 周身力集中一點，打穴道、關節，以我硬處，打彼軟處，一放即鬆開，用力務求經濟，落點才使勁。手法、身法要變得轉，走得圓，力從腰發，手從腰出，雙手圍護盤旋，上護頭，下護襠，渾身一致；左旋右轉，機關在腰，動之至微，發之至驟。「拳打不知」之說，不應解為偷襲用詐，全憑我日常用功純熟，一舉手一投足，使對手無可奈何，知我手之去，而不知所從化解之道，自然心服口服。散打時出手要柔軟，似沾非沾，著人身似皮條抽人，痛入肌骨。出手震動力要大，著人身要使人膽戰心寒，所謂「驚擊法」是也。

14. 虛中有實才有本，實中有虛才有靈變。拳中踢、打、跌、摔、推、拿之法具備，繞以柔纏黏隨，陰陽反側神其用，由著熟而漸悟懂勁，用功日久，一旦豁然貫通，由懂勁而階及神明，則無心成化，但依著何處，即依何處擊之也。

15. 極柔軟，又極堅剛，處處是纏絲勁的妙用，也就是螺旋形的轉側進退，搭手如螺絲釘鑽木，愈旋愈緊，牢不可拔，故太極拳又名纏拳；練法由鬆入柔，周身柔軟若無骨，忽然放出都是手，故又名綿拳。偏剛無柔，須防跌折；偏柔無剛，難臨勁敵。柔中寓剛，忽隱忽現，變化無常，剛柔相濟，始得太極拳之全。

16. 調和變化，變化調和，不斷變化，不斷調和，不後不先，至當恰好。處處封人使不得勁，彼封我亦處處使不得勁，不存心勝人，而人亦不能勝我者，可稱拳聖，光是能打人的只能稱為拳雄。

17. 搭手首在觸覺靈敏，並恃內勁充沛。能引進落空，緊小脫化，便能人不知我，我獨知人。善化善發者，善用其中氣而已。兩人搭手，如功力相當，必須力爭上游，所爭在一厘地位。譬之弈棋逢勁敵，只在爭一先耳，手總要敷在對手之上。

18. 每勢形象要練出來，是格物工夫，臉上變形象，搭手吐氣發聲，不是嚇人，還是我的一心運用，我練我的拳。

19. 拳內轉折之勁，愈速愈好，遲則誤事，當快不快，不但打不出人，反將被人所制。理明手低，功夫不足；可勝不勝，膽力不前。

344

20. 引進落空，帶引帶擊，半引半進，帶引帶進，即引即進，以引為進，陰陽一齊並用，思想一動手即到，快莫快於此。成手渾身都能打人，不但在手足之間。

21. 任彼剛猛，我唯以柔接，未粘住人身，則如已粘住人身，出手似漆膠粘硬物，不使離，離則以纏法繞其臂，如蜘蛛以絲纏蠅，又如已上之螺絲釘，欲硬拔去而不得。不丟不頂，粘連黏隨，令彼進不得進，進則如面臨深淵；退不得退，退則如跌仆形成。

22. 打人不是硬氣、橫氣、粗氣，是中和的中氣，浮氣打不出人。硬打人只能服人之口，中氣打人能服人之心。

23. 彼不動，己不動；彼微動，己先動。內不動，外不發；不沾不翻，不沾不發；發手如閃電，沾衣似震雷。拳諺云：「拳無寸隔，沾衣即亡」，此亦「驚擊法」也。須內勁充足，無堅不摧者始能之。內勁有粘勁、化勁、提勁、放勁、借勁、截勁、捲勁、入勁、抖擻勁等區別。須下苦功於打手術逐步體會和演習各種內勁，至於造詣淺深，則有用力、用著、用勁、用氣、用神五者之程式。周子曰：「動而無動，靜而無靜，神也。」（《通書禮樂》第十三）動靜不可測之謂神。神而明之，存乎其人。

24. 不能意動形隨，不能人我合氣，就不能黏隨恰到好處，別人跑了就跟不上去。必須處處黏得密切，不令對方得勢，方見引進落實，因敵變化之妙。

25. 打手術八法：掤、攦、擠、按、採、挒、肘、靠，以黏、化、打、擲、發為步驟。如果嚴格規定比賽規則，可以展開競技運動；至於抓筋按脈，閉穴截膜，擒拿崩放，抖擻切錯諸法，皆為傷人之法，不宜採為競技項目。

26. 拳架如有氣力多練，儘管多練、多想、多看、多學，技術始能高人一等。久練純熟，始能得心應手，宛曲勻稱，生動活潑；渾重中不失生動，輕靈而不流於飄浮。精神流動，氣象萬千，只能於功夫深邃中透出。藝不虧人，拳成，槍劍即在其中。練拳非以取悅於人，太極拳亦非適宜於表演之拳，但由鬆入柔，運柔成剛，輕靈沉著，剛柔相濟，如當風楊柳，生趣盎然，又如行雲流水，意味無窮，亦足令觀者賞覽不厭。

27. 練拳分三個階段，第一步求上下合一，第二步求內外合一，第三步求人我合一。能做到人我合一，縱有快手、硬手，亦任我擒縱矣！

28. 長練短，短練長；硬練軟，軟練硬；忽上忽下，忽遠忽近；忽隱忽現，忽剛忽柔；反側陰陽，奇正相生；伸縮吞吐，翻轉盤旋；竄奔跳躍，閃戰騰挪；手當足用，足當手用；如常山之蛇，擊首則尾應，擊尾則首應，擊其中則首尾俱應。戚繼光三十二勢集成於前，陳王廷十三勢五路繼承發展於後，三百多年來太極拳演變而為醫療、保健、延年的拳套，流派已歧而為八，然而老架太極拳仍保持王廷舊法，注重技擊功夫，不同於醫療體育太極拳之以舒緩見長。醫療體育固為太極拳重要之貢獻，亦為太極拳運動發展之方向，然而愛好古拳法者，頗不乏人，爰述老架太極拳要義，以供揣摩，留藉以追本溯源云。

五、太極拳源流概述

太極拳是明末清初（1644年前後）人河南溫縣陳家溝陳王廷所創造。陳氏家譜於其九世祖陳王廷名諱旁注云：

「王廷又名奏庭，明末武庠生，清初文庠生，在山東名手，掃蕩群匪千餘人，陳氏拳手刀槍創始之人也。天生豪傑，有戰大刀可考。」陳王廷遺有長短句一首，其前半云：「歎當年披堅執銳，掃蕩群氛，幾次顛險。蒙恩賜，枉徒然。到而今，年老殘喘，只落得黃庭一卷隨身伴；悶來時造拳，忙來時耕田，趁餘間，教下些弟子兒孫，成龍成虎任方便。……」

陳王廷所創拳原名十三勢，共有五路拳套（今唯第一路流行演變稱為太極拳），尚有炮捶一路及長拳 108 勢，其拳採自明代平倭大將戚繼光《拳經》三十二勢及當時各家拳法，並結合導引術和靜坐功，故太極拳實為群眾性創造的結晶。

陳家溝陳氏傳至十四世陳長興，長拳 108 勢在陳家溝已失傳，蓋已逐漸專精於第二路拳套（即今之太極拳），十四世陳有本創新架，十五世陳青萍得有本之傳創趙堡派，武禹襄得楊露禪、陳青萍之傳而創武派，楊露禪得老架陳長興之傳，至北京傳習稱楊派，吳全佑得楊露禪之傳稱吳派，孫祿堂得武派之傳而創孫派，此外尚有宋書銘一派，太極拳演變至今，已歧而為八，若並各家支派計之，則又不止此數矣。雖架勢有大小繁簡之別，然悉從十三勢第一路演變而來，各種類型的太極拳，可以說前人都曾下過推陳出新的功夫，老架較為復雜難練，有竄奔跳躍，騰挪閃戰動作，今在北京教老架的陳氏十七世陳發科（陳長興的曾孫）今年71歲，所授老架，已刪去難練的動作如朝天蹬（雙足同時上踢）、跌岔（騰空一字腿落地）。但仍逐步加圈，並有炮捶一路，專主發勁。有本所創新架較老

架稍簡化，架勢固定。

清萍所傳新架逐步加圈，以至極繁複，稱趙堡派。武禹襄所傳為開合式太極拳，架高步活，步法複雜，稱武派。孫祿堂（形意拳、八卦拳專家，以形意、八卦、太極合稱為內家拳，武當派者自祿堂始），以形意拳、八卦拳功夫摻入武架，但亦以輕靈為主，稱孫派。吳全佑得楊露禪及露禪子班侯之傳，稱吳派（全佑子吳鑒泉傳授亦眾，稱小架子，亦主輕靈）。

宋書銘架為楊架基礎。楊露禪子班侯性剛好鬥，人稱「楊無敵」，健侯、健侯子少侯（1930年自刎於南京，年七十餘）、澄甫俱以太極拳名於時，稱楊派。楊架今稱大架子，是經澄甫修改，拳式簡潔、大方、中正，易長功力，亦適於作醫療體育，故流傳最廣，1956年國家體委編印的簡化太極拳是採用楊架三十八勢中的十八勢，去其重複動作，以便普及推行。

陳家溝太極拳理論，在先僅有經驗總結的《拳經總歌》、《擠手歌》兩種，至十六世陳品三（1849—1929年）以數十年之精力，寫成《陳氏太極拳圖說》，洋洋十餘萬言，以易理說拳理，逐勢詳其勢法運勁；十七世陳子明著《陳氏世傳太極拳術》，發揮其父復元對太極拳的體會。尚有王宗岳、武禹襄、李亦畬所著《太極拳論》，練太極拳的尊為拳經。

至此，太極拳的理法遂廣大精微，體系完整，成為涉及哲學、物理學、心理學、生理學、導引術、靜坐功、醫療體育的武術體育運動。

近三十多年來關於太極拳的著作又有數十種。從力學

原理來分析太極拳術的技巧，從巴甫洛夫高級神經活動學說來說明太極拳在療病方面的價值，近年來已見開端，尚待進一步作科學性的全面說明。

從力學原理來分析太極拳的技巧，從巴甫洛夫高級神經活動學說來說明太極拳在療病方面的價值，近年來已引起研究太極拳者的重視，全面地作科學性的說明，還有待於物理科學家、醫療體育專家和太極拳專家的共同努力。

中國拳術中附會之說尤多者，當太極拳良以太極拳自盛行於各省市後，派別既多，不免依託標榜，或者人云亦云，失於依據，故述其史實者，頗多異說，以為太極拳創自道家中人，尤以原於宋之張三峰之說為盛，後有謂出於六朝時之韓拱月，唐之許宣平、李道之，及明之殷利亨者，皆為依託不足信。

陳王廷初為戰將，晚年隱居消極，思想上受道家影響，觀其遺詩有：「黃庭一卷隨身伴」之句自明，導引術為道家的健身療病術，太極拳採納導引術，於是後之不明史實者，紛紛以太極拳創自道家中人而標榜。張三峰曾修道於武當山，故太極拳家標榜為武當派，猶之許多拳派標榜為少林派，實際上張三峰即未造拳，少林寺亦僅以棍法著名。

我先後學楊架、吳架及陳氏老架，於太極拳之史實，亦嘗留意，爰述其源流也。

中國黨對科學和藝術，提出了「百花齊放，百家爭鳴」的方針，並且指出了：「科學上的真理是愈辯愈明的，藝術上的風格是必須相容並包的。」那麼，對於各種類型的太極拳架，也應該動員該類型拳架的專家們加以研

究整理，推陳出新，並以醫療體育為主，更好地為人民健康事業服務。

六、在太極拳訓練班結業聯歡晚會上講話稿

武術是體育運動的一部分，體育運動應該是增進人民健康，促進各種年齡的人們身體發展的因素——它包括：預防早期衰老，延長壽命，提高青年的勞動能力和保衛中國的能力。

349

武術是許多國家的體育遺產的重要部分，它是各個民族歷代勞動人民在生活鬥爭和生產鬥爭中，為了療病、保健、自衛的一種創造性的成果。

從中國的歷史文獻來看，武術一直是軍事體育的一部分。目前還存在著帝國主義國家，戰爭的危險性還存在，我們越中兩國和其他社會主義國家還得加強國防力量。雖然目前已進入原子武器時代，古老的武術在戰場上的作用已經微不足道，但是仍然有它活動肢體，鍛鍊精神的作用。

開展體育運動，增強人民體質，是建設社會主義的一項政治任務。體育運動專案多種多樣化，才能適應各方面的需要。武術的特點，其他運動項目不能代替，正像武術不能代替其他運動項目的特點一樣，因此在開展現代化體育的同時，也應該研究、整理和開展民族武術。

開展體育運動，正像國家經濟建設一樣，不能全盤照抄某一個國家。人民在習慣上的愛好，國家經濟的特點，民族體格的特點，是考慮首先應該提倡哪些運動項目的先決條件。

　　在中國民間流行的太極拳，原來就包含著三種作用：
（1）醫療體育運動；（2）武術舞蹈的保健體育運動；
（3）技擊性的體育運動。

　　今天中國廣大人民喜愛鍛鍊太極拳，主要由於它使練
習的人們得到療病、保健和延長壽命的功效。中國政府在
幾百種拳套中，首先提倡太極拳是根據人民的普遍愛好，
是根據醫療體育專家和醫生的一致意見。

　　太極拳的推手方法，可以作為醫療體育運動，也可以
開展為競技性的運動，興味濃厚，技術理論也完整，很少
會發生運動傷害事故，不受年齡、性別、體格、職業的限
制，並且不需要場地設備的費用，隨時隨地可以練習，極
為符合節約原則。

　　這次我榮幸地接受文化交流的任務，向胡主席和各同
志解說太極拳，希望在療病、保健和延長壽命的意義上對
越南領袖和幹部們的健康有幫助！

　　我相信在胡主席和越南體委的領導下，太極拳也將為
越南人民所喜愛！

　　我也相信在胡主席和越南體委的重視下，越南的民間技
術，譬如拳術、摔跤、射箭，也將得到研究、整理與發展。

　　越中兩國的民間武術今後也將如其他文化、藝術一
樣，得到更廣泛的交流。

　　由於本人是業餘武術愛好者，缺乏教學經驗，在教學
方法上一定有許多缺點，希望各位同志提出批評。

　　我衷心地感謝胡主席對我各方面的關懷。

　　祝胡主席百歲長壽！祝各同志身體健康，工作進步！

七、寫給胡志明主席復習太極拳的要點

1. 以意運氣，不使僵力。

2. 意動形隨，一動無有不動，四肢隨腰轉動。

3. 全身要鬆，骨節要以意鬆開。

4. 身形要中正不偏（不前俯，不後仰，不左歪，不右斜），步要分虛實，動作要輕靈穩當，不呆不滯。

5. 腰要鬆，變轉處要運得圓而勻，靈活而有擰轉之意。停勢時腰要鬆中帶塌下去之意。

6. 頭頂與尾閭保持直線，手與足合，肘與膝合，肩與胯合，則身形自然正直。三尖要對（手尖、鼻尖、足尖）。

7. 眼神隨主要之手轉動前視。

8. 意存丹田，腹部要保持鬆舒狀態。

9. 鬆肩，垂肘，膝蓋不過足尖，手前按時亦不過足尖，保持身形正直與重心穩定。

10. 動作要連貫、均勻，保持弧形。勢停意不停，每勢將停未停之時，下勢之機已從此而起。

11. 每勢勁貫九分，神氣須貫到十分。

12. 動作練熟後，腹式呼吸須與動作配合（用鼻呼吸）。

13. 為了療病、保健、延年益壽，每天應練二三遍拳套，以輕鬆舒適為原則，以微出汗為度；出汗過多，練後覺太累，均非養身保健之法。

如偶覺體乏，不想練拳，還應以休息、睡眠為較易消除疲勞。

睡前練拳，運動量更須減低，以幫助睡眠酣暢為原則。

（1957年1月—4月）

五式太極拳

太極拳是我國武術著名拳種之一，屬於短打型的內家拳種。內外兼練，以內壯為主。

太極拳的創造者是河南溫縣陳家溝人陳王廷，他是明末戰將，明亡後隱居，晚年耕餘造拳。

陳王廷造拳，有繼承，有創新，其來源有三個方面：一是綜合吸收了明代各家拳法之長，以抗倭名將戚繼光《拳經》三十二勢為基礎，創編了太極拳套路。二是運用了古代導引、吐納方法，講究意念引導動作，「氣沉丹田」、「以意行氣，以氣運身」的行氣運勁方法。三是採納了古代的陰陽學說（太極含兩儀）和中醫經絡學說，使拳術與哲學、醫學相結合。

太極拳在長期流傳中，演變出許多流派，其中流傳較廣，特點較顯著的有下列五派。

一、陳式太極拳

陳式太極拳有老架和新架之分。老架是陳王廷所創造，原有五個套路，又名十三勢。另有長拳一百單八勢一套，炮捶一套。從陳王廷起五傳至陳長興、陳有本時，陳家溝的拳家已專精於太極拳第一路和炮捶一路及王廷獨創的雙人推手（舊稱：扳跌、擖手、打手），這是不用護具、設備，可以實踐實習徒手搏擊技術。

陳式老架第一路拳套現有八十三式，其主要特點：

　　1. 動作呈弧形螺旋，纏繞圓轉，意勁貫於四梢（即兩手、兩足尖端），做到「一動內外俱動」。

　　2. 柔中寓剛，剛柔相濟，內勁沉重而又靈活。

　　3. 動作與呼吸、行氣、運勁相結合。「氣沉丹田」與「丹田內轉」相結合。呼氣時發聲（如呵、哂、噓、吹），以加大「氣與力合」的爆發力。

　　4. 快慢相間，動作轉換處要快，一般畫弧過程中要慢。

　　5. 拳架有高、中、低三種之分，體弱有病者練高架子，青壯年體健者練低架子。

　　陳式老架第二路「炮捶」，現有七十一式，其主要特點：

　　1. 發勁、震腳動作多。

　　2. 動作比第一路快、剛，爆發力強。

　　3. 「躥蹦跳躍，閃展騰挪」動作較多，氣勢雄壯。

　　第二路比較適宜於青壯年練習，流傳不廣。

陳式新架套路有兩種：一種是陳有平（與陳長興同時代）編造，架勢、圈子較老架小，去掉了原有的某些難度動作，陳家溝人稱之為「小圈拳」（老架稱為「大圈拳」）。後傳至陳有本族侄孫陳鑫。陳鑫著有《陳氏太極拳圖說》，闡發了陳氏歷代積累的練拳經驗。

另一種是由陳有本的弟子陳青萍（1795—1868年）創編的，架勢小巧緊湊，動作緩慢，圈多複雜，從溫縣趙堡鎮傳開，所以人稱「趙堡架」。

陳式太極拳是最古老的太極拳，其他流派的太極拳（如楊式、吳式、武式、孫式）都是在陳式太極拳的基礎上直接或間接發展起來的。

二、楊式太極拳

楊式太極拳的創造者是河北永年人楊露禪。楊露禪幼年家貧，賣身於陳家溝陳德湖家為僮，後得侍候拳師陳長興，學得拳術，壯年返回永年老家，傳習太極拳。因他能避開制服強硬之力，故永年人稱他的拳為：「沾綿拳」、「軟拳」、「化拳」。楊露禪後到北京教拳，清朝的王公貴族也向他學拳。露禪武技高超，當時人稱他為「楊無敵」。他所教的子班侯性剛好鬥，亦有「楊無敵」之稱。為了適應一般練拳人的需要，楊氏逐漸刪改原有發勁、縱跳、震足和難度較高的動作，後經第三子健侯修改為小架子，又經健侯第三子澄甫一再修訂，遂定型為楊式大架子，即現代最為流行的楊式太極拳。

楊氏祖孫三代，在北京負有盛名。1928年後，楊澄甫南下到南京、上海、鎮江、杭州、廣州、武漢等地傳習，

其拳式遂流行於全國各大城市。

　　楊式太極拳的特點是：舒展簡潔，動作和順，剛柔內含，輕沉自然；鍛鍊時應由鬆入柔，積柔成剛，剛柔相濟，動作舒展大方，塑形美觀。架勢有高、中、低之分，可按學拳者不同年齡、性別、體力等條件選練。拳術專著有《太極拳運動》（1957年出版），根據楊式太極拳整理成簡稱八十八式《楊式太極拳》（1963年出版）；簡稱八十五式《太極拳術》（1983年出版），對楊式太極拳作了深入闡發。

三、吳式太極拳

　　吳式太極拳的創造者為河北大興人全佑，滿族。全佑最初從楊露禪學太極拳大架，後拜露禪次子班侯為師學小架，以善柔化著名。全佑之子鑑泉，自小從漢族，故改姓吳。吳鑑泉繼承、傳授的小架子，勢正招圓，舒鬆自然，

動作連綿不斷，不縱不跳，適應性較廣泛。

吳鑑泉先在北京教拳，後來到上海，成立鑑泉太極拳社。因這套拳架只有吳氏傳習推廣，故後人稱之為「吳式太極拳」（即現代流傳的「吳式太極拳」）。拳術專著有《吳式太極拳》（1958年出版）。

四、武式太極拳

武式太極拳的創造者是河北永年人武禹襄。他從同鄉楊露禪學太極拳，得其大概。1852年，禹襄去舞陽縣兄弟那裏任職時，途經趙堡鎮，從師陳青萍學新架一個多月，備悉其理法。後又在其兄處得舞陽縣鹽店抄存《山右王宗岳太極拳論》。歸後鑽研實踐，以親身體驗，歸納出「身法十要」，著有《打手要言》及《四字秘訣：敷、蓋、對、吞》，成為太極拳和推手的經典著作。禹襄外甥李亦畬傳其拳，經多年實踐，亦著有《五字訣》、《撒放秘

訣：擎、引、鬆、放》、《走架打手行工要言》。

武式太極拳特點是：身法謹嚴，姿勢緊湊，動作舒緩，步法虛實分明，胸部、腹部在進退旋轉中保持中正，動作的虛實轉換和「內氣潛轉」支配外形，左右手各管半個身體，出手不過足尖。民國初年（1911年），永年縣人郝為真將武式太極拳傳入北京，後來又傳於南京、上海等地。拳術著作有《武式太極拳》（1963年出版）。

357

五、孫式太極拳

孫式太極拳的創造者是河北定縣人孫祿堂。孫氏精形意拳、八卦掌。民國初年他從郝為真學武式太極拳，融會三家之長，創造孫式太極拳。

孫式太極拳特點是：進退相隨，舒展圓活，動作靈敏，轉變方向時多以開合相接，故又稱「開合活步太極拳」。拳術著有《太極拳學》（1921年出版）、《孫式太極拳》（1957年出版）。

上述五式太極拳的姿勢風格特點雖不相同，但套路結構和動作順序基本一致，傳授源流歷歷可數。拳理宗旨除療病健身，益壽延年外，還保持武術的技擊性，為愛好武技者所酷愛模擬。

五式太極拳除拳套外，各有推手和器械套路練習，如太極劍、太極刀、太極槍等。

各式太極拳儘管形式、風格各具特點，但有其共同的練拳要領：

1. 心靜用意，身正體鬆。即練拳時始終要求思想安靜集中，專心引導動作；身體端正自然，內外放鬆，不偏不倚，舒鬆自然。

2. 弧形螺旋，中正圓轉。做動作時要求呈螺旋式弧形，圓活不滯，做到「一動無有不動」。

3. 源動腰脊，勁貫四梢。即以腰為軸的「主宰於腰」。內力發動於腰脊，上行於膀臂，達於指端，下行於腿踝，達於趾端，形成一氣貫串的整體勁。

4. 輕柔勻緩，柔中寓剛。動作要求輕柔勻緩，如行雲流水，如當風楊柳，柔中寓剛，形象健美。

5. 連貫協調，虛實分明。練拳走架，連綿不斷，轉接和順，處處分清虛實，保持重心穩定，變轉靈活。

6. 內動外發，呼吸協調。即以外引內，以內導外，內外合一，身心兼練。呼吸與動作協調，吸為合、為虛、為蓄，呼為開、為實、為發。「氣宜鼓盪」，「以意行氣，以氣運身」。外柔內剛，發勁完整，富有彈性，不使拙力。

太極拳對人體各部位姿勢的要求如下：

頭——「虛領頂勁」，頭頂中間百會穴有上懸意念，不可歪斜搖擺；眼要自然平視，耳要靜聽身後；用鼻呼吸；嘴要輕閉；舌抵上顎。

頸——自然豎直，轉動靈活，不可緊張。

眉——平正鬆沉，不可上聳、前扣或後張。

肘——自然鬆沉，防止僵直或上揚。

腕——下沉「塌腕」，勁力貫注，不可鬆軟。

指——意勁貫注指尖，以中指領勁，中指勁足，餘指也勁足。

胸——舒鬆微含，不可外挺或內縮，防止挺胸或猴胸，稱作「含胸」。

背——舒展伸拔，不可弓駝，大椎鼓起，這部分皮膚有繃緊之感，稱作「拔背」。

腰——鬆、沉、直豎，旋轉靈活，不可搖擺歪斜。

腹——宜鬆舒，吸氣小腹內收，呼氣小腹外突，不可一味「氣沉丹田」。

脊——中正豎直，上下對拉，保持身型端正自然。吸氣時上下對拉拔長，呼氣時上下擠壓，加強脊柱的鍛鍊。

臀——向內微斂，不使突臀，避免「低頭貓腰」。

胯——鬆正含縮，勁力貫注下肢，不可歪扭、前挺。腰、胯相連，轉動時要一致。

腿——穩健紮實，彎曲合度，旋轉輕靈，移動平穩，膝部鬆活自然，腳掌虛實分清。

太極拳具有治病保健作用，練拳時可使大腦皮層一部分區域進入保護性抑制狀態而得到休息。同時也可以活躍情緒，對大腦起調節作用。長期堅持認真鍛鍊，會使大腦功能得到恢復和改善，並能清除由神經系統紊亂引起的各種慢性病。太極拳的腹式呼吸運動可以改善呼吸機能和血液循環。通過「上下相隨」，「內外相合」，弧形螺旋的輕鬆柔和的運動，可使年老體弱的人經絡舒暢，新陳代謝旺盛，體質機能得到增強。

太極拳對其他慢性病如神經衰弱、心臟病、高血壓、肺結核、氣管炎、關節炎、潰瘍病等，都有一定的預防和治療

359

作用。病情嚴重的患者，要在醫務人員指導下進行鍛鍊。

太極拳在技擊上別具一格，特點鮮明。它要求：以靜制動，以柔克剛，避實就虛，借力發力，主張一切從客觀實際出發，隨人則活，由己則滯。特別講究「聽勁」，即要準確、迅速地感覺和判斷對方來勢，並作出反應。當對方未動前，自己不要冒進，可先以招法誘發對方，試其虛實，術語稱為「引手」。對方一微動，自己要迅速搶在先，這就是「彼微動，己先動」，「意在人先」，「後發先至」。所謂「引手」，即用招法，試對方虛實，引其出手，將對手引進，使其失重落空，或者分散轉移對方力量，乘虛而入，全力還擊。

太極拳的這種技擊原則，體現在推手訓練和套路動作要領中，特別是推手實踐可以提高肢體反應能力，發展力量、耐力、速度等身體素質，使拳套的攻守作用不致流為理想化而能在實踐中精益求精，使套路練習或推手實踐相輔相成。

太極拳發展很快，打太極拳的人遍及全國。太極拳作為中國特有的民族體育項目，已經引起很多國際朋友的興趣和愛好。

（《武術拳種和拳家》，上海教育出版社，1985年出版）

古老樸實的花拳

花拳，相傳是清初康熙、雍正年間，南京人甘鳳池在江蘇、浙江一帶傳授的一種短打拳法。花拳起勢前的「請手」，以左拳心外向，右掌心橫貼左拳背，兩臂成環形，

於胸乳前自右向左畫半弧。據說原暗含反清復明之意。

徐哲東（1967年10月卒於蘭州，壽71歲）曾收集到一木乾隆四十五年（公元1780年）《花拳總講法》舊抄本，書名前寫「京陵甘鳳池先生譜」，書名後寫「海昌（今浙江省海甯縣）俞昂雲先生藏本，姜拓村先生傳授，李潭月先生傳，門人楊亦舟又藏」；書末寫「道光十三年（公元1832年）歲在壬辰小春月上澣葉舟楊文瀾抄於石門（今浙江崇德縣）宮廨」。抄本把「金陵」寫作「京陵」，顯為傳抄時筆誤。我於1954年向哲東借抄錄副。

花拳有散手一百二十字、七十二擒拿法、三十六腿、二十四勢（自「朝天勢」、「單鞭勢」起，至「三莊勢」、「四平勢」共二十四勢），跌法有八十八個勢名，可謂集跌法之大成。熟練功深者，上下左右協調，能沾衣即跌，「伸手見跤」。如能將每一跌法寫成圖解，並規定護具和競賽規則，形成競技項目，則中國武術中跌法技巧，可與摔跤法並存，以收取長補短，互相促進之效；亦可與「推手」競技方法，鼎足並存。

花拳練習實打之法，除跌法八十八個勢名外，另有抄手、抄腿、肘擊、肩靠、股插等練習方法。分上、中、下三盤。下十盤用落膝克困押肘，上沖下插，用雀地龍、雙盤肘等法出入，要身低著地，起伏要速。其穴道打法說明簡要。花拳要領主要有五點：

1.「必要停快得宜，進退得法，架勢得穩，轉身得靜，起落得速，兩腿得停，上身得力，出拳得平，著身得緊，收拳得入脇，滿身得力，殺氣得生，旋風得勢。」

2.「打拳喜怒哀樂，虛勢則喜，著力則怒，過勢則哀，逼門則樂。喜怒哀樂，全在目也。」

3.「氣要運入丹田」，使內壯而加強抗擊力與爆發力。

4. 以腰為本，盤旋轉側，形如虎相，步動如飛，眼到手到，步到身到。

5. 交手時，兩手必須保護頭、胸，兩膝要護襠，眼斜視，見縫插針，側身而進。

花拳推尊拳法須上中下三盤精熟，認為：「至於練木手、練石鼓、練竹絲、練石子、練持繩、打沙包、插草人，種種練法雖妙，俱是死法。心手身法進步，總在短打之內。學者先於諸法精熟，講究深明，用則無失矣。集學《拳經》跌法，皆從此論也。」可見花拳注重實用性踢、打、擒拿、跌法，其八十八個勢名的跌法，從第一勢「呂布頭帶紫金盔」至末一勢「鴨擺翅跌」，經研究，每一勢都能體現出使用跌法的技巧。

花拳的傳授人甘鳳池生卒年月不詳，《中國人名大辭典》說：「甘鳳池，江寧人，少以勇聞。康熙間，官某王府。與人角力，輒勝之。手能破堅，握鉛錫輒化為水。年八十餘，終於家。」辭典所載甘鳳池事蹟，係據清朝《耆獻類徵初編》，所謂「握鉛錫輒化為水」，手非熔爐高熱，決無此奇術。

甘鳳池實為清初以武會友，進行反清活動的革命家。考之《東華錄》雍正硃批諭旨，雍正七年（公元1729年）

十二月初二日浙江總督李衛奏稱：甘鳳池係張雲如等密謀革命一案中被捕人物。稱甘武藝高強，煉氣粗勁，各處聞名，聲氣頗廣。曾於一念和尚（明皇朝後裔）案中有名，夾訊兩次，經馬逸姿開脫。稱甘頗曉天文、兵法。自負本領，人人欲得以為將帥，無不與之邀結往來。李衛奏稱托言臣子欲學弓力武藝，將甘鳳池及子甘述再三設法，羅致署中誘捕。

363

　李衛又在雍正八年正月十七日奏摺中稱：各犯（包括甘鳳池老師，遊歷各省的槍法好手周崑來等）所藏書籍，多係練兵講武要術，除有舊本傳行者不論外，搜出甘鳳池隨身密帶之二本，將各省山川、關隘、險要、形勢、攻守機宜，備悉登記，並於身所到處，將方隅、遠近，逐一增注。雍正硃批派大員去浙江會審。

　清初屢興大獄，文綱嚴密，甘鳳池能否免刑，《東華錄》無下文。

　（《武術拳種和拳家》，上海教育出版社，1985年出版）

太極拳的胞弟——推手

　太極拳和推手是一對雙胞胎，都是在17世紀70年代的清初創造的，是繼承明代各家武術技擊方法並加以發展的武術運動，在中國武術長拳和短打兩大系統中屬於短打系統，在外家和內家的區別中屬於內功拳種。

　太極拳套路的練習，原來就和推手相輔而行。在練拳的同時，若再練推手，不僅可以體會到拳套中纏繞圓轉，

　　弧形螺旋，行氣運勁，內外合一，中正圓滿，剛柔相濟，動靜虛實之變化，同時還可使拳勢動作得到糾正和充實。

　　太極拳套路和推手方法的創造人係河南省溫縣陳家溝人陳王廷。他在《拳經總歌》開頭說：「縱放屈伸人莫知，諸靠纏繞我皆依。」「諸靠」指的是兩人用手臂互靠，纏繞往來，運用「掤、擺、擠、按；採、挒、肘、靠」八種方法和勁別來練習全身觸覺和內體感覺的靈敏度。這兩句話概括地說明了推手的特點和方法。

　　原來的推手方法技擊性是強烈的，它綜合性地繼承了明代武術中「踢、打、拿，跌」四種技擊法，螺旋式的弧形動作使全身內外一動無有不動，推手時可以做到不丟（不離開）、不頂（不鬥力，即不犯兩重之病），邊化邊打。

　　根據中國古典哲學《易經》中的「太極兩儀，有陰有陽，開合動靜，柔之與剛」的理論，以「剛柔相濟，輕沉兼備，虛實螺旋，內勁靈敏」的善於變化，富於彈性和韌

性的內勁（內在的潛力）作為統帥。

推手技術中心強調一個「粘」字和「隨」字。

近百年來，隨著太極拳逐漸向醫療保健、延年益壽方面發展，拳套的難度和強度降低了，推手一般不使用管腳的跌法，不使用分筋錯骨的拿法，只保留了粘隨蓄發之優點，因此老弱婦孺亦喜愛鍛鍊。

推手和太極拳當前向三個方面發展。

一，醫療保健性，兩人搭手，纏繞互推，不加壓力於對方，不搖動對方重心，推來推去，隨心所欲，任其自然，可以達到怡情適性，醫療保健益壽延年之效果。

二，體育娛樂性。兩人嘻嘻哈哈，互相粘化推動，不蠻幹爭勝，雖有勝負但不計較勝負，作為娛樂助興，以提高練拳興趣。

三，技擊性，認真按照推手要領練習，研究粘隨化打技巧，同時發展增大內勁，不斷提高皮膚觸覺和內體感覺的靈敏度，參加推手比賽，由多看、多聽、多學、多思、多練、多賽，提高推手技術。

早在1962年，國家體委武術處就希望上海試驗推手比賽，制訂規則。上海市體育宮於1962年至1964年曾舉行過七次推手友誼賽，各流派太極拳老師都派出學生參加比賽，促進了鑽研推手技術和各流派之間相互學習的風氣。粉碎「四人幫」後，在消沉的上海武術界，徐匯區體育場首先於1978年秋冬二季舉行了兩次推手比賽，推動了武術的活躍，修訂了規則，為全國性推手試驗提供了藍本。

練習推手，由於一方加來壓力，另一方用掤勁（似鬆非鬆的勁）掤住走化，日久會使兩臂和胸背部肌肉發達起

來，上下肢、軀幹肌肉也會得到勻稱的鍛鍊。如果只練太極拳不練推手，就不能深刻地領會太極拳技擊方法的特點，最終也只能被認為是做「空架」、「花架」的練習，只能屬於醫療性、表演性的太極操而不是太極拳了。

推手訓練可以提高神經、關節、肌肉、呼吸等系統的機能。

推手方法簡單，不受服裝、場地設備限制，兩人隨時隨地都可練習。男女老幼都可鍛鍊。

推手可以競賽分勝負，從而提高技術，增強身體素質；同時還可以增進友誼。近代太極名家楊式的楊澄甫，陳式的陳發科，推手時都善化善發，成為一代的推手代表人物。但他們都從來不傷害對方，武德極好，值得我們學習、敬仰。

推手的形式可以分為定步和活步二種：定步的有單推手、雙推手；活步的有活步推手、大捋等。

其中最基本的是定步雙推手。練習方式是：兩人面對而立，各自握拳前平舉，以拳面互觸為站立距離。各出右（左）足成弓箭步。再以右（左）手腕背側互相粘貼，左（右）手掌粘按對方右（左）肘節處，然後用太極拳懶紮衣勢的「掤、捋、擠、按」四種手法進行互相攻化，纏繞伸縮，做螺旋式弧形運動。運用摩擦力的牽引作用，發揮「引進落空」、「乘勢借力」、「以輕制重」、「避實就虛」的技巧，牽動對方重心，使其失去平衡，形成我順人背之勢。在時間和力點（空間）最為恰當的時機，「以重制輕」，「以實破虛」，將全身勁力迅速集中於一點發擊對方。

　　陳鑫形容這種發勁的效果是：「只覺如風，吹倒跌翻，絕妙靈境，難以言傳。」對方被騰空跌出後，有舒服之感覺，無絲毫之痛苦。平時練習發勁，要襠勁下沉，勁起腳跟，注於腰間，貫於掌指，「沉著鬆靜，專注一方」。推手技術總的要求是：能化能發，化勁鬆靜，發勁乾脆，信手而應，不假思索。

　　要練好推手，必須做到以下幾點：

　　1. 認真學好、練好傳統太極拳套路作為推手訓練的基本功。最好有「明」師（明白太極拳理論和訓練方法的老師）悉心講解示範，傳授經驗體會，學者才不致練習日久，仍不得要領，不入其門。

　　2. 教授者應該隨時指出化解、還擊之法，使學者不致流於自行摸索，走入歧途。教師更要以身作則，以自身作為試驗對象，多給學者試驗封、拿、擲、放勁路，隨時指出缺點。

　　3. 推手以競技為目的，講究柔順圓活和內勁的增長。除練拳外，還須抽出幾個式子練習發勁。練發勁時要遵守太極拳柔中寓剛的原則：「掌拳腕肘肩，腰臀胯膝腳，上下九節勁，節節腰中發」，勁用在何處，渾身力量即集中於何處。一發之後，立即放鬆。切忌未到落點，就渾身鼓勁。切忌把太極拳練成硬拳、剛拳，把推手練成只尚力，不尚巧。

　　4. 對不同類型的推手要相互練習，使能適應各種不同推法，揚長避短。

　　5. 當教師與學者推手水準不分上下時，學者應尊重老師的正確指導，這是武德問題。但還應該請教技術水準更

367

高的，以便把技術水準提高一步。

6.「掤、攦、擠、按」是推手的基本方式，須長期堅持練習，越練越細密柔順，柔中寓剛，推手技術才能逐漸提高。每打一個圈，在360°的圓周中任何角度都能走化，任何角度都能越過對方防守點乘虛而入，控制其重心，這樣就可以達到「但依著何處，即從何處擊之」的高級技術。這個基本功往往被人們忽視，但老一輩推手名家都是從堅持推手基本功訓練，才在技術上達到「緊小脫化」的「階及神明」境界。

7.推手互餵，試驗發勁時，通常採用三種發聲：哼、哈、咳。哼音，是用螺旋勁向上打放，意欲將對方擲打到屋面；哈音，是用螺旋勁向前遠打放，意欲將對方拍透牆壁；咳音，是用螺旋勁向下打放，意欲將對方打入地中，這種發勁試驗都是用短促的一吸一呼來完成的。是意、氣、力三結合發揮技術的必然過程。

當前，傳統武術正在全面地挖掘、整理、提高和繼承，推手和散打也在全國性武術運動會上出現，並被國際友人重視和習練。如果我國體育界重視起來，把包括太極推手和散打在內的武術項目列為全國性運動會比賽項目，並認真地有計畫、有步驟培養優秀的武術、太極推手運動員，同時積極發展國際體育交流，太極推手運動定走向世界。

（《武術拳種和拳家》，上海教育出版社，1958年出版）

推手運動好處多

現在國內各大城市的公園和綠化地帶，常常可以見到一對一對的人在練推手。他們怡然自樂，饒有興味。這種雙人徒手對練，具有一定對抗性的運動，證實了散打方法的靈活多變，越來越受到群眾的歡迎。

一、推手運動的發展

明末清初河南溫縣陳家溝人陳王廷在清初創造的太極拳，綜合明末各家拳法，以戚繼光的《拳經‧三十二勢》為基礎，編造了太極拳套路，使它成為綜合性的拳種。其突出的貢獻在於創造了雙人推手方法，在不用護具設備的情況下，可以練習搏鬥技巧而避免發生傷害性事故，這在中國武術發展史上是一件值得稱讚的創造。

陳王廷創造的推手方法，技術中心是強調一個「粘」字。兩人各以兩手搭住對方的腕部和肘部，以太極拳第一勢「懶紮衣勢」的「掤、捋、擠、按」方式、方法互相使用攻防方法，以纏練粘隨為中心內容，練習周身皮膚觸沉和內體感覺的靈敏性，綜合了拿、跌、擲打等競技技巧，而又有所發展。

譬如拿法，它不限於專拿對方的關節、脈道，而是著重於拿住對方勁路，善於以小力勝大力，「遇巧就拿就跌」，這就比一般拿法的技巧為高。

陳氏當初的推手方法，技擊性是很強烈的，拿跌、擲打兼施並用，實力和技巧並重，和摔跤一樣，對抗性很

369

強。因此，推手對發展體力、耐力、速度、靈敏和技巧都具有相當大的價值。同時，由於踢法的傷害性較大，所以，只採用跌法中的管腳法，儘管如此仍不免時常發生傷害事故。

隨著太極拳在近百年來逐漸向醫療保健、延年益壽方面發展，太極拳的推手一般也改為不使用管腳的跌法，不使用反關節的拿法。它保留了對抗性強的優點，又寓剛於柔，不致帶來傷害，因此受到更多群眾的喜愛和練習。

二、推手運動的好處

1. 久練太極拳者，因步法分清虛實，動作舒緩，實腿負擔量較大，因此一般都是腿部肌肉發達，步伐開闊，步履輕便，但上肢和胸部的肌肉則不夠發達。如果同時練習推手，由於一方加來壓力，另一方用掤勁（似鬆非鬆的勁）掤住走化，日久會使兩臂肌肉和胸部肌肉也發達起來，使上下肢體肌肉得到均勻的對稱的鍛鍊。同時，練太極拳套路的正確程度，可以由推手來加以檢驗、糾正；對太極拳理論和練法在理解上存在的偏柔或偏剛的傾向，在推手實踐中也能得以糾正。光練太極拳不練推手，就不能更深地體會太極拳技擊方法的特點。因此，太極拳套路練習與推手練習是相輔相成的，互為補充的。

2. 練推手能訓練神經系統的反應靈敏，全身關節、肌肉靈活柔順。這在老年人也是推遲衰老的運動方法。

推手時呼吸和動作協調，呼吸深長，肺活量增大，意、氣、力三合一，心動則氣隨，氣充則力足，內外兼練，以內壯為主，身體越練越結實、靈活。

3. 推手方法簡單，但變化多端，越練興趣越濃，可以自幼年練到白髮老翁，而興味不改。

4. 推手時即使被放勁打出，也可面有笑容，互相採取何以勝何以敗的研究精神切磋，這是拳擊摔跤中不大可能出現的。推手既可以分勝負，從而提高技術，增強身體素質，同時也可以增進友誼。

5. 推手是男女老幼都可鍛鍊的項目。如果兩人搭手，纏繞粘隨，不互相搖動對方重心，可以作為醫療體育來推行。推手時趣味無窮，對改善病號的情緒也極有幫助。目前上海復興公園有對氣功有研究的原江南造船廠林南琛老醫生（今年80歲），在教授老年人和病號練習三步走、四步走的掤攦擠按推手方法，兩人粘隨協調，不加壓力於對方，練習者都反映心情舒暢、興致很深，每天早上這個班已有近百名中老年人在集體練習。推手是可以作為醫療體育的一項好內容的。

摔跤運動對鍛鍊意志，增強體質，提高搏鬥技巧，都有幫助，但摔跤須有設備，並且只有年輕力壯者喜歡鍛鍊。太極拳推手不需要設備，只要有兩個弓步長、一個弓步寬的地方（即使在火車、輪船上），男女老少都可練習。

「文化大革命」前，上海市體育宮就舉行過七次推手友誼賽。各流派太極拳老師都派出學生參加比賽，有些在公園中教太極拳的老師也參加了比賽，促進了鑽研太極拳推手的技術，促進了各流派之間相互學習的風氣。雖然在比賽時對抗激烈，由於規則對運動員的安全設想周到，對裁判員和運動員事先進行了友誼重於比賽的宣傳教育，在

七次比賽中從未有傷害事故發生。幾次友誼賽後，就更加推動了群眾性的推手運動。

比賽規則規定禁止使用拿法、跌法、摔法、撞擊法是出於關心運動員的安全。但我認為，平日與熟悉的人們推手時，仍然也可互相應用拿法、跌法，但是以點到為止，這樣既不致發生傷害性事故，並可保持數百年來發展的拿法、跌法技巧。

摔跤與推手是可以互相補充的。回憶1932年1月唐豪同志帶領朱國福（練形意拳的，也練過拳擊和摔跤）、楊法武（摔跤好手）、楊松山、朱國楨、郭世銓、張長海等武術家和摔跤家去日本考察日本武術情況時，楊法武曾對唐豪說：太極拳推手另有一功，練摔跤的也應該學習推手，對懂勁有幫助，對槍把也可沾光不少。這是他的多年經驗之談。20世紀60年代初，曾從清宮善撲營教師學摔跤的宋振浦經常和我在上海市體育宮練習推手，他和楊法武有同樣看法，並且認為練摔跤的一般是40歲後「撩跤衣」（即不再穿跤衣下場比賽），但是可以改練推手，那就可以練到七八十歲。

當前，武術項目正在挖掘有實用價值的拳種，散打、長短兵器的格鬥也正試點，設計護具，訂立比賽規則等都在進行。已有多人反映推手是現成的有群眾基礎的可以競賽的武術項目，不妨先從推手比賽做起，逐步開展其他武術項目的競技運動。

太極拳架與推手的關係

一、推手和太極拳的起源和發展

太極拳架與推手是一對雙胞胎，都是繼承明代武術技擊方法並加以發展的武術運動。太極拳架是體，推手是用。

太極拳架的練習，原來就和推手相輔而行。拳架練得純熟細膩，中正圓滿，內外合一，虛實剛柔之後，就可以充分發揮推手的技巧。練拳的同時，若再練推手，可將練拳架中得來的勁別，纏繞圓轉、弧形螺旋的技術，運用於對抗性推手實踐，同時又可以檢驗練習太極拳架的正確程度，充實其姿勢和動作。

舉行推手比賽，可以糾正某些曲解太極拳理論的練法，糾正對推手的片面性的理解，從而使太極拳的技術得到恢復和發展。

太極拳架和推手的創造人河南溫縣陳家溝陳王廷，在清初所寫的《拳經總歌》中，開頭兩句說：「縱放屈伸人莫知，諸靠纏繞我皆依。」「諸靠」指的是兩人用手臂互靠，運用「掤、攦、擠、按、採、挒、肘、靠」八種方法和勁別來練習全身觸覺和內體感覺的靈敏度。這兩句話概括地說明了推手的特點和方法。

原來推手方法的技擊性是很強的。它綜合性地繼承了明代武術「踢、打、拿、跌」（摔法早已獨立發展為中國摔跤）四種技擊法。纏繞粘隨，不丟（不離開）、不頂（不鬥力），螺旋式的弧形動作，是它創造性成就的中心

內容。根據我國古典哲學中「太極兩儀，有陰有陽，開合動靜，柔之與剛」的理論，它要求以「剛柔相濟，輕沉兼備，內勁靈敏，虛實螺旋」的靈活變化，富於彈性和韌性的內勁作為統帥。

到18世紀末葉，山西人王宗岳，以及19世紀中末期河北永年人武禹襄、李亦畬師徒兩人，都發揮了太極拳和推手練法，並根據各自練拳和推手的經驗，寫下了總結性的太極拳推手論文。這些拳論，言簡意賅，傳抄廣泛，成為近代練太極拳推手者的指導性理論。與武、李同時人，陳家溝陳氏拳家陳仲甡及其子陳鑫，也闡發了陳氏累代積累起來的太極拳及推手理論。

陳、王、武、李四家拳論，是中國太極拳和推手的古典拳論。可以說，如果不反覆研究這些古典拳論，就不容易提高太極拳技術。當然，理論來源於實踐，反過來又要指導實踐，這是事物發展的規律。

二、推手運動的一般要義

推手，在陳式太極拳中原來叫做「擖手」或「打手」。自楊式太極拳盛行，推手變為通俗的名詞。心靜、用意、身正、體鬆、圓轉的原則貫串於推手的全過程。推手的方法，是以太極拳架中「懶紮衣」一勢的著法，在不用護具設備的情況下，兩人徒手對練掤、攦、擠、按、採、挒、肘、靠的技擊方法。在中樞神經系統的統一指揮下，成為訓練周身皮膚觸覺和內體感覺靈敏度的一種競技運動。推手是一種柔術，但須柔中寓剛。推手實踐證明，偏柔無剛的，難當強敵；偏剛無柔的，易遭跌折。

　　單練拳架，無法領會太極拳技擊作用的特點，只能起到健身作用，還不能說全部懂得太極拳的妙處。練拳和推手相輔而行，能使身體上下肢平衡發達。久練太極拳，一般腿肌較為發達，腹部充實，步履輕便。同時鍛鍊推手者，一般手臂肌肉也較為發達，胸部、背部的肌肉較為厚實。過去，凡是擅長推手的太極拳名家如楊澄甫、陳發科，都練成「虎背熊腰」、「膀闊腰圓」的健壯體格。他們都善化善發，成為一代的推手代表人物。

　　推手的方式，兩人面對，各站弓箭步，各以右（左）手腕節粘貼對方右（左）腕節處，左（右）手手掌粘按對方右（左）肘節處，互相攻、化，纏繞伸縮，做弧形運動，根據「沾、連、黏、隨、不丟（不離開）、不頂（不頂撞），無過不及，隨屈就伸」的原則，練習全身皮膚觸覺和內體感覺的靈敏度，探知對方勁力的虛實、長短、遲速、動向，選擇沾沾點為支點，運用摩擦力的牽引作用，發揮「引進落空」，「乘勢借力」，「以輕制重」的技巧，牽動對方重心，使成我順人背之勢。在時間和力點最為恰當的時機，則又「以重制輕」、「以實破虛」，將全身勁力迅速集中於一點發擊對方。

　　陳鑫形容這種發勁的效果是「只覺如風吹倒」，「跌翻絕妙」。對方被騰空跌出後：有舒服之感覺，無絲毫之痛苦。發勁要「沉著鬆靜，專注一方」，由弧形而筆直前去，勁力集中透達對方肢體。

　　推手總的要求是：能化能發，化勁鬆靜，發勁乾脆，特別能訓練中樞神經系統的綜合分析的能力和判斷的能力。信手而應，不假思索，是為妙手。

推手和太極拳一樣，當前向三個方面發展。

（1）醫療保健性。兩人搭手纏繞互推，不加壓力於對方，不搖動對方重心；推來推去，隨心所欲，任其自然，可以達到醫療保健的效果。

（2）體育娛樂性。嘻嘻哈哈互相粘化推動，雖有勝負但不計較勝負，以娛樂助興，提高練拳興趣。

（3）技擊性。認真按照推手要領練習，研究粘化打放技巧，準備參加推手競技運動。

三、怎樣才能提高推手技巧

1. 認真練習傳統太極拳套路，作為推手訓練的主要基本功。最好請「明」師（明白太極拳理論和方法的明師）悉心講解、示範。拳論指出：「入門引路須口授。」經明師的口講身演，傳授經驗、體會，學者才不致練習日久，仍不得要領，不入其門。

2. 教者和學者推手時，應該隨時指出化解、還擊之法，使學者不致流於自行摸索，走入歧途。對重點培養的學生，教師更要以自身為試驗對象，多給學者試驗放勁，隨時指出缺點。

3. 推手以競技為目的，極講究要求柔軟圓活和內勁的增長。除練拳之外，還須抽出幾個式子練習發勁。練習發勁，仍然遵守太極拳柔中寓剛的原則。腰襠勁下沉，「掌、拳、腕和肘、肩、腰、胯、膝、腳」，勁用在何處，渾身力量即集中於何處。一發之後，立即放鬆。切忌未到落點，就渾身鼓勁。

4. 當教學者推手技術水準不分上下時，學者應該尊重

老師的正確指導，但還應該請教技術水準更高的，以便迅速提高推手技術。

5. 不同類型的推手者相互練習，以便適應各種不同推法。

6. 發勁訓練，最好學會陳式太極拳的炮捶，這套拳的發勁式子較多，又有「竄奔跳躍，閃轉騰挪」動作，這對推手競技有所幫助。但需注意不要把炮捶練成硬拳、剛拳，那只能增加些你的力氣，而會妨礙推手技術的提高。

7. 「掤、攌、擠、按」的推手基本方式，須堅持練習，越練越細密柔順，推手技術也就逐漸提高，每打一個圈子，360度的圓周中任何角度都能走化，任何角度都能越過對方防守點而控制其重心，這樣就能在任何角度都能將對方打出。這個基本功練到老年還是無止境的。老輩推手名家都堅持基本功訓練而達到「緊小脫化」的技術境界。故曰：推手要取得優秀成績，就必須認真練習「掤、攌、擠、按」。

8. 推手互餵、試驗發勁時，通常採用三種發聲：哼、哈、咳。哼音是用螺旋勁向上打放，使對方騰空擲出。哈音是用螺旋勁向前遠打放，意欲將對方拍透牆壁；咳音是用螺旋勁向下打放，意欲將對方打入地中。這種發勁試驗都是用短促的一吸一呼來完成的。

四、推手的基本功和輔助功

作為一般體育活動或療病保健的太極拳活動，不需要另行練習基本功和輔助功。

如果從事競技性的推手或散打練習，就必須在練習拳

架和推手以外，還得練習基本功和輔助功，才能在推手或
散打競賽中得到好的成績。

根據我所知的推手基本功，其傳統練法有下列各項：

1. 站　椿

小騎馬步、大騎馬步、弓蹬步、丁八步、丁字步，仆
步、獨立步。練習椿步穩固，配合呼吸行氣，發展力量和
耐力。練拳前後應練習約30分鐘。

2. 抖杆子

選長而重的白蠟杆（因其有彈性韌性），每天用攔、
拿、紮的槍法來抖杆子一百下（或分幾次練，合成一百
下）。杆子重量應視功夫而增加。

3. 抖鐵槍

重20～30斤的鐵槍（棒），每天抖一百下（或分幾次
練，合成一百下）。鐵槍重量可視功力增至40斤。

4. 雙人畫杆

方法是互用拿、攔、紮方法，由輕而重，由慢而快，
柔中寓剛，每次以力盡為度，既長力量，也實習了槍法基
本功。

5. 單勢練習

抽出拳式中幾個式子來反覆練習發勁，每式練50～100
下。

6. 擰　棒

堅木製粗圓棒，棒長自胸中線至直臂指尖。兩手各執
一端如擰人臂，上下、左右、內外，纏繞絞轉，落點時抖
發。也可用手指絞轉，練習指力。

輔助功有：（1）柔活腰腿法。（2）跌仆滾翻法。

（3）縱躍法。（4）跳繩。（5）活步直線，一足在前連續前進，前足帶後足。或一足在後，連續後退，後足帶前足。步法要輕快。

以上都是訓練青少年推手運動員的輔助功。

我還認為推手運動員應該學習摔跤或柔道半年，也可從中得到啟發。

五、向推手運動員介紹炮捶

1. 炮捶的特點

與陳式太極拳第一路作對比而言，以纏絲勁（動作弧形螺旋）為核心，以內勁為統馭，是陳式兩套拳架的共同特點。但是第一路拳在中氣貫足下，柔纏中顯出柔、緩、穩的形象，而炮捶則在中氣貫足下，柔纏中顯出剛、快、脆的形象。「竄奔跳躍，閃轉騰挪」動作比第一路為多，速度比第一路為快。因此，炮捶的剛、快、脆，可與第一路的柔、緩、穩互為補充，相輔相成。早先，河南省溫縣陳家溝的著名拳家，都是兼擅炮捶。

據傳說，凡欲練炮捶者，必須先有第一路太極拳的基礎。一般學習陳式太極拳第一路有三年，才許學炮捶，以防止把炮捶練成剛而不柔或剛多柔少。當前，愛好學習陳式拳者，特別是青少年，對第二路炮捶很喜愛。

我認為在開頭一、二年內，可把練炮捶的速度放慢些，待動作正確柔順以後，再逐漸加快速度，保持「柔中寓剛，剛中有柔」的特點。太極拳是積柔成剛，剛柔相濟的拳，除了剛發動作外，都是柔纏動作，即使剛發，也僅在落點時一剎那的剛發，一發之後，立即鬆開柔纏。因

之，儘管炮捶的震腳、發勁動作多，但仍然是柔纏動作大大多於剛發動作。

2.炮捶發勁與推手的關係

陳式推手是拿、跌、擲打兼施並用。上邊推手，下邊推腳（兩人前腳互靠黏纏），雖著重於「沾、連、黏、隨」的「懂勁」，提高拿、跌、擲打的技巧，也極重視速度快、爆發力強的發勁。使拿、跌、擲打的技巧憑藉強大的發勁威力，顯示其靈活。因此，炮捶的發勁，不僅可以增強體質，還可以提高推手技巧的。

這種推手方法雖然猛烈，但也可以做到點到為止，適可而止。因此，在推手教學中，沒有發生傷害性事故。

3.陳式前輩拳家和楊、武兩式前輩拳家都擅長炮捶

陳式拳家自清初以來，至近代的陳發科都兼擅炮捶。據沈家楨（1972年卒於杭州，壽83歲）說：陳發科老師於1928年應許禹生等之邀請，由陳家溝去北京授拳，寓居河南會館。當時練過楊式太極拳的許禹生、沈家楨、李劍華等請陳老師表演，陳老師表演了炮捶；會館內鋪的厚厚大方磚，經陳老師震腳處有裂紋，許禹生等大為驚奇，當場拜師。沈家楨早年請楊澄甫到家中授拳，學到單式發勁動作，為楊式太極拳架中所未見，對此疑不能明；後來請陳老師到他家中授拳，教了炮捶，始悟楊氏單式動作，乃從炮捶中抽出。

可見楊露禪學拳於陳長興，後傳至其孫楊澄甫，仍擅長炮捶發勁。澄甫之兄少侯，練拳或推手，都發勁剛脆，顯然也與兼擅炮捶發勁有關。

河北永年人馬印書（字同文，生於1866年，卒年不

詳），其姨丈李亦畬。亦畬從母舅武禹襄學太極拳。禹襄學陳式老架於楊露禪，又學趙堡架（陳式小架）於陳青萍。馬印書從亦畬所傳之郝為真學武式太極拳。1920年，馬在上海訪問唐豪，曾談及常見楊班侯、李亦畬、郝為真練炮捶，掤、攦、擠、按、採、挒、肘、靠八字，用勁帶剛，以補柔之不足，且有騰挪、閃展（戰）身法，楊班侯練得最好，其姨丈及其師不能及。足證楊式前輩至楊少侯、楊澄甫，武式前輩至李亦畬、郝為真，都兼練炮捶，但楊、武兩系，至今已不傳習炮捶。

4. 震腳與發勁時吐氣發聲對健身和技擊的作用

陳式太極拳快慢相同，有縱跳、震腳、發勁動作，都結合著腹式逆呼吸。當震腳、發勁時，吐氣發聲，是為了增強體質，健全內臟和提高技擊作用。有些人習見柔緩勻速的太極拳，認為陳式太極拳是少林拳、硬拳，有的甚至說震腳和吐氣發聲對健康不利。這種論斷是一種偏見。陳式太極拳家歷來享高壽的為多。

震腳與吐氣發聲的拳種很多，如心意拳（十大形）、形意拳（十二形）、南拳、松溪派內家拳等。和太極拳在內，都屬於內功拳短打系統的拳種。

震腳只要鬆勁下沉，由輕而逐漸加重，並無流弊。任何運動方法，練之不得其法，運動量過大，日常生活不符合衛生條件，都容易受傷。

醫療保健性的太極拳，可以不發勁，不震腳，不結合腹式逆呼吸法，這是化武術而為療病保健服務。技擊性強的太極拳，發勁、震腳、結合腹式逆呼吸而吐氣發聲，是增強體質，健全內臟，提高技擊作用的必要條件。

　　從我親身體驗來說，練震腳、吐氣發聲的拳種如形意拳、松溪派內家拳數十年，從未發生過足痛不便行走之病，不料於1977年夏季起忽患足疾。右拇趾紅腫發痛，漸至足掌不能踏地，後又轉移到膝節，練拳動作不靈便。1979年4月全國十四省市武術比賽在上海舉行，我任總裁判。足痛突發，不能踏地，由一同志背下樓上汽車到會。自認為是有一次練足球射門時凌空一腳，傷了右足趾而引起。請許多傷科醫生朋友來治，無效。許多人議論是練炮捶震腳而引起，我將信將疑。

　　1980年1月經上海華山醫院醫生反覆拍X光片查症後，確認此足病為「痛瘋症」，乃老年人多食肥肉，尿素過高引起，治以特效藥「別嘌呤」，從此足痛不發。但在1980年我還不敢震腳。1981年起我又恢復練炮捶，照舊震腳、發勁、吐氣發聲，雖然年已73歲，但越練身體越覺靈活健壯，可見前患足疾，與震腳、發勁無關。

結束語

　　推手運動和太極拳一樣，是男女老少咸宜的體育運動，可以預期，它將逐漸成為世界性的體育鍛鍊項目以至成為奧運會的競技項目，對國際文化交流，進一步促進各國人民間世代友好關係，必將作出貢獻。

（1982年第4期《武術健身》）

從纏絲勁問題談起

　　1964年6月1日《體育報》刊出徐致一先生《略談太極拳的纏絲勁問題》後，引起了爭鳴。民族武術方面的學術性研究氣氛，一直落後於其他部門，這次爭鳴是一個很好的開端。

　　爭論的焦點是纏絲勁與抽絲勁的異同問題。對這個問題看法上的分歧，基本上分成兩大類：第一類主張纏絲勁為陳式太極拳所獨有，纏絲勁和抽絲勁是兩回事。第二類主張纏絲勁是各式太極拳的共性，纏絲勁即抽絲勁。

　　第一類的主張者除對基本觀點（纏絲勁為陳式所獨有）一致外，對纏絲勁和抽絲勁的異同問題，看法上有很大的分歧。除陳式外，其他各式有沒有抽絲勁呢？徐致一先生的文章中是含糊其辭的。

　　「抽絲勁是太極拳勁的總體」，「纏絲勁只是抽絲勁的表現之一」，這是趙任情先生的看法。「太極拳諸勁中的抽絲勁、螺旋勁、纏絲勁是有區別的」，「抽絲勁不是以制勝對方的勁」，「螺旋勁和纏絲勁是用以制勝對方的」，這是李經梧先生的看法。

　　他們間的同中有異，互相矛盾處，自我矛盾處，以及概念上、邏輯上的矛盾，羅宏基、洪均生、龍奉武三位先生曾作了一部分的分析批判。為了篇幅關係，本文著重和徐先生作商榷。

　　我們是第二類的主張者。我個人對這個問題的看法是：纏絲勁和抽絲勁是名異實同的同義語，都是形象地標

出各式太極拳繞旋運轉，順逆默運的主要特徵，也是太極拳區別於其他拳種的主要特徵（剛柔、快慢、動靜、尚力、尚巧，是武術中任何拳種的共同要求）。沒有這一主要特徵，就不能完善地表現民族形式的獨具一格的太極拳。通常我們說的這人練的像不像太極拳，練的有沒有東西，都是首先根據這一主要特徵來作判斷。纏絲勁（抽絲勁）始終貫串於太極拳運動過程之中，亦即普遍性（共性──纏絲勁）存在於特殊性（個性──各式太極拳）之中。離開了特殊性就不存在普遍性，同樣，離開了普遍性（纏絲勁），也就不存在特殊性（各式太極拳）。

纏絲勁的練法和獨特作用

纏絲勁的練法，說來極平凡而簡單，就是在「以心行氣，以氣運身」的一動全動、內外相合的要求下，不斷地旋腰轉脊，上行則為旋腕轉膀，翻轉掌心，下行則為旋踩轉膝，變換襠勁，形成貫串整體的一系列無限延長的空間螺旋動作。

纏絲勁技其性能分為兩種基本的纏絲：一種是掌心由內往外翻的順纏絲，另一種是掌心由外往內翻的逆纏絲。順纏絲、逆纏絲都離不開掤勁的作用，這是太極拳用意不用力而能逐漸產生的似棉裏鐵，沉重而又靈活，富於彈性和韌性的內勁的鍛鍊方法，也是太極拳陰陽相濟，剛柔摩盈的極為自然的練法。纏絲勁鍛鍊的品質越高，內勁的品質也越高，它是推手時粘化、牽動、拿放的核心，也是推手時具有威懾力量的基本條件。因此，我在《太極拳研究》中作了如下的概括：「太極拳貫串於纏絲勁的核心作

用，而以內勁為統馭。」

纏絲勁的練法，不是單純求圓，而是在一連串弧形動作中始終螺旋式地開合、伸縮。所謂螺旋力（勁）即統一於纏絲勁（抽絲勁）之中，把纏絲勁、抽絲勁、螺旋勁區別為三種勁別，是錯誤的。

這種獨特的完美的細緻的運動方法，能夠在同一時間內綜合性地完成肌肉、關節、內臟器官的鍛鍊和暢通氣血的作用，是太極拳家累代豐富起來的經驗，適應於醫療保健性、體育娛樂性和競技性的不同要求，成為太極拳適應性極為廣泛的特點。

陳鑫發現了纏絲勁的獨特作用。加以讚歎說：「拳術家創立纏絲勁法，默行乾坤不息之螺旋線，循環無端，神妙萬物，其至命矣夫，技藝云乎哉！」又說：「打太極拳須明纏絲勁。纏絲者，運中氣之法門也。不明此，即不明拳。」陳鑫把累代積累的經驗纏絲勁公開標出，應該說是一項重要的貢獻。楊武兩氏學拳於陳氏，為日久而用功深，不明纏絲勁是不可理解的。

舊時代武師有守秘的壞習慣，精要處往往不肯示人；但是武禹襄仍然以「運動為抽絲」來表達其形象，再傳的郝為真則以「麻花勁」表達其形象，都是指的同一事物，都是形象地標出太極拳纏繞運轉的主要特徵。不過，出於架勢有大、中、小和高、中、低之分，形式有繁簡，表現的纏絲勁（抽絲勁）有明顯與不太明顯的區別而已。

前輩太極拳家創立了螺旋式的纏絲勁運動方法，定名為纏絲勁（也可叫做抽絲勁或麻花勁，但纏絲勁的名詞較為妥帖），這是在體育運動中發現的科學規律，我們應該

歡迎這種創見。

我所以認為：「極為高級，極為細緻」；「是獨特的中國式的運動方式」，都是根據上述的認識而來，並且帶有民族自豪感的；也是研究陳、楊、吳、武各式太極拳之後，以纏絲勁為太極拳的共性來認識的，從未推崇某一家而自陷於宗派門戶的死胡同。

「簡化太極拳」能不能談纏絲勁

徐文說：「有必要把簡化太極拳的用勁問題，好好地明確一下，以免初學無所適從。」我們認為簡化太極拳既是太極拳，並不排除太極拳的主要特徵纏絲勁（抽絲勁）。道理非常簡單。

簡化太極拳不同於過去的《太極操》（諸民誼作，1931年在上海出版，徐先生有序，贊為「蓋已擷取太極拳之精義」），可以排除纏絲勁，因為那是「操」而不是「拳」，把纏絲勁放進《太極操》或是放進非太極拳的拳種中去，說是「張冠李戴」還可以，把纏絲勁還之太極拳，不應認為是「張冠李戴」。道理也非常簡單。

纏絲勁在推手技術上的獨特作用

1.「粘連黏隨，不丟不頂」，「引進落空合即出」的推手原則，如果用單純弧形動作，像徐先生所主張的那樣，不但動度大，仍易於與來力頂抗，而致引進落實，而且不能達到即化即打的境界。只有弧形的動作過程中同時有螺旋動作，才能「觸處成圓」（陳鑫語），「觸之則旋轉自如」（李亦畬語），才能粘化恰到好處，無過不及而

動度極小，這是捨遠（用單純弧形）就近（用弧形中螺旋）的關鍵。「先引後進，半引半進，即引即進」，「化即是打，打即是化」，「粘走相生」，離開纏絲勁是不可能練到恰到好處的，不可能由大圈練至小圈，由小圈練至沒圈（有圈之意，無圈之形）的。

2. 纏絲勁由於動作螺旋式的弧形纏繞，處處是曲線，處處可以轉化為直線，無定向而又有定向，無定向為圓，有定向為方，方圓互變，剛柔交用，充分體現了太極兩儀有柔有剛，陰陽互為其根的含義。

3. 纏絲勁最能練出輕靈沉著而又圓活的內勁（陳、楊、武三家也稱作掤勁），出手沉重而又綿軟，極有威力。由於動作螺旋，處處能控制對方重心，使失去平衡；處處能越過對方防守點輕靈地進逼，使對方不知我手從何而來，因此是能柔，能剛，能引，能化，能拿，能發的。纏絲勁在戰略戰術上屬於積極的攻勢防禦性的，是一動即進的；不同於「一柔到底」而又單純的弧形動作求「柔化」，只求被動中俟機爭取主動，是屬於消極的單純防禦性的，是一動即退的。

我曾說過：「推手時以纏絲勁的粘連黏隨為靈魂，但又需以剛柔具備的內勁為統帥」，不僅是從研究古典太極拳論而得出的結論，也通過三年來訓練各式推手運動員，參加試行的推手比賽的實踐中，初步證實了上述結論的正確性。

看法的分歧不限於纏絲勁

徐先生把武禹襄的「運動如抽絲」理解為「是動手要

柔而勻，都是行功時的動作要求」，「而且在旋轉中，也並不造成弧形的螺旋形象」，這只能認為是徐先生個人的體會。「運勁如抽絲」這句話，用武禹襄自己的話：「行氣如九曲珠」，「無微不到」，「運勁如百煉鋼，無堅不摧」來作解釋，是多麼妥帖，表達出抽絲勁的螺旋形狀，而又自然地柔剛相濟的鍛鍊方法。

　　徐先生作出「柔而勻」的解釋，顯然和武氏原意大為不同。抽絲勁如徐先生所說：「在旋轉中不造成弧線的螺旋形象」嗎？即在吳式職業拳家中也有與徐先生持有不同理解的，例如教吳式五十多年的楊禹廷先生在《太極拳動作解說》（1961年印）中就這樣說：「符合太極拳動作弧形，即呈螺旋形運動的原則……從螺旋形逐漸旋轉的過程，從勁的表現上（纏絲勁）也同樣符合推手應用的原則的。」

　　徐先生懷疑楊氏是沒有纏絲勁的，而據《太極拳九訣八十一式注解》中據傳是楊班侯傳下的拳譜則主張「力在驚彈走螺旋」，在《亂環訣》中並作了螺旋力應用特點精到的說明。這正是纏絲勁所具有的重要作用。武式李亦畬的「觸之則旋轉自如」，正確地說明了「運勁如抽絲」的螺旋式纏繞的獨特作用。得李亦畬之傳的郝為真則稱作「麻花勁」，以油煎面食品「絞連棒」來形容太極拳螺旋式弧形動作。

　　因此，各式太極拳的教學者，一般都認為纏絲勁、抽絲勁、麻花勁實質是一回事。只有明顯不明顯之分，不應作有無之爭。如果徐先生練的吳式是單純的弧形動作，沒有旋轉的螺旋形狀，那就在徐先生的吳式中不存在纏絲勁

也不存在抽絲勁的問題，這正是徐先生否定纏絲勁為太極拳共性之後，對陳式以外的各式有沒有抽絲勁只能含糊其辭的原因所在。而趙、李二位則承認了太極拳還有螺旋力（勁），然後，一個說：「抽絲勁是太極拳勁的總體」，評價很高，如果認為纏絲抽絲是一回事，原是不錯。一個說：「抽絲勁不是用以制勝對方的勁」，貶之極低，可惜忘掉了陳式以外的各式一般認為練的是抽絲勁，特別是武式。這樣，在第一類主張者中對抽絲勁看法的混亂，成為不能解決的矛盾。

羅宏基先生引用李亦畬「氣未到而意已吞」，認為「是高度自動化了的螺旋習慣力量的預優」，是「觸之能旋轉自如」的「吞」，原是誠懇地說服徐先生太極拳是有螺旋動作的。徐先生卻在引用《四字秘訣：敷、蓋、對、吞》時，把纏絲勁作為單純的有形動作，使與意和氣分別孤立起來，不相連屬，企圖證明羅先生的解釋是錯了。

太極拳是練意，練氣，練身三結合的運動方法，是通過「運中氣之法門也」的纏絲勁的核心作用來完成的。「氣未到而意已吞」，不通過形體動作（哪怕是極微小的動作）如何能發生「吞」、「化」的作用呢？徐文中諸如此類的辯解不勝枚舉。

附帶提一筆，《四字秘訣》相傳是武禹襄的作品，從未有人認為是李亦畬所作，我在《太極拳研究》中考釋此作時，僅說李亦畬也有寫作此訣的可能，未作肯定語。徐先生意引為李亦畬所作，就不免有張冠李戴之嫌了。

根據上面我們所作的分析，纏絲與抽絲都是標出太極拳螺旋式纏繞運轉的形象，是太極拳的主要特徵。纏絲與

389

抽絲是一而二，二而一的同一事物，螺旋力統一於纏絲或抽絲之中，離開螺旋力也就不存在纏絲勁或抽絲勁。

舊時代拳家守秘，於精要處不肯輕易示人。楊、武兩氏得陳氏之傳，不談纏絲勁力，係守秘。武禹襄僅以「運勁如抽絲」來標出其形象，楊式一直以武氏拳譜為理論根據，於是一般習楊者（包括原為楊式小架子的吳式）僅知有抽絲而不知即為纏絲。這是引起纏絲與抽絲之爭的原因所在。

簡化太極拳，拳簡理不簡，《怎樣練習簡化太極拳》一書，為了明確起見，所以採用纏絲與抽絲並列，令人一目了然是螺旋的纏，也是螺旋的抽，否則不免要令人迷惑是兩種不同類的勁，是品質的柔而不是形狀的纏和抽。

徐先生在《再談太極拳的纏絲勁問題》中，認為陳吳兩式除了都有圓圈和弧線以外，用勁、動作形象和風格都不同，據之畫分為兩種類型，再來證明纏絲勁為陳式所獨有。這就使一脈相承的陳、楊、武、吳、孫五式，勢必畫分為五種類型，創立五種勁別不可，因為誰都能一望而知之五個式子的動作形象和風格是不同的。但是勁別呢？

纏絲勁已給徐先生畫為陳式獨有了，又認為吳式沒有螺旋形狀了，抽絲勁又給李經梧說成是不能制勝對方的勁了！那麼吳式盤架子和推手時究竟用什麼勁呢？楊、武、孫三式又分別用什麼勁呢？姑且假定纏絲勁是陳式的，抽絲勁（麻花勁）是武式的，剩下的僅為所謂螺旋勁，分配給哪一式好呢？如果乾脆說吳式用的是太極勁吧，而徐先生又是「一柔到底」論者，是不符合太極兩儀，有柔有剛的，又怎能稱作太極勁呢？看來僅僅為了要證明簡化太極

拳不應講纏絲勁，反而把自己練的太極拳和各式的共性和個性，越講越糊塗起來了。

纏絲勁之爭實質上是剛柔相濟與一柔到底之爭

對於古典太極拳論，只能批判地吸收，取精棄粗，使古為今用。值得向徐先生質疑的是徐先生專練吳式，自認為立論引證又不離王宗岳、武禹襄二家太極拳論的。可是恰恰對王、武拳論中陰陽相濟，有柔有剛的完整的理法來個徹底的修正，有柔而無剛，用陰而棄陽。

王氏拳論中有嚴重的宗派門戶觀點（如「斯技旁門甚多」的輕視其他拳種，定於一尊的觀點），技術上有片面的主張（如「有力打無力，手慢讓手快，是皆先天自然之能，非關力學而有也」的片面性主張），徐先生卻繼承和發展了這些形而上學的觀點。

徐先生一直對陳、楊、武各式不願研究，並以「專重柔化」，「別樹一幟」來否定他們兼具剛發的面。我們對剛柔相濟的理論是：「太極拳陰柔輕靈的一面，譬之和風細雨，太極拳陽剛沉著的一面，譬之雷霆萬鈞。兩者兼備互用，才得太極兩儀，有柔有剛之全。陽剛陰柔兩者的融渾無間，即兩儀的仍歸太極。凡偏剛無柔的須防跌失，偏柔無剛的難臨強敵」（見《陳式太極拳》推手一章）。我們認為這才是練陳、楊、武三家前輩通過實踐得出的符合陰陽相濟的理論。這與徐先生的「一柔到底」，「練柔不練剛」而又引述陰陽相濟的理論是涇渭分明的。

徐先生的《一柔到底》一文（《體育報》1962 年 8 月20 日），一味地強調練太極拳始終只有求柔，求輕，求

勻。以入手的方法作為目的，否定太極拳的剛、重、快的一面。把古典的陰陽學說：「太極兩儀，有柔有剛」來個割二為一，取一棄一，來作為「合而為一」。把武禹襄拳論：「極柔軟，然後能極堅剛」（徐先生把「堅剛」引作「堅硬」，為否定剛作張本）來個有始無終。

柔化剛發原是太極拳推手技術的全面要求，徐先生只重柔化，而輕視剛發，又肯定地說：「太極拳所追求的，確是在柔而不在剛。」武氏：「運動如百煉鋼」的原意為運柔成剛，至大至剛，無堅不摧，是太極拳運柔成剛的要求，徐先生卻強為解釋作「化剛為柔」。入手「化剛為柔」是對的，其目的是為了「運柔成剛」，達到「運勁如百煉鋼，無堅不摧」。也就是陳鑫所說：「欲剛先柔」，「至柔至剛」，「剛柔兼到」。

武氏「發勁如放箭」的有柔有剛，又快又準的剛發，徐先生也視而不見。徐先生引用所謂武氏的「一舉動，周身俱要輕靈」，武氏這句的原文是：「每一動，唯手先著力，隨即鬆開。」年老體弱的文人不喜歡「力」字，適應自己的需要，竄改原文強加於武氏，徐先生引之而不覺其非。「輕靈」未嘗不是太極拳的要求之一，只是不從「著力」（陳發科老師說的「塌住勁」是指此而言）而「隨即鬆開」上發展出來的「輕靈」，只能是浮萍飄蓬，不是被一沾即起，便是經不起重剛的一發而已，既然徐先生強調「一柔到底」到絕對性的地步，有陰滅陽，有柔無剛，剛柔相濟的太極拳已成半身不遂之症，徐先生還要引用「剛柔相濟」只是裝潢門面而已。

徐先生的「一柔到底」貫徹到推手技術上也是絕對化

的。他力主柔化，輕緩，反對剛發重快，不理解競技運動原是：柔能克剛，剛能克柔，更柔能克柔，更剛能克剛的客觀真理。徐先生的錯誤在於以體育娛樂性的推手要求，應用到競賽性的推手比賽中來了！

徐先生為了推行「專重柔化」的理論，抵制能柔能剛能化能發的理論，以至對推手比賽規則設想為：用猛力推出對方的不給分，被猛力推出的一方不輸分（見《體育報》1962年4月3日徐致一《推手比賽規則的管見》）。輸了可以免於輸分，這是任何競技運動規則所不曾設想過的！拿乒乓球賽作為比喻，削手如果只能防守（柔化）等待對方的失誤，沒有迅速猛攻的技術，今天必然落後而無法成為選手的。

徐先生的「一柔到底」論，對推手技術的提高是不利的。當然對年老體弱者練習推手，徐先生的主張是可以採取的。我們主張過太極拳推手也可以分別要求，向醫療性、體育娛樂性、競技性三個方面發展。推手比賽總是流汗多，體力消耗大的，也不可向對方提出不許用猛力發勁的。徐先生的主張是適用於體育娛樂性的。我們指的是推手比賽萬萬用不得「一柔到底」論，否則不利於各流派技術的提高。

經過剛柔相濟的纏絲勁（抽絲勁）的鍛鍊，從而產生柔中寓剛的內勁（掤勁），是陳、楊、武三家特別注重的。為什麼徐先生一直不贊同纏絲勁和內勁呢？徐先生在《一柔到底》一文中引用《老子》：「天下之至柔，馳騁天下之至堅」來證明「太極拳所追求的，確是在柔不在剛。」纏絲勁是「剛柔相濟」論，與「一柔到底」論總是

不可調和的。技術觀點上的分歧，總是有一定的世界觀作指導的，爭鳴的焦點是纏絲勁，爭鳴的實質是「一柔到底」論和「剛柔相濟」論之爭，是唯物的陰陽學說和唯心的陰柔學說之爭。

纏絲勁本身並不存在難度大和運動量大的問題

徐、趙、李三位都承認了纏絲勁在推手技術上的獨特作用，但把它限制在陳式現尚保持的擒拿法之內，以示與他式的推手技術無關；李先生並進一步說成纏絲勁是難度大，動作繁複的，企圖以此嚇唬年老體弱者和神經衰弱者。這就不是對陳式拳無理解，就是別有用心了。

如我們所述，纏絲勁並不難練，難度和運動量跟纏絲勁是兩個範疇，怎能混為一談。難度大小是拳套的動作結構問題，運動量大小取決於架勢的高中低，運動時間的強度密度，各式太極拳都能調整運動量；怎能說有了纏絲勁才是運動量大難度大呢？

李先生說，陳式是技擊性上最強的拳套，其他各式只能是療病保健的拳套了。我們可以肯定，其他各式太極拳家一定不願意自認為是病夫老弱之拳的！

綜上所述，看來先有一個框子，簡化太極拳不應該有纏絲勁，於是說話顛三倒四，自相矛盾。李先生把編成簡化太極拳說成是：「果然！此拳一出⋯⋯」渲染了編寫者的個人作用，而把黨和政府積極宣導體育運動的作用，忘得一乾二淨，在這種指導思想下，從個人和少數人的願望出發來談問題，也就不足為怪了。

太極拳的源流問題

關於太極拳的源流問題，我們根據大量史料，實事求是地提出太極拳起源於陳式，為各式太極拳的祖型，從而根本否定了荒誕的仙傳之說，這決不是多餘的事，也不值得大驚小怪。陳式太極拳是目前流行的太極拳的一種，承認陳式是祖型，並不等於某一流派就矮了一輩，支派承認源於流派，並不等於又矮一輩。因此，不顧史實，摭拾一些不經之說，甚至旁敲側擊，企圖否認陳氏造拳之說，是無益的也是無謂的。

太極拳為道士張三豐所傳的謊言，經唐豪生前嚴加批判，解放後群眾的覺悟提高，現在不大有人敢於再認仙傳為榮，但徐致一先生在《吳式太極拳》（1963年出版）附錄《王宗岳的太極拳論》正文之後還不忍割愛地保留著：「原注云：此係武當山張三豐老師遺論」。既然承認是王宗岳（清代中葉人）的拳論，還要保留上推三百多年的張三豐的著作權，豈不矛盾之極。徐先生對於張三豐創造太極拳的傳說是不是還有些留戀呢？為什麼還要讓張三豐的陰魂出現呢？

在這樣的問題上，徐致一先生也有類似的毛病，在引用陳鑫原文：「不明此，即不明拳」時，改寫為：「不明此，即不明纏」，一字之差，含義全非；在引用楊澄甫「太極拳十要」時，第九要明明引用了武禹襄的「運勁如抽絲」的原文，楊氏並明確地指出「皆言其貫串一氣也」，徐先生卻強調說：楊澄甫「太極拳十要」「甚至連抽絲勁也沒有提到」，以此來證實源於陳式的楊式和原為

楊式小架子的吳式不僅沒有纏絲勁，連抽絲勁也沒有。

結束語

為免辭費，綴以俚句，以明己見，而結束本篇。

太極弧形走螺旋，順逆默運一氣連；
空間立圓非平圓，直線似抽曲線纏。
曲中求直直中曲，觸之旋轉珠走盤；
形似纏絲比喻妙，練之不難各式涵。
稀飯泡粥非兩物，纏絲抽絲本一般；
標榜門戶分抽纏，「別樹一幟」爭論開。（注一）
楊武兩式源陳式，不傳纏絲奇怪哉；
竅要守秘舊習慣，往昔不談今要攤。
簡化拳簡理不簡，講了纏絲也應該；
多講拳理原有理，總結提高來競賽。
教訓記取「太極操」，果然一出真熱鬧；（注二）
只因簡得沒啥了，無人理睬何其早。
純陰無陽沒螺旋，太極癱瘓真可憐；
「一柔到底」非太極，柔有剛方成拳。
纏絲有顯有不顯，各式共有方能圓；
願化誤會成一笑，大好形勢向前看。

注一：徐致一《一柔到底》一文刊於1962年8月20日
《體育報》。強調吳式太極拳「專重柔化」，「別樹一
幟」，對太極拳剛柔相濟理論來個徹底的修正。

注二：《太極操》，褚民誼編，1931年出版，強調越

簡越好，徐致一先生在序中贊為「蓋已擷取太極拳之精義……最宜收普及之效……天下惟愈平易者，乃能行之愈久遠也。」但是《太極操》終因練者既少興趣，又無效果，推行不久也就自然淘汰了，而所謂複雜難練的太極拳仍然流行至今。徐先生目觀其盛衰，如能作出回憶對比是有好處的。

（1964年10月20日應《體育報》之約而撰稿，後因故未刊，2004年《武魂》刊載於第3、4期）

397

劈刺實驗錄

1935年至1938年間，我在上海從事救國會工作，時常去拳友唐豪律師家練習劈刺術。除唐豪外，尚有何正肇、張玉峰及田毓榮、陳緒良等。我於1938年寫成《劈刺實驗錄》，「文化大革命」中兩次抄家，該稿亦被抄去，「十年動亂」後發還此稿。今公佈之以為愛好實驗劈刺術者之參考，並志當年之鴻爪。

實劈歌訣

單練花舞，先輸一籌。實劈法眞，藝從斯求。
刀攔九路，九路守固。識此訣竅，方把身護。
側身顛步，刀前身藏。身隨刀轉，刀守中央。
上劈頭頸，中刺喉胸。左右劈肋，直進勢凶。
格洗擊刺，基本練純。粘抖截楞，精演運勁。
刀與刀磕，一響千金。敵刀蕩開，我刀直進。

躲彼護手，劈腕保刃。刀還遇刀，一滾著身。
披身不迫，銷躲只寸。動無定影，丈縮丈伸。
不縱不跳，一邊就到。直進直退，此是真訣。
賣破虛誘，受哄難逃。其機在目，敵情預曉。
彼高我低，彼落我起。其中奧妙，借彼行氣。
乘隙借力，俟發仰機。因敵變化，藝始神奇。

實演劈刺總訣歌

刀法難在步，進退須快穩。逾高與趨遠，平居須熟運。
力從腰腿生，氣自渾浩行。身綿金石堅，體重楊花輕。
練準先練順，練巧先練勁。展刀如電閃，著物如雷震。
交鋒窺敵手，伸縮莫露形。臨敵若輸膽，空自工夫純。
實劈無花法，圓熟巧自生。有時引入勝，工欲罷不能。
動定無常勢，奇正須相生。閃避不過寸，見縫快插針。
撲身刀尖叢，眼紅心更狠。交手犯油意，藝高不能贏。
銷躲有閃吸，立勢有伏聳。來凶去更惡，連擊不可鬆。
趁勢能省力，有隙即刺沖。失勢退宜快，遲滯聽擒縱。
虛實剛柔參，飄忽若驚鴻。握機妙入神，變化更無窮。
乍動還乍靜，無始亦無終。有形歸無跡，鴻蒙識化工。
運用在一心，至誠與道通。恢恢有餘刃，妙手自空空。

衝鋒歌

衝鋒不避強，須用剛克剛。奪路破中堅，喊殺如虎狂。
步步要前進，下下要重創。捨身救家國，藝精心不慌。

製刀歌

單刀猛如虎，殺敵奏奇勳。善事先利器，製法宜工精。
刀首欲其翹，刀把欲其沉。運轉方應手，劈刺始輕勻。
護手貴乎大，刀身貴乎長。大則腕難傷，寸長顯寸強。
刀身分兩部，背厚刃欲薄。厚能御重器，薄可逞肉搏。
刃有前與後，後半不開鋒。有時格且洗，賴此妙其用。
殺敵用擊刺，前刃功獨豐。刃尖兩面鋒，挑刺可兼功。
古人有名言：馬快刀宜輕。把長七寸強，雙手執持靈。
純鋼練得好，切玉可斷金。細磨寒光射，遙驚敵人心。

長槍歌訣

1. 白刃接戰

一寸長兮一寸強，槍利革戳若龍翔；單刀短，步槍笨，嫋嫋長槍諸器降。

2. 單練花舞

戚氏主張花不得，對刺實戰須提倡；穿護具，盡刺沖，正法真藝演當場。

3. 基本練法

粘連黏隨偏用柔，搠劈畫抖卻是剛；剛柔兼，虛實參，善哄能把強敵創。

4. 兩槍相交

千金難買一聲響，聽見響聲往裏闖，進則生，退則亡，殺敵全憑膽氣壯。

5. 槍法雖多

一革一戳法中王，吃槍還槍猛異常；來得急，去得

硬,中平一點最難當。

6. 身隨槍轉

人為槍蔽堅如鋼,三尖相對守中央;心暗想,步暗動,窺手測變是主張。

7. 眼明手快

足如狡兔身似蟒,藝高膽大心不慌;靜制動,柔克剛,勢勇力猛休逞狂。

8. 守則不足

攻勢防禦最堪尚,先機制敵莫倉皇;拿攔遮,圈串快,閃賺誘敵法無雙。

9. 攻心為上

我不怕敵敵怕我,能視不能莫徬徨;未交鋒,先奪氣,我若猶疑彼披猖。

10. 槍理微茫

伸縮自由能收放,虛虛實實是妙方;彼微動;己先動,乘隙一刺敵命亡。

11. 兵不厭詐

敵如守固先戳手,左右圈串刺心臟;畫手指,劈手腕,縮手退步另站樁。

12. 實攻虛誘

引彼不來須賣破,虛指實戳最難防,他法行,隨法行,因敵變化藝中王。

13. 死拼難當

我槍發兮彼亦發,即令得手亦兩傷;退嫌遲,宜硬撞,橫截挪打強敵殤。

14. 勢窮急退

槍被打落莫徘徊，拖槍跳退另思量；猛回頭，急速上，忽令自餒最為良。

15. 膽大心細

機智連環錯失防，潑皮膽大功徒強；無常勢，無定形，奇正相生難測擋。

401

1. 握劍須堅固有力，以免為對方擊落。

2. 槍有「三尖相照」，即手尖足尖槍尖相對也。握劍須時時頭手足三齊，格閃時劍尖仍不離對方，則彼無隙乘我，我還擊亦迅速。

3. 彼未實劈，我切忌手動身搖，要練到見肉分槍地步。平時基本對劈，須著重此步功夫。

4. 劈刺須下下有力，如創人不重，雖得手亦將被人還擊傷我。

5. 劈至目標即停，劍尖勿落地，劍動要有風聲，則勁足。

6. 多和生手對劈，則膽力經驗自增。

7. 得手後即宜抽退觀變，不能大意，致反為敵乘。兵法所謂「一克如始戰」也，切記切記！

8. 弗以勝負愧為奇，當研究何以制勝，何以致敗。

9. 自己弱點當屢試圖補救之道，但在應敵時應發揮自己之優點，避免暴露弱點，致為敵乘。

10. 擊人要擇部位，非要害不擊，要擊得準確而有力。

11. 技術從熟練中來，長勁從著實劈演而來，體重從息養中來。習武者應修養並重。

12. 多學、多見、多聞、多想則進步自速。古人云：學而不思則罔，思而不學則殆。

13. 平時練習用重劍，可長勁。比賽時再用輕劍，便靈活多矣。

14. 擊人時伸臂探身，則我劍又長幾許矣。

15. 實劈須採連擊法，擊中對方一下，勿便抽走或等待，要趁勢連擊敢打，使對方出手不得，變化不得為上策。

16. 一劈一刺俱勝在「上承落，下承起」，技至此，所向無敵矣。

17. 西洋拳擊家之格言曰：「善擊著不但打擊得準確，而且打擊得有力」者。

18. 勝在進步，不敗在退步。

19. 手隨身轉，人為刀蔽。

20. 刀之要點在護手處，知護手用法，方識刀之猛處，護手非徒藉以護手也。

21. 不縱不跳，一邁即到，前後左右，步隨身掉。

22. 劍尖落下，重有千斤，身無四兩，始為得之。

23. 未著人械時，絲毫無勁，一著人械，震動若雷霆萬鈞。

24. 誘人虛耗氣力，我則靜以制動，疾進乘之。

25. 劍經曰：「手動足進參互就（救）」，手腳俱進。手進腳不進，腳進手不進也。

26. 劍經曰：「步步前進，天下無敵。」進則生，退則亡。我下下爭先，則彼處處落後，勝負判矣。

27. 交手不能講情，留情手輕，出手輕我亦先輸三分

矣。平時讓情講情留情最易養成軟弱之習慣，為害至烈。今後當戒之慎之。

28. 對練時當思此是戰場性命所關，我不殺人人殺我，安能讓情安能懈怠。猛狠打去，自然奪人之氣，步步進逼，則節節制勝矣。對手不論至親好友，俱應作如是觀，所謂「當堂不讓父，當場不認師」也。「認器不認人」，亦此意也。

29. 虛實變化乃由實劈中體驗出來，實劈之經驗愈多，則乘勢借刀之機會愈多。基本法練勁，練準確，進而練速度。而虛實變化非實劈不能精熟神妙也。

30. 進退步要靈活輕快，能遠儘量遠，直行直用是真訣。

31. 手到腳不到，自去尋煩惱，隙開腳手到，方算得玄妙。

32. 彼不動，我不動，彼微動，己先動。若待他先動時我再動，反被所乘矣。

33. 凡劈開對方槍劍，俱宜打在他手前，此乃開寸離尺之巧。亦即拳家取其根節之意也。

34. 中平槍稱槍中王者，以其快捷又難破也。劍術亦然，不但直進不可阻，即左右劈肋亦不可破，因取人中節而又直進敵也。

35. 練習劍應重於應用劍。且練習劍杷之硬性及大小須與應用劍一致，則應用時不致不合手。若平時慣用軟性之劍杷，臨敵用硬性之劍杷，則掌皮不堪摩擦，安堪久戰？

36. 應用劍杷最宜為橢圓形，則劍刃可以手測，不至於舞動時有劍杷移動、劍刃失準之病。若黑夜倉促持刀，不

及審視刀刃，亦有賴於手測。

37. 凡劈中對方，防其還擊傷我，我刀須粘貼彼刀而進退，粘連黏隨，不即不離之意，平時須體會運用。

38. 寸退尺進，始得及人。學者於演習時須研究消躲只寸、進得深、趕得快之法。

39. 圈外槍易取勝亦易致敗，當重致力於圈外槍。學者應每日演習圈外吃槍還槍，當練至百不失一地步。因圈外枒來，即格開不及我身，亦易傷我左手也。實驗之結果，覺吳修齡《手臂錄》所云：「見肉分槍」，只可用於圈內槍。圈外槍因易傷左手，還宜一面退步，一面攔開來槍，則可免傷及左手之病。

40. 凡抖杆至五十下尚覺有餘力，其杆已太輕，不可用。宜另用重杆抖之，應使功力日增，對劈杆亦然。

41. 實劈前勿忘基本練法及基本對劈，不下此種苦功，何能高人一等。古今名手鉅子，孰不有苦功夫，死功夫，私下工夫！武藝為保身所關，學者切勿專弄小巧，切勿偷懶，切勿自做聰敏。金針已渡，在學者功力如何耳！

太極拳鍛鍊要訣
——贈陳君子豪

一、虛靈頂動，含胸拔背，垂肩沉肘，意存丹田，捲舌合齒

腰：鬆、活、撐、蹋。

襠：開、合、扣、圓。

小腹合住，尻道上提。百會中極，一氣貫通。

內三合：意、氣、力。

外三合：手與足合，肘與膝合，肩與胯合。停勢時兩手心、兩足尖、兩肘、兩肩頭、兩膝、兩胯根、兩膝蓋，各自照顧合住。外三合分右與右合，左與左合，右與左合，左與右合（三尖六合，得之則整，違之則散）。

內外相合，上下相隨。

三尖相對：手、足、鼻（正而不散）。

二平：胯與膝平，手與肩平（吃勁著力）（下盤穩當，上盤靈活）。

二不過：手不過足，肩不過胯（不失中正）。

二不離：拳不離心，肘不離肋（守能自保）。

三節：腕節（梢節），肘節（中節），肩節（根節）。後手不離三節（攻守俱捷）。

三才架：天盤（高），地盤（低），人盤（中）。

二、太極拳架十六字心傳訣

沉重厚實，輕穩虛靈，渾圓綿柔，活潑堅剛。

由鬆入柔，由柔入剛，剛復入柔，至柔又至剛。所謂百煉而成純鋼，純鋼復成繞指之柔也。

由慢而快，由快而慢，明規矩而守規矩，脫規矩而合規矩。

先練和順，次練功勁，後練巧妙，先求開展，後求緊湊，而後可以致用。

三、太極拳之圈

太極者，半陰半陽之渾圓體也，妙手一著一太極，即一動一圈，一圈之中有陰有陽也，故我曰：「動作即圈」。

1. 手圈、肩圈、胸圈、腹圈、腿圈（胯、膝、腳）。

2. 全圈、半圈。

3. 順圈、逆圈、直圈、橫圈。

4. 一動無有不動，一圈無有不圈。由大圈練到小圈，由小圈練至沒圈。由開展而漸臻緊湊，由有形而歸於無跡。

5. 環行走化，直線發勁，圓者其體，直者其用，故曰：「曲中求直」。體用之別，學者不可不詳辨也。若以體為用，未有能勝人也。

6. 其為圈也，橫直順逆，參綜互用，順其勢力，息息變動。

四、太極拳之步

《十三勢行功心解》曰：「邁步如貓行」，以喻步法須輕穩靈活也。太極拳步法獨特之處，在於每一動作，凡舉足起端落腳之前，俱要畫圈，即使無圈之形，必須有圈之意。兩足要分虛實，落地猶如生根，前足弓，後足蹬，虛非全然無力，實非全然占煞。虛足運以實意，實足運以虛意，虛實滲透，瞬息變化。動必進步，進必套插，套封插逼，足進肩隨。

五、目與耳

動作時目隨手轉，耳聽八方；停勢時目視前方，耳聽後面。凡手向前伸，當以中指領勁，中指勁到，餘指勁亦到，故目光亦以視中指為宜。而眼神則須照顧上下左右。

六、太極拳之運勁

太極拳之主要特點，從練架上言為纏勁，從應用上言為皮膚上之觸覺，觸覺靈敏從推手上得來，習是拳者類能道之。而練架時之纏絲勁則知者寥寥。

《十三勢行功心解》曰：「運勁如抽絲」，抽絲者，徐徐抽動，旋轉而出也。初練時宜慢不宜快，快則絲中斷而益紊。欲求「運勁須無微不到」難矣！

七、纏絲勁之練法

前進纏絲勁：由丹田上行而腰，而背脊，而肩肘，而腕掌，而指尖，旋轉而運行；由丹田下行而胯腿，而膝，而足，旋轉運行，是為呼，為開，為放，為伸。

後退纏絲勁：停勢時勁上行至指尖者，即旋轉退行，而掌腕，而肘肩，而背，而腰，其勁復歸於丹田；勁之下行至足者，即旋轉退行，而膝，而腿胯，其勁復歸於丹田。是為吸，為合，為收，為縮。

勢勢之中，著著之內，自始至終，皆須用纏絲勁運行，處處勁須周到，下下不可怠慢，如此練法，雖欲求快，勢所不許。澄甫先生所傳之正身法，即纏絲勁法也。得此秘要，以練太極拳，強筋骨，長氣力，計日可待也。

附記：余因病困居孤島以拳技自遣，於兆豐公園邂逅陳君子豪，從余學太極拳甚勤。才月餘，陳君須返港理舊業，匆遽未遑校正姿勢，論談拳理。為書要點若干，以供揣摩，所言多市上太極拳著作印未發明者，倘亦君子贈人以言之意歟？

（中華民國二十八年十一月一日）

內勁、內氣與內動

內　勁

「內勁」這一名詞，是民族武術中太極拳、形意拳、八卦掌、南拳等等結合腹式深呼吸的拳種所使用的術語。結合腹式深呼吸的拳種稱作「內功拳」，結合胸式呼吸的拳種稱作「外功拳」。

太極拳的「內勁」，是用意識指導動作，放鬆肌肉，動作螺旋式地畫弧轉圈，反覆絞轉，鬆緊交替的鍛鍊方法形成的。該放鬆的肌肉、關節，都要充分放鬆；該用力的肌肉、關節，都要充分用力（用力的肌肉、關節，仍須有放鬆的意念貫注其中，使實不死煞，叫做「實中有虛」）。

開始練習「內勁」，速度應該慢些，使全身動作姿勢，逐漸練得正確、細密。再經過由慢到快，快後再復慢，多次反覆，使之能達到快慢隨心所欲為止。

鍛鍊步驟上，由鬆入柔，積柔成剛，即《太極拳論》

所說：「極柔軟，然後能極堅剛」。

　　練習日久，外形上全身柔和、輕靈、圓活，體內和手臂有一股渾厚沉重的力量，變換極為迅速、靈活，可以隨意轉換和集中到某一點。就是說：人體內能量的流動能聽從意識的指揮。這種力量的特點是：柔中寓剛，剛中有柔，似柔非柔，似剛非剛，它像水銀那樣沉甸甸的，流動又極為快速。太極拳愛好者把它稱作「內勁」。武禹襄說這種內勁的作用，能夠「運勁似百煉鋼，何堅不摧」！功夫下的越深，「內勁」的品質越高。

內　氣

　　「內氣」，或叫做「中氣」，凡是認真鍛鍊太極拳，符合要領，動作圓轉、輕靈、自然的，練到一定程度，能逐漸產生「內氣潛轉」或「中氣貫足」的內體感覺。首先出現的是腹內「咕咕」作聲（日久後不做聲），「氣沉丹田」（丹田在臍下小腹部分）逐漸沉得充分，腹中有充實圓滿（不是飽滿膨脹）的感覺；還會出現手指尖麻、脹、針刺的感覺，手臂有膨脹沉重的感覺，以至有「氣遍身軀」的感覺。這種氣流的感覺，不是鼻中呼吸之氣，卻和呼吸之氣相應。如果腹式深呼吸還未練到深細程度，動作與呼吸不夠協調，體內氣流現象是不會出現的。

　　練法上首先以外引內，然後由內及外，等到熟極而流，就能內外合一，一動內外俱動。即先從端正練拳姿勢入手，身正體鬆，心靜用意（訓練神經系統），提高神經系統對肌體內層指揮調節的機能，和對內臟器官和血管管制調節的機能，使全身肌肉、關節和內臟器官聽命於神經

系統的指揮，完成細緻、協調的運動鍛鍊。

要達到整體性的「意動形隨」，必須以頭的「虛領頂勁」領導全身，在身腰靈活的帶動下，使手足活動「上下相隨」，動作自動化，而又發動於命門（在脊柱中，前對臍），又以放鬆不用力，動作比較均勻、緩慢為原則，由此練去，可以得到「內氣」的感覺。

410

氣流現象出現於肌膜和脈管間之後，功夫再深一層，氣流現象還可出現於骨髓管內，會覺得脊柱與四肢的骨骼裏有一線相通的顫動。這就是《太極拳論》中說的：「斂入脊骨」的內體感覺。

太極拳的「以心行氣，以氣運身」，「意之所注，氣即至焉」，「行氣如九曲珠，無微不到」，久練成功，能夠增強身體的抗擊力和加大攻擊性的爆發力。

說太極拳的「內氣」是神秘的、不科學的，固然是武斷，但要證明「內氣」是生理的現象，是科學的，除了實踐有得之外，還需實踐有得的太極拳愛好者與中西醫結合做深入的研究。

內　動

太極拳是內功拳類型的拳種，著重內外兼練，以外引內，由內及外。在外形姿勢上大體正確、熟練以後，就可研究「內動」。

「內動」有兩個內容：

1. 逐漸地把每一個姿勢結合腹式深呼吸，使腹部的膈肌升降活動和胸部的肺呼吸活動協調進行，並逐漸加強加深；胸背部和腹部的肌肉，在弧形鬆沉轉動中也獲得細密

的鍛鍊。

2. 凡動作欲向何處，先將內臟器官作好動向安排，以帶動外形（即所謂：裏邊不動，外邊不發），使內臟器官不斷地做輕微的自我按摩、壓擠、轉動活動，從而使肌體內層也獲得細密精確的鍛鍊。「內動」的鍛鍊和「內勁」、「內氣」的鍛鍊有相輔相成的作用。

練太極拳由動作熟練，轉入研究「內動」、「內勁」、「內氣」，就能逐步體會出太極拳一層深一層的意思，吸引人們經常、持久、認真地練習它，從而加強防病治病和增強體質的作用，學會技擊的預期效果，能夠更好地為社會主義革命和建設服務，加速實現四個現代化服務。

（1978年6月《群眾體育》第4期）

411

山右王宗岳《太極拳論》解

王宗岳是清乾隆年間的山西人（故稱山右），1792年他在河南洛陽教書，1795年在河南開封教書。他的武術著作有《太極拳論》，並有解釋長拳和十三勢內容的殘稿一篇，他還修訂了《打手歌》和《陰符槍譜》等共四種。

《太極拳論》以太極兩儀立說，解釋「十三勢」以八卦、五行立說，《陰符槍譜》以陰符立說。陰指暗，符指合，故陰符意為「靜處為陰動則符」，正如陰符槍法的原則「靜如處女，動如脫兔」。

王宗岳少年時讀過經史，也讀過《內經》、《道德經》及兵法等書，兼通擊刺之術（擊劍、刺槍），槍法最

精。

《太極拳論》實際上是總結推手經驗的論文，它所依據的理論是我國古代哲學樸素的辯證法——陰陽學說。「一陰一陽之謂道」的古代兩點論，作為太極拳的基本理論，就使太極拳在廣泛流傳中不致練成剛拳、硬拳，也不致練成柔拳、軟拳，而是大家公認的有柔有剛、剛柔相濟。這應該說是《太極拳論》的主要貢獻。

下面，對《太極拳論》逐句逐段試作解釋：

一、太極者，無極而生，陰陽之母也

所謂太極，古人謂「天地未分之前，元氣混而為一，即太初、太乙也。」（《易繫辭》）這是我國古代的天體演化論，把太極形容為陰陽兩氣，混沌未分。也有人解釋「太極」是屋中最高處正樑的中心，意為最高、最中心的東西。

《太極圖》呈圓形，內含陰和陽兩個半弧形的類似魚形的圖案。太極拳要用這個名稱，象徵著太極拳是圓轉的、弧形的、剛柔相濟的拳術。

「無極而生」，周敦頤《太極圖說》只說「無極而太極」，沒有說「無極生太極」。列寧曾批判過天體演化論中的宇宙從無到有的唯心主義論點。王宗岳說「太極者，無極而生」，是錯誤的。

「陰陽之母也」意指陰陽兩氣包含在「太極」之中，所以說「太極」是「陰陽之母」。

二、動之則分，靜之則合

　　古人認為太極是一個渾圓體，包含陰陽兩氣。動時這個渾圓體就起變化，分陰分陽，所以說太極生兩儀，亦即「動之則分」。靜時仍然是一個渾圓體，陰陽變化雖然相對靜止，但陰陽的道理完全具備，所以，叫做「靜之則合」。

　　上面五句話，講的是太極拳的理論，下面就根據這種理論來闡明太極拳推手的要領、方法。

　　太極拳是創造於清初17世紀後期，創造人是明末清初人，河南溫縣陳家溝人陳王廷。他寫的太極拳的原始理論《拳經總歌》有：「縱放屈伸人莫知，諸靠纏繞我皆依」兩句話，王宗岳據此進行了發揮。

三、無過不及，隨屈就伸

　　推手要根據客觀情況的變化來屈伸進退，要隨著對方的動作而採取攻防動作，不可主觀，不可盲動；要隨對方的屈伸而屈伸，人屈我伸，人伸我屈；要和對方的動作密切不離，不要過與不及，要不頂不丟；對方進一寸，我退一寸，退的少了成為「頂」，退的多了成為「丟」。

　　「直來橫去，橫來直去」是武術各流派的共同經驗，太極拳推手還有形象上纏繞絞轉的「粘隨」特點，可練習皮膚觸覺和內體感覺，以利瞭解對方的動向、力點和快慢，作出判斷來克制對方。這與單憑目力來判斷對方動向的拳種，多了一種偵察能力——「聽勁」。

413

四、人剛我柔謂之走，我順人背謂之粘

推手時要放鬆，攻和防都如此，逐漸練出一股「柔勁」來。剛勁好像一根硬木頭，堅實但變化少。柔勁好比鋼絲繩，變化多。俗話說軟繩能捆硬柴。但從理論上講，柔能克剛，剛也能克柔。單純的柔是不夠用的，太極拳主張「柔中寓剛」、「剛柔相濟」，粘與走都要以柔為主，柔久則剛在其中。

人以剛來，我以剛去對抗，這是兩力相抗，不是「引進落空」、「借力打人」的技巧，而應該「人剛我柔」地把對方力量引開，使之落空不得力。所以學太極拳推手一開始就要放鬆，心身都要放鬆。對方剛來，我總是柔應，使對方不得力，有力無處用，這叫做「走化」，目的是我走順勁，造成有利於我的形勢，使對方走背勁，造成不利於對方的形勢。當對方來勁被我走化形成背勁時，我即用粘勁加力於其身手，使之陷入更不利的地位，從而無力反擊。粘好像膠水、生漆粘物一樣，粘走相生，剛柔相濟，這是推手的重要原則。

「粘」這個字，是三百餘年前俞大猷、戚繼光等提出來的，武術書上最初見於明朝俞大猷的《劍經》，在他的對打棍法（不是套路的對打）中有時用粘字。到清初，太極拳推手就完全用粘勁，於是「粘」的用途日廣。練粘可使人的反應變快，觸覺靈敏，所以能做到隨對方來勁粘走相生，克敵制勝。

五、動急則急應，動緩則緩隨

動作快慢要決定於對方動作的快慢，不能自作主張。首先，手臂放鬆，觸覺靈敏，才能急應緩隨，處處合拍。只有觸覺靈敏了，才能做到「彼微動，己先動」，才能制人而不為人所制。

六、雖變化萬端，而理惟一貫

動作雖然千變萬化，而粘走相生，急應緩隨的道理是一貫的。

七、由著熟而漸悟懂勁，由懂勁而階及神明

這是太極拳推手功夫的三個階段：即著熟，懂勁，階及神明。

1. 著　熟

著是打法、拳法、拳勢，譬如著棋。中國武術各拳種的套路，就是各個不同的「勢」連貫組成的，每「勢」都有它的主要攻防方法和變化方法，錯綜互用，這就稱作「拳術」、「拳法」、「拳套」。不講技擊方法的套路，稱作體操、舞蹈、導引或八段錦。有些拳種只講姿勢優美，實用性差，稱作花拳繡腿，是表演藝術性的武舞（講究實用性的稱作武藝）。

練太極拳推手，首先是身法、手法、步法、眼法和每勢的著法（攻擊和防禦的方法）要練得正確、熟練；特別是練拳架，首先姿勢要正確，拳套要連貫熟練，和呼吸配合好，然後在推手、散打中進行試用，捉摸每個著法用得

上，還是用不上；用上了，用勁對不對等。這是前人教太極拳的次序，即首先要懂得每勢的著法和變化，不可瞎練，漫無標準地畫圈。

2. 懂　勁

著法練熟即可逐漸悟出用勁的黏隨、剛柔、虛實、輕重以及屈中求直、蓄而後發等道理。現在有些人學推手好談懂勁，但不研究著法，這是跳班、越級的方法。只追求勁，不講究著法，往往無從捉摸，不著邊際。

因為「勁附著而行，勁貫著中」，著法如果不從實際出發，捨近就遠，勁也就隨著「著法」而失去應有的作用。

懂勁以後，著法的使用才能巧妙省力。著法和懂勁都要和呼吸自然結合，不屬拳法的動作不可能結合呼吸，例如兩個吸或兩個呼湊在一起的動作就不可能結合呼吸。

懂勁品質愈高，推手時威脅對方的力量也越大，著法的使用也更能得機得勢。

懂勁主要是從推手實踐中悟出來的。只練拳不練推手，對懂勁是談不上的。想像出來的懂勁，一接觸實際就不行。

3. 階及神明

「階及」意即逐步上升，亦即臺階、梯子須一步一步爬上去。

「神明」意即神妙高明，隨心所欲，形成條件反射，熟能生巧。

「由著熟而漸悟懂勁，由懂勁而階及神明」這句話，總的意思就是踢、打、跌、摔、拿等著法熟練後，逐漸悟出「勁」貫著中的技巧，掌握「勁」這個總鑰匙，不求用

著而著法自然用得巧妙，最後達到「妙手無處不混然」的程度。

八、然非用力之久，不能豁然貫通焉

「用力」係指練功夫，不是指用力氣。全句意為：不經過勤學苦練，就不能豁然貫通（忽然完全悟解）。堅持練拳推手，鑽研拳理，會有好幾次「豁然貫通」，功夫是沒有止境的。青年時期、壯年時期和老年時期，各有一次或多次對拳理的「豁然貫通」。向有經驗的師友學習、交流和反覆研究拳理，功夫才能練到身上，對療病保健，增強體質才有幫助。

太極拳發展至今，主要的傳統套路有陳楊武吳孫等五式，陳式還有老架、新架和趙堡架三種，都是講究每勢的著法的。傳統套路都有這種講究著法、運氣的特點。懂得著法，拳套才容易練正確，不致練得千奇百怪，也才能和呼吸結合得好，「氣與力合」，療病健身的效果較高，又可節省練拳的時間。

九、虛領頂勁，氣沉丹田

「虛領頂勁」意為頭頂要輕輕領起往上頂著，便於中樞神經安靜地提起精神來指揮動作。關於氣沉丹田，說法不一。這裏可能是指腹式深呼吸，吸時小腹內收，膈肌上升，胃部隆起，肺部自然擴張；呼時小腹外凸，膈肌下降，胃部復原，胸廓自然平正，這也是被稱作「內功拳」的太極拳的一個特點。

「氣沉丹田」不可硬壓丹田，也不可一味「沉氣」，

而要「氣宜鼓盪」，並且練拳時的腹式呼吸只能用逆式，不能用順式。順式是吸氣時小腹外凸（氣沉丹田），呼氣時小腹內收，結合在拳套內就只能始終「氣沉丹田」，所以一定要用逆式。如果用順式腹式呼吸，對練拳推手都是無益的，因為攻的動作都要借地面反作用力，必須氣沉丹田，勁才能往前發。哪能有勁要往前發，而吸氣時小腹卻內收之理？

逆式深呼吸是引進時吸氣，小腹內收；發勁時小腹外突，氣沉丹田。內功拳種的「形意」、「八卦」、「南拳」，都是用腹式逆呼吸的。

王宗岳高度概括了太極拳的理論（那時只有陳式太極拳一種，沒有流派），對呼吸運氣只講了一句「氣沉丹田」。

「虛領頂勁，氣沉丹田」基本上概括了太極拳對立身中正、鬆靜自然地運氣練拳和推手的要求。

十、不偏不倚、忽隱忽現

「不偏不倚」是說身體姿勢不要歪斜而失去中正。不偏是指形體上、神態上都要自然中正，不倚是不丟不頂，不要依靠什麼來維持自己的平衡，而要中正安舒，獨立自主。「忽隱忽現」是說行氣運勁要似有實無，忽輕忽重，虛實無定，變化多端，使對方難以適應，顧此失彼。

十一、左重則左虛，右重則右杳

承上文，既要做到「不偏不倚，忽隱忽現」，還要做到，對方從左方用力攻來，我左方虛而化之，虛而引之，不與頂抗，使來力落空；如對方從右方用力來攻，則我右

方虛而化之，虛而引之，也不與頂抗，使來力落空，這就是不犯雙重之病。練到處處能虛而化之，虛而引之，就是棋高一著，從而使對方縛手縛腳。「虛」和「杳」都是不可捉摸的意思。

十二、仰之則彌高，俯之則彌深，　進之則愈長，退之則愈促

「彌」字作「更加」解釋。我運用粘化畫弧的引進落空的方法，對方往上進攻，我高以引之，使有高不可攀，腳跟浮起，凌空失重的感覺；如對方往下進攻，我低以引之，使有如臨深淵，搖搖欲墜，愈陷愈深的感覺；若對方前進，我漸漸引進，使其摸不到我身上，有進之則愈長而不可及的感覺；經我粘逼進攻，對方越退越感覺不能走化。這四種情況都是粘走相生，不丟不頂；我順人背，我得機，得勢，彼不得機，不得勢而出現的。

上述推手技巧只要認真實踐，人人都可有不同程度的進步。這是種活到老、學到老的健身防身的技術。推手雙方功力相等，不容易發揮出這樣的技巧，如果差距大了（例如力量、耐力、速度、靈敏、技巧等相差大了），這種高級技巧就會顯示出來。

十三、一羽不能加，蠅蟲不能落，　人不知我，我獨知人

這是形容觸覺、內體感覺的靈敏度極高，稍微觸及，便能感覺得到，立即走化。

功夫練到技術高了，便能做到：一根雞毛、一隻蒼蠅

419

或一隻小蟲輕輕觸及人體任何部位都能感覺得到並立即有行動對付；在推手時，便能做到他不知我，我能知他。

十四、英雄所向無敵，蓋皆由此而及也

這句說明王宗岳是唯我獨尊的。他生於二百多年前，帝國主義的洋槍洋炮還未轟開舊中國的大門，中國武術家還認為近身捕鬥技巧在戰場上還能發揮決定性的作用。

十五、斯技旁門甚多，雖勢有區別，概不外，壯欺弱，慢讓快耳

這種拳術技巧的門派是很多的，它們雖然姿勢動作不一樣，但不外乎是力大打力小，手腳快打手腳慢。

十六、有力打無力，手慢讓手快，是皆先天自然之能，非關學力而有（爲）也

所謂有力打無力，大力勝小力，手快勝手慢，都是先天賦有的本能，不是學出來的。看來，這兩段話有宗派觀點，有形而上學的論點。說其他拳種是「旁門」，而自己是正門，是正宗，這確是宗派觀點。

力大勝力小，有力打無力，手快打手慢，是一種規律，但力量和速度也不是先天自然之能，也需要學習鍛鍊才能加大力量，加快速度。因此，非關學力而有（為）也這句話是錯誤的。

太極拳從名字的含義來講是有柔有剛，有輕有重，有快有慢，既要練習「四兩撥千斤」，又要練習「渾身合下力千斤」，所以單純強調一方面，就有片面性，就是知其

一而不知其二了。

十七、「察四兩撥千斤」之句，顯非力勝；
觀耄耋禦眾之形，快何能為

　　察《打手歌》裏有「四兩撥千斤」一句話，顯然不是用大力來勝人；看到年紀耄（讀mao，意為七八十歲）或耋（die，意為八九十歲）的人還能應付眾人的圍攻，取得勝利，可見老人體力比較差，動作比較遲鈍，還能禦眾取勝，說明「快」也不一定能取勝。

　　過去認為《打手歌》是王宗岳的作品，有人從拳論中「察四兩撥千斤」之句的「察」字來判斷《打手歌》是王宗岳以前人的作品，這是很對的。後來核對了陳家溝原有的四句《打手歌》，才斷定現在六句的《打手歌》是經過王宗岳修訂的，這四句話是強調小力勝大力的技巧作用。

十八、立如秤準，活如車輪，偏沉則隨，
雙重則滯

　　始終保持平衡，身法端正，要像秤準一樣；身手圓活如車輪旋轉，不但不受來力，還能把來力拋出去；無論來力多麼重大，要黏著走化，不要頂抗，如果黏著處放鬆走化不受力，這叫做「偏沉」，能做到「偏沉」，就能順隨，使對方有力也不得力，有力無處用；推手時要避免兩力相抗，如果兩力相抗，不能「偏沉則隨」，動作就會滯鈍，結果還是力大者勝力小者。

421

十九、每見數年純功，不能運化者，率皆自爲人制，雙重之病未悟耳

常常見到勤練太極拳推手多年的人，不能很好領會「懂勁」和「黏隨走化」的道理，往往不能制人，反而被人所制，這都是用力頂抗，犯了「雙重」之病而不自覺所致。

王宗岳這段話是在二百年前講的，那時候太極拳不作為老弱病人練的拳，而是體格強壯者練的拳，他們不懂雙重之病，不能制人，大都為人所制。而現在練推手的大都是力量不大的人，基礎薄弱的人，加上不懂雙重之病，不懂著法，難怪有些練摔跤的人或練拳又硬又快的人說一般練太極拳的是豆腐架子。

二十、欲避此病，須知陰陽，粘即是走，走即是粘，陽不離陰，陰不離陽；陰陽相濟，方爲懂勁

要避免這個「用力頂抗，不能走化」的毛病，就要懂得陰陽的變化。陰指柔、虛、輕、合、蓄勢、吸氣等；陽指剛、實、重、開、發勁、呼氣等。

粘逼中隨時可以走化，所以粘也是走；走化中隨時可以轉化為粘逼，所以走也是粘。有開有合，開中有合，合中有開；有虛有實，虛中有實，實中有虛；這樣虛實，剛柔，開合，變化靈活，才可以使對方顧此失彼，不知所措，應接不暇，處處被動。

陽剛不能離開陰柔，陰柔不能離開陽剛。有陰有陽，

有虛有實，有柔有剛，陰陽相濟，虛實互變，柔剛錯綜，才算是懂勁。

二十一、懂勁後，愈練愈精，默識揣摩，漸至從心所欲

懂勁以後，粘走相生，越練越細巧精密，一面實踐，一面多思考，常常默想捉摸其中道理，學思並用，就能逐漸做到從心所欲，身手更為輕靈，威脅力更大，搭手即能判斷對方力量的大小、長短、動向、快慢，依著何處即從何處反擊。

二十二、本是捨己從人，多誤捨近求遠。所謂差之毫釐，謬之千里。學者不可不詳辨焉。是為論

推手本來是捨己從人的技巧，順應客觀規律，不自作主張；如果自作主張用固定的手法，逆客觀規律，必然會出現丟頂、硬撞，不能引進落空，反而引進落實，這是多誤於捨近求遠。差之毫釐，結果是謬之千里。練拳、推手也是這樣，學的人要詳細辨別這個道理。

日本柔道與中國武術

日本廣播協會電臺於去年11月間，播送了一篇《介紹中日文化交流功勞者陳元贇》的文章，內中說：專攻日本江戶史的學者小松原濤（譯音），最近完成了研究陳元贇的著作並出版問世，這在中日文化交流重又活躍起來的今

天，是十分可貴的。陳元贇對介紹中國的學術文化（時間明末清初）有過很大的功勞，他傳播的是道教，雖不是碩士巨儒，卻是一位多才多藝的文化人。他不只講道教，擅長於詩文、繪畫，且把中國的陶瓷製法、飲食業、建築、針灸、醫藥等多方面的文化科學技術介紹到日本，因此他的大名廣傳於日本市井間。陳元贇幼年習拳於河南少林寺，所以他又把中國武術介紹給日本。現在流行於世的日本柔道，就和陳元贇有著很多直接的關係。由此看來，他的大名遠播，是很自然的事。

日本的柔道，經法科大學生嘉納治五郎於明治15年（1882）創辦講道館傳習後，其門弟子三人在1905年的日俄戰爭中，喪命沉船於港口，使帝俄的軍艦不能出來應戰，造成了當時轟動世界的旅順閉塞事件。戰事告終，日本朝野認為這三位犧牲的戰士，都間接是柔道精神訓練的結果。於是嘉納治五郎古調高彈，遭人反對的柔道，就引起朝野上下的注意。數十年來日本柔道的普及，與嘉納治五郎的提倡是不無關係的。

至於柔道的起源，1934年唐豪先生去日本考察武術後，認為和明末清初東渡的陳元贇有關。

日本的某些武術書，也承認柔道是陳元贇傳過去的。日本的真揚流（流即中國武術中的派）述說，柔道是由明朝滅亡後的陳元贇流亡日本時所傳的。陳元贇於1660年（日本萬治三年，清順治十七年）歸化為日本籍，1671年（日本寬文十年，清康熙十年）寓居於江戶麻布之國正寺，傳其術於福野七郎右門衛三浦與次衛門，磯貝次郎左衛門等三人。另外，長崎醫者秋山四郎兵衛在中國學得白

打（注）三手，歸國後創為柔道。

從日本柔道的地下制人方法考查，也說明是中國傳過去的。據東京愛岩山起倒流拳法碑說：「拳法之傳也，自投化明人陳元贇而始。」《拳秘書》中亦說：福野等三人，從陳元贇學得其術，是即起倒流。

講道館指導員九段山下義詔於其所著《講道館之沿革》一文中說：嘉納治五郎以本人所習之天神真揚流、起倒流為其基礎，集合各派之長，創為日本現行的柔道。並說：「起倒流者，即將對手投倒於地上，以制其自由為主之技術。」

日本柔道中的技巧為中國摔跤所無的，是地下制人的方法，其精妙處也就在此。據研究，這很可以是將中國的摔跤、擒拿、跌法（地躺拳）揉合起來的結晶。地下法所以在日本柔道中特別發達，與日本吸收中國古代席地而坐的風俗亦有密切關係。

我國解放前，由於文化衰落，國勢衰弱，日本柔道界覺得不屑崇拜中國，因此，極力找證據來證明柔道不是中國傳去的。他們引證後面兩種記載，來證明柔道為日本固有的武術。

1. 西元前23年（日本垂仁天皇七年，中國漢成帝陽朔二年），有野見宿彌者，與當麻蹴速互鬥於皇前，宿彌蹴當麻蹴速之骨，折其腰而殺之。

2. 竹內流的柔道始祖竹內中務大輔久盛，是西元1530年間人（日本天文初年，明嘉靖十一年間），陳元贇的歸化，後於竹內約一百三十年。

但是，日本固有的是角力，一稱相撲，日本人稱作國

技，其技巧遠不如柔道。故其價值亦遠不如進化的柔道。

日本柔道的練習衣，與中國摔跤所用的形式相同，它也經幾種著作肯定為中國傳去的。現日本學者小松原濤對陳元贇其人其事整理成專著，內中對柔道與中國武術的關係，必然有更多的史料引證，我深為日本朋友對研究中日人民文化交流和友好關係所作的貢獻，感到高興。

注：明謝肇淛寫於1449年的《五雜俎》中說到十八般武藝，第十八般為白打。據明朱國楨在《湧幢小品》中說：「白打即手搏之戰，俗稱打拳，能拉人骨至死，死之遲速全在手法，可以日月計。」清初周亮工在《閩小記》中說：「白打，即今之手搏，名短打者是也。昔人曰手不持寸鐵為白戰。」

（1963年1月17日《體育報》第480期）

太極拳與少林寺拳法淵源的探溯

太極拳的形成絕非偶然，清初（17世紀70年代）陳王廷所編造的拳套共有七套，拳勢各異，光是長拳就有108勢。其中，除了吸收戚繼光《拳經》三十二勢中的二十九勢，作為他造拳的基礎外，從其他拳種吸收了哪些拳勢，以及哪些拳勢是他的創見，今已不可考。

根據《陳氏拳械譜》，拳法方面還有「散手」和「短打」的勢名很多（包括攻擊和破解的方法）。也有擒拿法「金剛十八拿法」的勢名。可見當時太極拳的技擊方法是很全面的。

　　陳王廷創造的雙人推手（舊稱扳跌）方法，是畫時代的創造性成就，現代已有成為國際性競技項目的趨勢。

　　值得注意的是傳習於少林寺的「紅拳」也見於《陳氏拳械譜》，該舊譜上有《小四套亦名紅拳》拳譜，其第一勢為「太祖立勢最高強」，末兩句為「要知此拳出何處？名為太祖下南唐」。另有《盤羅棒訣語》則說：「古剎登出（出字疑為封字誤，少林寺在登封縣）少林寺，堂上又有五百僧……要知此棒出何處？盤羅留傳在邵陵（邵陵是少林的音轉）。」少林寺拳棒在隋唐時即已著名，在明代抗倭戰爭中，少林寺僧很多獻身於衛國戰爭。溫縣在黃河之北，嵩山少林寺在黃河之南，僅一河之隔。這是太極拳與少林拳法可能有淵源的理由之一。

　　另據陳王廷好友武舉李際遇結寨於嵩山少林寺前的禦寨，反抗明皇朝的逼糧納稅，陳王廷曾隻身入寨探訪的史料來看，陳王廷可能到過少林寺。在明亡後，陳王廷穩居，晚年造拳前也有可能到過少林寺。這是太極拳與少林拳法可能有淵源的理由之二。

　　明清之際的少林寺拳法著作，今所存者有上海蟬隱廬影印本《拳經拳法備要》一書，上海國技學社於1927年間石印的稱為《玄機秘授穴道拳訣》一書，唐豪另收藏有舊抄本（今存國家體委），余早年曾向唐借閱抄錄。余取三本合觀，雖互有詳略，實同出一本。其中理法及身手步法，與陳式太極拳精要處頗為吻合。其屈膝沉肘的手法、步法和太極拳一樣屬於中國武術中短打拳法類型。這是太極拳與少林拳法可能有淵源的理由之三。

　　陳王廷既然博採各家拳法，對距離不遠的少林寺拳法

不會不加採納，這是太極拳與少林拳法可能有淵源的理由之四。

此外，戚繼光《拳經》中講到它吸收眾長的民間十六家著名拳種，也講到少林。陳王廷後於戚氏約半個世紀，晚年造拳，更應吸收少林拳法。到了民國時代，陳王廷後裔陳鑫於1908年開始以12年時間寫成《陳氏太極拳圖說》，還寫了《三三拳譜》為理論根據。

由此看來，我國著名的河南省三大拳種少林、太極、心意拳，三百多年來，雖然各以其本身獨特的風格和內容獨立發展，但由於地理上的關係，就易於形成互相滲透的關係。

《少林武術》初刊，作此短文，以代賀詞。

（1985年第1期《少林武術》）

中國武術中的拿法

拿法也做擒拿法，是格鬥運動的一種，我國古代武術中的「手搏」和「角抵」都兼用拿法，到明代才把擒拿作為專門的格鬥技術，但是仍舊歸類在「便拳之家」內。理由也很簡單，因為如果沒有拳術的手、眼、身、法、步的訓練，拿法就不可能使用得好。

戚繼光《拳經》中說得好：「大抵拳、棍、刀、槍、叉、鈀、劍、戟、弓、矢、鉤、鐮、換牌之類，莫不先有拳法，活動身手，其拳也為武藝之源。」

拿法應用的原則是完全利用巧動制服對手，因此自己

的身手，必須練得柔軟，靈活，皮膚上的觸覺必須訓練成反應靈敏，並要做試驗，才能達到沾、連、黏、隨，彼微動，己先動，隨機應變的地步，利用「反筋背骨，按脈截脈」的主要方法來克敵制勝。自己的練法要「伸筋拔骨」，制人的拿法要「分筋挫骨」。

拿法的運勁上有「硬刁、軟闖」，其區別就是「剛以柔克，柔以剛克」的道理。「硬刁」就是逢到對方手剛力大的，不和他鬥力，用身法、步法、手法移動對方的動路（即力點），然後拿住他。「軟闖」就是逢到對方手柔不易拿住，要用剛猛、急脆的勁拿住他。

古代拳家凡是打、摔、拿全能的，稱為「風交雪」拳家，還有「巧拿如拙打」的說法，說拿法是「小手」。拿法雖然是完全利用巧勁，如果臂力、腰力、指力不夠，應用時效果不大。運用拿法的訣竅，必須掌握「柔過勁，剛落點」的原則。

由於拿法在落點時須用剛猛急脆的勁才能奏效，在教學時，要求實驗每一方法的效果，往往容易使對方創痛，因此傳習不了。另外由於拿法不如踢法、打法的便捷易使，諺語有：「到廝打時忘了拿法」。古代拳家因專門練習拿法的不多，這是拿法傳習不廣的另一原因。

中國古代的短打拳法，主張「長來短接好入身，入身跌拔好驚人」，因此短打拳派中往往用拿法。例如清初張鳴鄂序《玄機秘授穴道拳訣》就說：「跌而不打則跌輕，打而又抓則打重，抓而不拿則抓鬆，拿而又跌則拿硬。」

目前流行的楊氏太極拳推手法，僅運用黏、化、打（即放勁）的方法，興味濃厚，人人易練、愛練，既適宜

430

王子平先生堅持鍛鍊。
這是在北京練習劍術時
的「沖天式」。

於作為醫療體育運動的方法，也可以作為競技運動項目來推行。但是陳家溝老架太極拳的推手方法，原來的內容是極為完整的、多樣化的，推手時打法（即放勁法、擲法）、跌法、拿法交互使用，拿法的柔纏走化為主，並且主張拿住對方的勁強，不限於專拿骨節，因此即使不用「剛落點」的猛而急的勁，也能夠使得對手不能動彈，雙人對練推手並無成法，甲拿乙化淨後還拿，甲亦化後還拿，如此循環往復，頗饒興味，這是獨創一格，內容多樣化，富有靈活性的拿法，值得研究、整理民族武術工作者的注意。

　　古代拿法的手法，分別保存在各種拿法的拳套對子和某些拳套中，須經研究整理，使能要而不繁，取精用宏。

　　明代專精於擒拿法的名家有鷹爪王、唐養吾二人，見戚繼光《紀效新書》和何臣《陣記》。擒拿著作，現存史料最早的有明代天啟年間的《拳捷要所》載拿法解法，不足二十法，其緒說中謂有七十二拿，可能因為輾轉傳抄而缺失。

　　戚繼光《紀效新書》、《拳經》三十二勢中沒有擒拿

法，其第十四勢的「擒拿勢封腳套子」是用於防禦和攻擊中手腳的打法，還不是屬於擒拿法的攻防方法，戚氏《拳經》是為教練士卒的拳套，著重在使用便捷的打法、踢法、跌法，上下周全而缺拿法。

《江南經略》卷八上，說擒拿有三十六拿法，三十六解法，列於「便拳之家」內，這是七十二把擒拿法說法的最早的文字記載。

友人唐豪於1931年去河南陳家溝訪求太極拳歷史資料時，曾見太極拳家陳鑫所抄藏《六合拳語》一卷，有雍正、乾隆年間人題名，其目錄中亦有七十二拿法，惜未抄錄其內容。

徐震著《太極拳考信錄》中有陳氏拳械譜二卷，中有金剛十八拿法名稱。陳氏太極長拳108勢和金剛十八拿法於乾隆年間有河南人郭永福傳至山西，近人繪圖附勢名印書流傳。

徐震所收藏的《花拳法總講》，題為京陵甘鳳池先生譜，其中有七十二擒拿法的名稱，末後稱「此七十二擒拿內有二十個須要用心，不可傷人生命，自學亦要精熟，凡傷穴之所，藥不能治。」

穴即要害部位，不可輕用，拿法中本來也兼用打擊要害法，即所謂「點穴，閉戶」這種打法，因為不可能衍變為競技性的運動，並且時代需要不同，因此拿法中「點穴、閉穴」法逐漸遺失。

1927年至1930年間上海國技學社以海陵度我氏藏本石印本出版的《玄機秘授穴道拳訣》為明末時人所編著和上海蟫隱廬影印本羅振常作序的《拳經拳法備要》，實是一

書異名，內容互有詳略，其書專講短打跌法，拿法僅有「論心傳六拿」，拿的部位是喉、頭、肩和眉、胸、臂、腰。

以上拿法著作，大都說明簡略，又都無圖可資參考，因此方法上的精粗優劣很難判斷。

近代有劉金聲、趙江合編的《擒拿法》（1936年商務印館出版），有圖有說明，是現有擒拿法著作中較好的作品。

劉金聲首從學於王子平老先生，後去日本，因此他的著作中還包括地下拿法。

我國古代流傳的空手奪白刃的技術，也屬於擒拿法。

魏文帝（曹丕西元186—226年）典論自序稱鄧展能空手入白刃。

《唐書‧尉遲敬德傳》稱「善用槊，又能空手奪槊」，明吳修齡《手臂錄》述其師石敬岩，空手奪槍的功夫「敬岩在遊場，遇低手不戳半槍，淺直勝人而人不能竊我槍法，卿輩得勝，即以一法送人矣！」

法國曾擇《擒拿法》中可以空手奪白刃的，編入《陸海軍體育教範》（20年前商務印書館有譯本）作為肉搏戰中的一助。

我國研究民族武術的，大多受「巧拿不如拙打」說法的影響，很少從事擒拿法的研究和練習。我認為擒拿法對公安保衛人員是一種職業上的技能，軍事訓練上也還有一定程度的用處，我們在研究，整理民族武術過程中對擒拿法也應加以重視。如果彙集各家拿法，去蕪存精，成套子，練習者既有興趣，表演時也能振奮觀眾的精神。

（1958年4月17日）

　　20世紀80年代初，時任上海市委書記的陳國棟同志稱讚父親是「我們黨內的武術專家」，並在父親逝世5周年之際，滿懷深情地揮毫題詞：

　　紀念三十年代革命老戰友

　　顧留馨同志多年從事中華武術研究進行教育活動

　　弘揚中華武術精神

　　增強體質提高素質

　　老領導陳國棟同志對父親畢生醉心中華武學的精神予以褒揚，使武術界人士感奮不已。

一

　　父親是中國武壇德高望重的著名武術理論研究家，擅長劈刺術，鍾情太極拳。1908年8月7日出生於上海靜安寺北面的趙家橋。

　　父親祖上世代務農，自祖父開店營商後，家境稍覺寬裕，受其父興洲公影響，自幼酷愛武技。11歲時在私塾即從崔姓老師學「南拳」；15歲從保定宮蔭軒習金剛腿、八

方刀、騎槍、棍術等；18歲參加中華國技傳習所，師從交通大學武術教師劉震南習六合拳；1927年從致柔拳社陳微明，匯川太極拳社武匯川學楊式太極拳，加入精武會後從徐致一、吳鑒泉學吳式太極拳，又從陳發科學陳式太極拳。父親還向孫祿堂學習形意拳、八卦掌；向田瑞芳、靳雲亭請教形意拳；還與中學同學吳雲倬向四川人氏林濟群學松溪派的內家拳套路及槍、棍、劍套路；向天津人傅彩軒學「攔手門」實打之法；友人田毓榮則向父親全面介紹了滿清善朴營的摔跤技術。

1931年「九一八」事變後，六合拳同學唐豪發起組織「上海國術界抗日救國會」，父親積極參與各項活動，並向唐豪學習日本劈刺術，並以中國劍法、槍法補其不足。當功力雄厚的楊澄甫、楊少侯二位前輩從北平南下上海傳藝時，父親又請益於拳架、推手，更堅定了父親研習太極拳的興趣。

父親一生博採眾長，重實用，斥花假，尤精太極拳，認為太極拳是真正的武術。經過數十年的尋師訪友，切磋技藝，對武術技法以實踐來進行比較，辨其優劣，決定取捨，為傳統武術的發展興旺作出卓越的貢獻。

在武術界，父親強調武術姓「武」，講究「傳統」，一貫推崇武德，寬厚待人，仗義疏財，尊重武術界前輩，摒棄門戶派別的陋習，團結武術界不同流派。父親與武術界名宿王子平、佟忠義、海燈法師的情誼歷年不衰，令世人敬佩。父親晚年贈日本友人條幅云：「讀萬卷書，行萬里路，以奇其氣，精一家學，採百家長，可傳乎神」充分體現父親70餘年習武生涯的博大胸懷。

後　記

　　20世紀50年代後期，受中國武術史拓荒者唐豪的影響和鼓勵，父親總結了自己過去博而不精的缺憾，遂於公務之暇，專心致力於太極拳和推手的研究，並開始收集武術史料，豐富收藏，潛心研究中國武術史，以發掘、整理為己任。對推手技術的研究，成為父親晚年生活中最大的樂趣。

二

　　在黨的培養下，父親從一個熱血青年成長為共產主義奮鬥的戰士。早在1934年父親即加入共青團，在國際電臺受陳國棟（吳國華）直接領導，後參加中國共產黨，在上海從事地下工作，並與史良、沙千里、吳雪之、趙樸初、李伯龍諸公結為深交。1937年抗日戰爭爆發前，父親積極投入抗日救亡運動，擔任全國各界救國會常務幹事期間，因「愛國有罪」，在救國會「七君子」案被牽連，與陶行知、任崇高、張仲勉、陳卓、羅青、陳道弘等七人（史稱小七君子）一道被反動當局提起公訴，並以「證人」身份與任崇高（開國後任江蘇省高級法院院長）被拘押於蘇州看守所，成為「國民政府」司法審判中的一樁「笑談」，後經摯友唐豪大律師的嚴正辯護始獲釋。父親當年寫的日記《蘇州七日記》講述被關押七天的經過。（見上海《檔案春秋》2005年第七期）。期間，父親加緊整理劈刺術的實踐經驗，撰寫《劈刺實驗錄》一稿。

　　上海淪陷後，父親經黨組織安排去延安學習軍事，即攜帶此稿，意欲訓練八路軍將士掌握劈刺術的要領，在戰

場上與日寇浴血拼搏，途經武漢時因故未成行。父親在晚年述及此事，為未到抗日前線經受炮火的洗禮，引為憾事。（《劈刺實驗錄》全文見《武魂》2005年第七期）。

父親是沙千里領導的進步團體《螞蟻社》的中堅分子，該社組織讀書會，閱讀進步書刊，宣傳黨的抗日綱領。八年抗戰勝利後，父親通過地下秘密交通線，輸送愛國青年學生、工人、店員進入蘇中解放區，其中有長子顧元福（顧良）參加新四軍。父親經章乃器的邀請，作為中國民主建國會發起人之一，在工商界協助章乃器展開統戰工作，深受工商界人士歡迎。

父親創辦愛文書店，作為黨的地下聯絡站，受張執一直接領導，並為黨籌措不菲的活動經費。1948年，受張執一派遣，孤身走漢口，欲恢復屢遭破壞的武漢地下黨組織，迎接大軍南下。不料，路遇叛徒告密，不幸被捕，憑其智勇，迷惑特務機關，又蒙黨組織、家人營救脫險。在上海，父親的書店、住所均遭特務監視。

時隔不久，父親得到地下黨緊急通知，特務又要抓他了，父親即潛往香港，經審查，安排進入山東解放區，後隨大軍南下。國民黨特務撲空之後，惱羞成怒為洩恨竟抓了時年16歲的大姐關押18天。

三

1949年，上海解放，父親受上海軍事管制委員會委派接管黃浦區，為專員，後任黃浦區第一任區長。開國之初，百廢待興，因操勞過度，父親心力交瘁，身不由己，

遂重新練拳，恢復健康。1952年「三反」、「五反」時期，在區政府任內以「打虎」不力，受到不公正的整肅，先後調市工商局、市商業局工作。1958年，不計較職務高低，自請調上海市體委任市體育宮主任（科級單位），專抓武術工作，把主要精力放在武術的普及、推廣和理論研究工作中，開辦各拳種講演會，舉辦武術表演會，創辦公園武術小組，以廣傳習。

對上海市武術隊則聘請名師傳授，從中培養了許多武術人才，至今許多老武術工作者、武術愛好者仍然深深懷念父親，仍然深深懷念上海武術界這段欣欣向榮的美好時光。期間父親受人民體育出版社委託，主編陳、楊、武、吳、孫五式太極拳。

以1963年為例，父親主持開辦太極拳、形意拳、八卦掌、少林拳等13個學習班，學員達千餘人，「文化大革命」中父親任職的科研所某君，投井下石，在一次批鬥會上竟然血口噴人，誣陷父親培養幾萬名武術打手，為蔣介石反攻大陸作復辟準備。在「極左」思潮衝擊下，父親遭受嚴重的迫害，並殃及子女，抓的抓，鬥的鬥，這種離奇的胡說八道，充分暴露某君誣陷老幹部的醜惡面目，但父親對黨忠誠和信念矢志不渝。

1957年，父親受國家體委重托，赴河內向越南人民領袖胡志明主席以及軍委、體委幹部傳授太極拳。為外國元首教拳，父親是我國唯一的教練。回國後，撰文《出國教拳記》刊於《新體育》雜誌。因其名下無虛，多次受邀到中南海、北戴河、廣州等地給中央領導人及其親屬教拳，其中有葉劍英、鄧穎超、賀龍、宋慶齡等軍政要員以及華

東局、華北局、上海市委領導人。他們都反映，練了太極拳，對身體有好處。1961年夏，毛主席在一次大區書記會議上，還提倡黨的高級幹部學打太極拳。父親在晚年，為證史實，口述《中南海教拳始末》一文，詳述教授江青太極拳的經過。上海《檔案春秋》雜誌於2005年第三、四期以《我進中南海教太極拳》之名發表，有刪節，《武魂》雜誌以《顧留馨自述》之名分三次予以全文刊登，見當年第10、11、12期。

1977年、1980年，父親為增加中日兩國人民的友誼二次東渡日本講學，以其精湛的推手技藝，令日本太極拳界大為驚歎。當日本的太極拳愛好者醞釀以父親名字成立會社時，父親婉言謝絕了。

四

父親為人剛正不阿，寵辱不驚，一生坎坷，嘗盡世態炎涼。1976年金秋十月，「四妖」剪除，因「極左」思潮的躁動，牽涉「文化大革命」浩劫中的恩怨糾葛，一些重新掌握實權者，借機審查父親與江青的關係，遲遲不安排父親工作，父親十分困惑，因此有「十五年噩夢，醒來未悟空，寫作拳技書，賢於面壁坐」的感喟。

父親面對人事的複雜和無聊，選擇「兩耳不聞窗外事，躲進陋室寫拳書」的無奈之舉。

1980年，父親以壓力為動力，發憤窮一年的心血，寫成圖文並茂32萬字的《太極拳術》一書，這本講拳技之術的專業書，前後發行30萬冊，深受廣大武術愛好者歡迎。

隨後，父親又以74歲高齡，撰寫另一部力作《炮捶——陳式太極拳第二路》（香港版）。在寫作過程中，父親引經據典，虛懷若谷，為闡發某一拳理，並形成深入淺出的文字，如各式太極拳共有的特性纏絲勁原理，父親時常苦思多日，殫精竭慮，始得幾百字而已，寫拳技之書，其辛苦是不可言喻的。

當父親悉知《太極拳術》在國際圖書展暢銷，大受歡迎，不禁百感交集，在該書扉頁上寫道：「《太極拳術》、《炮捶》兩書已暢銷國內外，傳之後代，無憾也。」

在一次日本記者採訪時，父親慨然道：「我的夢想是把太極拳列為奧運會的項目」，殷切期望太極拳能在全世界廣為流傳。父親步入80高齡，幾乎閉門不出，在耄耋之年，病魔纏身，自知來日不多，仍老驥伏櫪，筆耕不輟，以「異代武林傳佳話，餘生書齋寫拳經」自勵。

五

作為一名蜚聲中外的武術理論家，父親善於吸取各家之長，刻苦鑽研武術理論和總結實踐經驗，為普及、推廣、研究中華武學，父親在報紙雜誌上發表百餘篇文章。其著作有：

1.《簡化太極拳》（上海教育出版社，1961年）

2.《陳式太極拳》（人民體育出版社，1963年，與沈家楨合著）（正體字版，大展出版社）

3.《太極拳研究》（人民體育出版社，1964年，與唐豪合著）（正體字版，大展出版社）

4.《怎樣練習太極拳》（上海教育出版社，1974年）

5.《太極拳術》（上海教育出版社，1982年）

6.《炮捶——陳式太極拳第二路》（香港海峰出版社，1983年，人民體育出版社簡體字本，2005年）

7.《精簡楊式太極拳（五分鐘套路）》（上海教育出版社，1989年）

父親先後畢業於上海南洋高級商業學校、上海文治大學國文系，據大學同窗原北京師範大學校長白壽彝在《炮捶》一書序中回憶：「留馨初名顧劉興，是我建議改為今名，現在留馨出其多年的所得，著書立說，嘉惠後學，真可謂名實相符了。」

父親從事武術領導工作後，歷任上海市體育宮主任、體育科學研究所副所長、研究員，中國武術協會委員兼技術研究會副主任，中國武術學會委員，國家級武術裁判，在全國武術比賽大會上多次出任副總裁判長及總裁判長，上海體育學院兼職教授，《中國大百科全書‧體育卷》編委，上海市武術協會主席。

1990年6月17日，父親因患癌症逝世於上海華東醫院，享年八十有三。

六

我國民族體育史的拓荒者唐豪先生（1897—1959年）其舊作雖經父親和蕭軍的大力籲請，因種種原因杳無音訊。1964年，父親編寫《太極拳研究》時，將唐豪先生的遺著廉讓堂本《太極拳譜》列入，並將唐豪先生之名列於

前，作為對亡友最好的紀念，詳見拙文《涸澈之魚　相濡以沫——記唐豪和顧留馨師友情》，刊於《武魂》2006年第11、12期。

　　山西科學技術出版社的領導和編輯，為弘揚國粹，出版諸多系列的武學典籍，使凝結著幾代武術家心血的著作得以發揚光大，對武術界而言，這是件功德無量的大好事。

　　這次出版社決定出版唐豪先生的舊著，在編輯的鼓勵下，對先賢的敬畏，成為筆者整理唐豪先生與父親書信彙編的動力。20世紀50年代這批書信，是武術界一份寶貴的資料，也是近代武術史發展的一段見證，從中的啟示，仁者見仁，智者見智，讓歷史作出判斷吧！

　　對父親歷年撰寫的太極拳文字以及與老友的通信編輯成冊，父親若有知，一定會感到十分欣慰的。借此機會，向山西科學技術出版社的領導和付出辛勤勞動的編輯致以崇高的敬意！

顧元莊
於上海疏筆樓
2007年11月11日

導引養生功

全系列為彩色圖解附教學光碟

張廣德養生著作　每冊定價350元

1 疏筋壯骨功+VCD
定價350元

2 導引保健功+VCD
定價350元

3 頤身九段錦+VCD
定價350元

4 九九還童功+VCD
定價350元

5 舒心平血功+VCD
定價350元

6 益氣養肺功+VCD
定價350元

7 養生太極扇+VCD
定價350元

8 養生太極棒+VCD
定價350元

9 導引養生形體詩韻+VCD
定價350元

10 四十九式經絡動功+VCD

輕鬆學武術

1 二十四式太極拳+VCD
定價250元

2 四十二式太極拳+VCD
定價250元

3 八式十六式太極拳+VCD
定價250元

4 三十二式太極劍+VCD
定價250元

5 四十二式太極劍+VCD

6 二十八式木蘭拳+VCD
定價250元

7 三十八式木蘭扇+VCD
定價250元

8 四十八式太極劍+VCD
定價250元

太極跤

1 太極防身術
定價300元

2 擒拿術
定價280元

3 中國式摔角
定價350元

彩色圖解太極武術

1 太極功夫扇　定價220元

2 武當太極劍　定價220元

3 楊式太極劍56式　定價220元

4 楊式太極刀　定價220元

5 二十四式太極拳+VCD　定價350元

6 三十二式太極劍+VCD　定價350元

7 四十二式太極劍+VCD　定價350元

8 四十二式太極拳+VCD　定價350元

9 楊式十六式太極劍　定價360元

10 楊氏二十八式太極拳+VCD　定價350元

11 楊式太極拳四十式+VCD　定價350元

12 陳式太極拳五十六式+VCD　定價350元

13 吳式太極拳五十六式+VCD　定價350元

14 精簡陳式太極拳八式十六式　定價220元

15 精簡吳式太極拳三十六式拳架・推手　定價220元

16 夕陽美功夫扇　定價220元

17 綜合四十八式太極拳+VCD　定價350元

18 三十二式太極拳 四段　定價220元

19 楊式三十七式太極拳+VCD　定價350元

20 楊氏五十一式太極劍+VCD　定價350元

21 嫡傳楊家太極拳精練二十八式　定價220元

22 嫡傳楊家太極劍五十一式　定價220元

23 嫡傳楊家太極刀十三式　定價220元

養生保健

古今養生保健法 強身健體增加身體免

1 醫療養生氣功 定價250元	2 中國氣功圖譜 定價250元	3 少林醫療氣功精粹 定價250元	4 龍形實用氣功 定價220元	5 魚戲增視強身氣功 定價220元	7 道家玄牝氣功  定價2	

8 仙家秘傳祛病功 定價160元	9 少林十大健身功  定價180元	10 中國自控氣功  定價250元	11 醫療防癌氣功  定價250元	12 醫療強身氣功  定價250元	13 醫療點穴氣 定價

14 中國八卦如意功 定價180元	15 正宗馬禮堂養氣功  定價420元	16 秘傳道家筋經內丹功 定價300元	17 三元開慧功  定價250元	18 防癌治癌新氣功  定價180元	19 禪定與佛家氣功修煉 定價2

20 顛倒之術  定價360元	21 簡明氣功辭典  定價360元	22 八卦三合功  定價230元	23 朱砂掌健身養生功  定價250元	24 抗老功  定價230元	25 意氣按穴排濁自療法 定價

27 健身祛病小功法  定價200元	28 張氏太極混元功  定價250元	30 中國少林禪密功  定價200元	31 郭林新氣功  定價400元	32 八卦之源與健身養生  定價280元	33 現代原始氣功1 定價4

34 養生開脈太極  定價300元	35 通靈功—養生祛病及入門功法  定價300元	37 太極內功養生法  定價180元	38 無極養生氣功  定價200元	39 氣的實踐小周天健康法  定價200元	40 達摩易筋經＋DVD 定價3

41 達摩洗髓經＋DVD 定價	42 精功易筋經 定價

健康加油站

糖尿病 預防與治療
定價200元

2 胃部機能與強健

胃部
定價180元

3 不孕症治療

不孕症治療
定價200元

4 簡易醫學急救法

簡易醫學急救法
定價200元

5 肥胖健康診療

肥胖健康診療
定價200元

6 肝功能健康診療
肝功能健康診療
定價200元

高血壓健康診療
定價200元

8 高血糖值健康診療
高血糖值健康診療
定價200元

9 尿酸值健康診療
尿酸值健康診療
定價200元

10 膽固醇中性脂肪健康診療
膽固醇中性脂肪健康診療
定價200元

11 痛風劇痛消除法
痛風劇痛消除法
定價180元

12 三溫暖健康法
三溫暖健康法
定價180元

手腳病理按摩
定價180元

14 B型肝炎預防與治療
B型肝炎預防與治療
定價180元

15 吃得更漂亮健康
吃得更漂亮、健康
定價180元

16 茶喝您更健康
茶 喝您更健康
定價180元

17 圖解常見疾病運動療法
圖解常見疾病運動療法
定價180元

18 科學健身改變亞健康
科學健身改變亞健康
定價180元

簡易罕病自療保健
定價220元

20 王朝秘藥媚酒
王朝秘藥媚酒
定價180元

21 立見實效保健操
立見實效保健操
定價180元

22 越吃越性福
越吃越幸福
定價200元

23 荷爾蒙與健康
荷爾蒙與健康
定價180元

24 越吃越長壽
越吃越長壽
定價200元

我保健鍛鍊
定價180元

26 斷食促進健康
斷食促進健康
定價180元

27 蔬菜健康法
蔬菜健康法 Vegetable
定價200元

28 水果健康法
水果健康法 Fruit
定價200元

29 越吃越苗條
越吃越苗條
定價200元

30 越吃越聰明
越吃越聰明 EAT & SMART
定價200元

科學養生細節
定價200元

32 人體記憶地圖
人體記憶地圖
定價350元

33 提升免疫力戰勝癌症
提升免疫力戰勝癌症 CANCER
定價280元

34 腎臟病預防與治療
腎臟病預防與治療
定價230元

35 怎樣配吃最健康
怎樣配吃最健康 Eat & Health
定價200元

36 心臟病腦中風預防與治療
心臟病腦中風預防與治療
定價180元

科學養生細節
定價350元

38 由人相診斷健康
由人相診斷健康
定價180元

39 青春期智慧
青春期智慧
定價200元

40 前列腺健康診療
前列腺(攝護腺)健康診療
定價200元

41 下半身鍛鍊法
下半身鍛鍊法
定價180元

42 四高健康診療
四高健康診療
定價200元

運動精進叢書

1 怎樣跑得快

定價200元

2 怎樣投得遠

定價180元

3 怎樣跳得遠

定價180元

4 怎樣跳的高

定價180元

5 高爾夫揮桿原理

定價

6 網球技巧圖解

定價220元

7 排球技巧圖解

定價230元

8 沙灘排球技巧圖解

定價230元

9 撞球技巧圖解

定價230元

10 籃球技巧圖解

定價

11 足球技巧圖解

定價230元

12 羽毛球技巧圖解

定價220元

13 乒乓球技巧圖解

定價220元

14 曲線球與飛碟球

定價300元

15 街頭花式籃球

定價

16 精彩高爾夫

定價330元

17 巴西青少年足球訓練方法

定價230元

18 籃球個人技術全圖解+VCD

定價300元

19 門球（槌球）入門與提升180問

定價230元

20 美國青少年籃球訓練方式250例

定價

21 單板滑雪技巧圖解+VCD

定價350元

22 籃球教學訓練遊戲

定價280元

23 羽毛球技・戰術訓練與運用

定價280元

快樂健美站

定價280元

2 自行車健康享瘦

定價280元

3 跑步鍛鍊走路減肥

定價280元

4 創造健康的肌力訓練

定價220元

5 舒適超級伸展體操

定價280元

6 水中有氧運動

定價280元

完美身材

定價280元

8 創造超級兒童

定價280元

9 使頭腦變聰明

定價280元

10 防止老化的身體改造訓練

定價280元

11 三個月塑身計畫

定價280元

12 懶人族瑜伽

定價280元

13

定價240元

14 忙裡偷閒練瑜伽祛病養生篇

定價240元

15 健身跑激發身體的潛能

定價200元

16 中華鐵球健身操

定價180元

17 彼拉提斯健身寶典

定價280元

18 全身保健操＋VCD

定價280元

瑜伽

定價180元

20 豐胸做自信女人

定價200元

21 輕鬆瑜伽治百病

定價280元

22 瑜伽秀體小品

定價280元

23 熱舞瘦身小品

定價280元

24 整形打造美麗

定價250元

定價350元

26 太極操＋DVD

定價350元

國家圖書館出版品預行編目資料

顧留馨太極拳研究 / 顧留馨 著　顧元莊 整理
——初版，——臺北市，大展，2011〔民 100 .01〕
面；21 公分 ——（武學釋典；1）
ISBN　978 - 957 - 468 - 788 - 6（平裝）

1. 太極拳
528 .972　　　　　　　　　　　　　99022038

顧留馨太極拳研究

著　　者/顧 留 馨
整　　理/顧 元 莊
責任編輯/王 躍 平
發 行 人/蔡 森 明
出 版 者/大展出版社有限公司
社　　址/台北市北投區（石牌）致遠一路 2 段 12 巷 1 號
電　　話/（02）28236031・28236033・28233123
傳　　眞/（02）28272069
郵政劃撥/01669551
網　　址/ www.dah-jaan.com.tw
E - mail / service@dah-jaan.com.tw
登 記 證/局版臺業字第 2171 號
承 印 者/傳興印刷有限公司
裝　　訂/建鑫裝訂有限公司
排 版 者/弘益電腦排版有限公司
授 權 者/山西科學技術出版社
初版 1 刷/2011 年（民 100 年）1 月

定　價/380 元

大展好書　好書大展
品嘗好書　冠群可期

大展好書　好書大展
品嘗好書　冠群可期